문예신서
222

메두사의 웃음 / 출구

엘렌 식수

박혜영 옮김

東文選

메두사의 웃음 / 출구

HÉLÈNE CIXOUS
Le rire de la méduse / Sorties

차 례

메두사의 웃음

나는 여성적 글쓰기에 대해, **여성적 글쓰기가 무엇을 할 것인가에** 대해 말하고자 한다. 여성은 여성 자신을 글로 써야 한다. 그리하여 여성들이 글쓰기로 오게 만들어야 한다. 여성들은 여성의 육체로부터 격리되었었다. 그만큼이나 격렬하게 여성은 글쓰기로부터 격리되었다. 여성이 여성의 육체에서 격리되었던 것과 똑같은 이유로, 그와 똑같은 법에 의해, 똑같이 치명적인 목적에서 여성은 글쓰기에서 격리되었다. 여성은 여성 고유의 움직임으로 텍스트에 착수해야 한다. 마찬가지로 여성은 세계에, 그리고 역사에 임하기 시작해야 한다.

이제 더 이상 과거가 미래를 만들도록 내버려두어서는 안 된다. 과거의 결과가 아직도 여기에 있다. 그것을 나는 부인하지 않는다. 그러나 과거의 결과들을 반복함으로써 그것을 공고히 하는 것, 그것을 나는 거부한다. 과거의 결과들에 운명과 동등한 종신성을 부여하기를 거부한다. 미래를 앞당기기, 이것이야말로 급박한 일이다.

이러한 고찰은 이제 막 발견되고 있는 영역 안에서 이루어지고 있기에, 우리가 살고 있는 이 과도기의 흔적을 불가피하게 지니고 있다. 지금 이 과도기에는 새로운 것이 옛것으로부터 벗어나고 있다. 좀더 정확히 말해서 남성적인 옛것에서 여성적인 새로운 것이 빠져

나오고 있다. 담론에 근거를 둘 출발점이 되는 장소가 없다. 다만 있는 것은 부숴 버려야 할 불모의 천년 묵은 땅이다. 내가 하는 말에 최소한 두 개의 얼굴과 두 가지 목표——파괴하기와 부숴 버리기가 그것이요, 다른 쪽으로는 예측 불가능한 것을 예측하기와 투사하기가 그것이다——가 있는 것은 바로 이런 이유에서이다.

나는 여자로서 여자들을 향해 이 글을 쓴다. 내가 '여자'라고 하는 것은 고전적인 남자와 더불어 불가피하게 싸우고 있는 여자를 말하는 것이다. 그리고 보편적인 주체로서의 여자를 말하는 것이다. 보편적인 주체로서의 여자는 여성을 여성의 의미에로 오도록 만들어야 한다. 여성의 역사가 생겨나도록 만들어야 한다. 사람들은 여성에게 여성의 속성은 '검은 어둠'임을 인정하도록 만들려 애썼다. 그러나 '검은 어둠' 속에 여성을 유지시켜 온 거대한 억압에도 불구하고, 오늘날에조차도 일반적인 전형으로서의 여성은 없다. 이것이 무엇보다도 먼저 말해야 할 사실이다. 여성이라면 **공통적**으로 누구나 갖고 있는 점, 나는 그것을 말하고자 한다. 그러나 나를 놀라게 하는 것, 그것은 여성이라면 갖고 있는 선천적인 특성이 보여 주는 무한한 풍부함이다. 그래서 우리는 코드화할 수 있는 도정을 가진 균일하고, 동질적인 **하나의** 여성의 성에 대해 말할 수 없다. 마찬가지로 그런 여성의 무의식에 대해서도 말할 수 없다. 여성의 상상력은 음악처럼, 회화처럼, 글쓰기처럼 무궁무진하다. 여성의 상상력, 그 판타즘의 흐름은 예전에 전혀 없던 놀랍도록 새로운 것이다. 아주 어린 시절부터 비밀스레 드나들던 자기만의 세상에 대해 내게 묘사해 주던 여성의 이야기를 듣고 놀란 적이 한두 번이 아니다. 그 것은 육체의 기능에 대한 체계적인 실험, 여성의 성욕을 자극하는 것에 대한 정확하고 열정적인 질문으로부터 출발하는 추구의 세계, 앎의 생성이다. 놀라운 창의적 풍부성을 지닌 이러한 실천은 시간적으로 연장되거나 아니면 **형태들**의 생산, 진정한 미학적 활동이 여기에 수반된다. 수음의 경우에는 특히 그러하다. 향유의 순간은 매번 음성적인 버전, 어떤 **구성**, 아름다운 것을 새겨 놓기 때문이다. 아름다움은 더 이상 금지되지 않을 것이다. 그래서 나는 여성이 이 유일무이한 제국을 글로 쓰고, 그 제국을 선포하기를 희망한다. 다른 여인들, 고백하지 않은 다른 여왕들이 외칠 수 있도록. 나 역시 넘쳐흐른다. 나의 욕망들은 새로운 욕망을 창안해 내었고, 내 육체는 놀라운 노래들을 알고 있다. 나 역시 수없이 빛나는 격류들로 폭발할 듯한 충만함을 수없이 느꼈었다. 저 모든 비스킷 틀에 끼워넣어진 채 판매되고 있는 형태들보다 훨씬 더 아름다운 형태들로 폭발할 듯한 충만함을 수없이 느꼈었다. 그러나 나 또한 아무 말도 하지 않았다. 아무것도 내보이지 않았다. 나는 입을 열지 않았다. 나는 내 세계의 절반을 다시 그려내지 않았다. 나는 수치스러웠다. 나는 겁이 났었다. 그래서 수치와 두려움을 삼켜 버렸다. 나는 혼잣말을 했다. 넌 미쳤어! 이렇게 치밀며 차올라오는 것들, 이렇게 적셔 오는 것들, 이렇게 폭발하는 것들. 이게 도대체 무어란 말인가? 펄펄 끓는 무한한 여성, 그리고 순진성 속에 수장(水葬)되고, 부모─부부─남성 중심적인 거대한 완력에 의해 여성 자신에 대한 암흑 상태, 그리고 여성 자신에 대한 경멸 속에 억류된 채 **자신의 능력에 대해 수치심을 가져 보지** 않은 여성이 누가 있겠는가? 욕동들의 환상적인 야단법석에 놀라고 질겁을 해서(왜냐하면 사람들은 품행이 단정한, 정상적인 여자의 특성은 신성한 고요함이라고 여성에게 믿게 했었으므로), 자기 자신이 괴물 같다고 스스로를 비난해 보지 않은 여자가 누가 있겠는가? (노래하고, 글쓰고, 말하고, 다시 말해 새로운 것을 끄집어 내고 싶은) 기이한 욕망이 꿈틀거리는 것을 느끼고서, 자기가 병든 것이라고 생각해 보지 않은 여자가 누가 있겠는가? 그러나 여성의 이 수치스런 병, 그것은 여성이 죽음에 저항한다는 것이다. 여성은 다시 꼬아야 할 그토록 많은 실을 준다.

그대는 왜 글을 쓰지 않는가? 글을 쓰라! 글쓰기는 그대를 위한 것이다. 그대는 그대를 위한 것이다. 그대의 육체는 그대 것이다. 그것을 취하라. 왜 그대가 글을 쓰지 않았는지 나는 안다. (스물일곱 살 이전에 내가 글을 쓰지 않았던 것도 바로 그 때문이다.) 글쓰기가 그대에게는 너무나 높고, 동시에 너무나 위대한 것이었기 때문이다. 글쓰기는 위대한 자들, 다시 말해서 '위대한 남자들'에게 국한된 것이었기 때문이다. 그건 '바보짓'이다. 게다가 그대는 약간 글을 썼었다. 그러나 숨어서 썼었다. 그건 좋지 않다. 숨어서 썼기 때문이다. 글을 쓴다는 것을 스스로 벌했기 때문이다. 끝까지 가지 않았기 때문이다. 아니면 글을 쓰면서 저항할 수 없이, 우리가 몰래 자위를 하듯이, 멀리 가고자 한 것이 아니라 그저 긴장을 완화시키고자 했기 때문이다. 너무 지나쳐서 고통스럽게 되지 않을 정도로만 긴장을 풀고자 했기 때문이다. 그리고 향유하고 나자마자 우리는 서둘러 자신에게 죄의식을 부과했었다——스스로를 용서받게 만들기 위해서. 아니면 서둘러 망각하고 매장했다. 다음번까지.

글을 쓰라. 아무도 그대를 만류하지 못하리라. 아무것도 그대를 멈추지 못하리라. 남자도, 바보 같은 자본주의 기계도 그대를 멈추게 하지 못하리라. 자본주의적 기계 속에서 출판사들은 우리들의 이

익에 반하여 우리를 짓밟고 우리 등 위에서 작동하는 경제라는 지상 명령을 전달하는 교활하고 비굴한 중계국이다. **그대** 자신조차도 그대를 멈추지 못하리라.

여성들의 진정한 텍스트들, 여성이라는 성을 가진 텍스트들은 그들에게 두려움을 준다. 그들, 남성 독자들, 전집의 책임자들, 옥좌 위에 군림하는 사장들을 불쾌하게 한다.

나는 여성을 쓴다. 여성이 여성을 써야 한다. 그리고 남성은 남성을 써야 한다. 그러므로 이 글에서는 남성을 향한 간접적인 사색밖에는 찾아볼 수 없을 것이다. 남성의 남성성과 남성의 여성성이 남성에게 어떤 것인가를 말하는 것은 남성의 소관이다. 남성들이 자기 자신을 볼 수 있는 눈을 뜨게 될 때, 그때서야 그것은 우리와 상관있는 일이 될 것이다.[1]

여자들이 돌아온다. 멀리, 영원으로부터. 그리고 '바깥'으로부터. 마녀들이 목숨을 부지하고 있는 황무지로부터 여성은 돌아온다. 밑으로부터, '문화'가 못미치는 곳으로부터, 남자들이 여자들에게 아무리 망각하게 하려 해도 그토록 힘든 어린 시절, 남자들이 **수도원 지하 감옥**형에 처한 그녀의 **어린 시절**로부터 돌아온다. '잘못 교육받은' 육체를 지닌 소녀들은 자기 자신 속에 감금되었다. 그녀들은 거울 속에 그대로 고스란히 보존되었다. 불감증이 된 채. 그러나 그 밑은 얼마나 요동치고 있는가! 위협적인 회귀를 차단하기 위해서 얼마나 애써야만 하는가. 게다가 그러한 노력을 성(性)의 경찰들은 언제나 끊임없이 다시 시작해야만 한다. 이편에서나 저편에서나 어찌나 온 힘을 다 기울였는지 그 투쟁은 몇 세기 동안 팽팽하게 떨리는 균형을 이루며 정지 상태로 부동화되었다.

저기 그녀들이 돌아온다. 그녀들은 영원으로부터 도착한다. 무의식은 포착할 수 없기 때문이다. 사람들이 감금한 협소한 인형의 방에서 여자들은 빙빙 맴돌며 방황했었다. 그 협소한 인형의 방에서 사람들은 여자들에게서 뇌를 제거해 버리는 치명적인 교육을 시켰다. 사실 투옥하고 지연시키며 너무나 오랫동안 인종차별(Apartheid)[2]에 성공할 수는 있다. 그러나 그것은 단지 한동안일 뿐이다. 여자가 말을 시작하자마자 사람들은 여자들에게 성(姓)을 가르침과 동시에 여자들 영역은 검다는 것을 가르쳤다. 너는 아프리카인이다. 그렇기 때문에 너는 검다. 너의 대륙은 검다. 검은 것은 위험하다. 검은 것 속에서 너는 아무것도 볼 수 없다. 너는 두려움을 느낀다. 움직이지 말아라. 넘어질 위험이 있으니까. 특히 숲 속에 가지 마라. 검은 것에 대한 공포, 우리는 그것을 내면화했다.

여성들에게 남자들은 가장 큰 죄악을 저질렀다. 남자들은 은근히, 그리고 난폭하게 여성이 여성을 증오하도록 만들었다. 여성이 여성 스스로의 적이 되도록 유도했다. 그래서 남성의 일을 여자가 집행하도록 유도했다.

남자들은 여성들에게 반-나르시시즘을 형성시켰던 것이다! 반-나르시시즘이란 자기가 가지지 않은 것으로 인해 자기자 신을 사랑받도록 만듦으로써만이 스스로를 사랑하는 나르시시즘이다! 남자들은 반사랑이라는 치욕스런 논리를 만들어 낸 것이다.

때이른 여자들인 우리, 문화의 억압된 자들인 우리, 입마개로 차단된 아름다운 입들, 꽃가루, 숨결, 미궁, 사다리, 짓밟힌 공간인 우리, 도둑맞은 여자들인 우리,──우리는 '검다.' **그리고** 우리는 아름답다.

폭풍 같은 여자들, 우리의 것이 우리에게서 떨어져 나가도 우리는 우리가 약해질까 두려워하지 않는다. 우리의 시선은 사라지고, 우리의 미소는 흘러내린다. 우리 모두의 입에서 터져 나오는 웃음, 우리의 피는 흐른다. 우리는 우리 자신을 쏟아붓는다. 그래도 우리는 고갈되지 않는다. 우리의 생각, 우리의 기호, 우리의 글들을 우리는 부여잡고 있지 않는다. 우리는 결핍을 두려워하지 않는다.

유산의 무대에서 누락되고, 제쳐 놓아진 우리. 우리여, 행복할지어다. 우리는 헐떡임 없이 우리에게 영감을 불어넣고, 마지막 숨을 토해 낸다. 우리는 도처에 있다!

영원으로부터 도착한 우리들, 이제 우리가 말을 하면 누가 우리를 금지할 수 있으랴?

지금은 옛 여자에게서 새로운 여자를 해방시킬 때이다. 그러기 위해서는 새로운 여자를 잘 알아야 한다. 곤경에서 빠져나오는 그녀를 사랑해야 한다. 또한 지금은 **그녀 자신 이상**이 되기 위해, 옛 여자를 초월할 때이다. 그러기 위해서는 음악적으로 파동들을 집합시키며 동시에 분리시키는, 단 한 줄기 선으로 화살이 현을 떠나듯이 미래에 나타날 새로운 여자를 마중하러 앞장서 나가야 한다.

나는 말한다. **그래야만 한다**고. 왜냐하면 몇몇 예외를 제외하고는 여성성을 기입한 글쓰기는 아직 없었기 때문이다. 그런 글쓰기는 너무나 드물다. 그래서 시대·언어·문화를 초월하여 온갖 문학을 우리가 섭렵한다 하여도,[3] 다만 헛되이 찾아 돌아다녔다는 생각에 사로잡힌 채 겁에 질려 돌아올 뿐이다. 여성 작가의 숫자는 (19

세기부터 아주 조금 증가하기는 했지만) 언제나 극히 적었다는 것을 우리는 알고 있다. 그러나 이것 또한 쓸모없는 기만적 지식이다. 이 중에서도 그 표현 양식이 남성적 글쓰기와 그 어떤 점에서도 구별되지 않는 여성 작가들, 혹은 여성을 엄폐하거나, 혹은 여성에 대한 고전적인 표상들(감수성이 예민하고-직관적이며-몽상적인, 등등)을 재생산하는 많은 대다수의 여성 작가들은 제해야 하기 때문이다.[4]

여기서 나는 괄호를 하나 연다. 나는 분명 남성적 글쓰기라고 말한다. 모호함 없이 나는 주장한다. **특징이 뚜렷한** 글쓰기들이 있다. 그리고 지금까지 글쓰기는 훨씬 더 광범위하게 억압적이었다. 그렇게 의구심을 갖건 혹은 그렇다고 고백하건 간에, 지금까지 글쓰기는 리비도적이며 문화적인——고로 정치적인, 전형적으로 남성적인——경제에 의해 경영되어 왔다. 글쓰기란 여성의 억압이 재생산되는 장소이다. 글쓰기 속에서 여성의 억압은 다소 의식적으로 이루어져 왔다. 여성을 허구의 신비적인 매력으로 엄폐하거나, 혹은 장식함으로 억압한다는 것은 더욱더 무시무시한 방식인 것이다. 글쓰기라는 장소는 성적 대립(성적 차이가 아닌)의 모든 기호들을 야비하게 휩쓸어가 버렸다. 그곳에서 여성은 한번도 자기 말을 가져 본 적이 없다. 글쓰기는 **변화의 가능성 자체이다.** 사회 그리고 문화적인 구조들의 변형을 예고하는 움직임, 전복적인 사상의 도약대가 될 수 있는 공간이다. 바로 그렇기 때문에 이는 더욱더 심각한 일이며, 더욱더 용서 불가능한 일이다.

*

 글쓰기의 거의 모든 역사는 이성의 역사와 혼동된다. 글쓰기는 이성의 결과이며 동시에 그 버팀대이자 그 특혜받은 알리바이 중 하나이다. 글쓰기는 남성 중심적인 전통과 동질의 것이었다. 글쓰기는 자신을 바라보는, 그리고 자신을 향유하고, 자신에 만족해하는 남성 중심주의 그 자체이다.

 몇 가지 예외가 있기는 하다. 수 세기 전부터 자기 '진실'을 맴돌며 반복하는 거대한 기계 속에는 낙오자들이 있기 때문이다. 그들이 없었다면 나(살아남은 나-여성)는 글을 쓰지 않았을 것이다. 모든 희생을 무릅쓰고, 전통에 이질적인 무언가를 통과시키려고 했던 시인들——이들은 사랑을 사랑할 능력이 있는 남자들이 있었다. 그들은 타인을 사랑하고, 타인들을 원할 줄 아는 남자들이었다. 억압에 저항하는 여성, 동등한 여성, 당당한 주체로서의 여성, 그러므로 현실적인 사회틀 안에서는 유지 불가능한, 그러니까 '불가능한,' 멋진 주체로 형성될 여성을 생각할 능력이 있는 남자들이었다. 그런 여성의 출현은 필연적으로 혁명——왜냐하면 그 보루는 요지부동이기 때문이다——아니면 적어도 가슴 아픈 폭발을 야기시킬 것이다. 때로 짧은 막간의 시간 동안이나마 시인이 여성을 통과시킬 때가 있다. 그건 더구나 모든 구조들이 한순간 방향을 잃고, 덧없는 야만성이 질서를 휩쓸어가 버릴 때, 물질적인 전복에 의한 사물의 이런 근본적인 변화의 계기에 지진이 야기시키는 벌어진 틈 속에 이루어진다. 클라이스트가 그러하다. 결코 머리를 숙이지 않는 정부이며-누이, 어머니 같은 딸들, 누이이자-어머니들이 살기를 원

했기 때문에 죽게 되기까지 클라이스트는 그러했다. 그후 사법 관리들의 성(城)이 재건되면, 그 즉시 곧바로 대가를 치러야 한다. 통제 불가능한 이 요소들에 대한 즉각적이며 피비린내나는 처형이 이루어지는 것이다.

오로지 시인들에게만 이런 능력이 있다. 표상과 밀접한 관계가 있는 연대 소설가들은 그렇지 않다. 시인들이 그럴 수 있는 것은, 시의 힘은 오로지 무의식 속에서 나오는 것이기 때문이다. 그리고 무의식, 경계 없는 저편 영역에는 억압된 자들, 즉 여성, 아니면 호프만이 말하듯이 요정들이 생존해 있기 때문이다.

여성은 자기 자신을 글로 써야 한다. 왜냐하면 **새로운 반란적인** 글쓰기의 창안은 해방의 순간이 오면, 여성의 역사 속에서 필요 불가결한 결별과 변화를 실행에 옮기는 것을 여성에게 가능하게 해줄 것이기 때문이다. 그 결별과 변화는 우선 다음과 같은 불가분의 두 층위에서 이루어질 것이다.

α) 개별적으로: 자신을 글로 쓰면서 여성은 여성의 육체로 귀향할 것이다. 사람들은 여성에게서 육체를 몰수했다. 아니 그보다 더한 행위를 했다. 사람들은 여성의 육체를 광장의 불안스런 이방인, 환자 혹은 죽음으로 만들어 버렸다. 여성의 육체는 흔히 품행이 나쁜 동반자, 억압의 원인이며 장소였다. 육체를 검열함으로써 사람들은 동시에 호흡·말을 검열하는 것이다.

그대 자신을 글로 써라, 그대 육체의 목소리가 들리게 해야만 한다. 그러면 무의식의 거대한 자원이 분출할 것이다. 우리의 나프타, 그것은 황금빛 혹은 검은 달러 없이도 옛 게임의 규칙들을 변화시킬, 아직 등급이 매겨지지 않은 가치들을 세계에 퍼뜨릴 것이다.

글을 쓴다는 것은 행위이다. 글을 쓰는 행위는 여성에게 자기 고유의 힘에 접근하는 것을 가능하게 할 것이며, 그럼으로써 여성과 그 성, 여성과 그녀의 여성으로서의 존재와의 탈−검열화된 관계를 '실현'시킬 것이다. 탈−검열화된 관계는 여성에게 여성의 행복, 여성의 기쁨, 여성의 기관들, 봉해진 채로 유지되어 왔던 여성의 거대한 육체적 영역을 되돌려 줄 것이다. 또한 글을 쓰는 행위는 여성은 죄인이라는(여자는 매번 모든 것에 대해 유죄이다. 욕망을 가져서 죄, 욕망을 갖지 않아도 죄, 냉담한 죄, 너무 '뜨거운' 죄, 동시에 둘 다가 아닌 죄, 지나치게 어머니인 죄, 충분히 어머니이지 않은 죄, 자식을 둔 죄, 자식을 갖지 못한 죄, 먹을 것을 먹인 죄, 먹이지 않은 죄……) 늘 똑같은 자리만 마련되어 있는 초자아화된 구조에서 여성을 끄집어 내 줄 것이다. 이러한 연구·분석, 조명 작업을 통해, 여성 자신의 경이로운 텍스트들의 해방을 통해서 이러한 것은 이루어질 것이다. 여성은 이러한 텍스트들을 말하는 법을 긴급히 습득해야 할 것이다. 육체가 없는 여성은 벙어리 여자, 귀머거리 여자다. 그녀는 훌륭한 전투원이 될 수 없다. 그녀는 남성 투사의 시녀, 그의 그림자가 될 수밖에 없다. 살아 있는 여자가 숨쉬는 것을 방해하는 헛된 여성을 죽여야 한다. 온전한 여성의 숨결을 새겨야 한다.

b) 글쓰기 행위는 또한 여성에 의한 **말의 장악**을 나타내게 될 것이다. 늘 **여성의 억압 위에** 형성되었던 역사, 그 **역사 속으로** 여성이 요란스럽게 입장함을 알리게 될 것이다. 반이성적인 무기를 벼루어 가지기 위해 글을 쓰기. 모든 상징 체계 속에서, 모든 정치적 절차 속에서 **여성 마음대로, 여성** 자신의 **권리**를 위해 이해 관계자, **전수자가** 되기 위해 글을 쓰기.

지금은 문어(文語)·구어(口語) 속에 여성이 일격을 가할 때이다. 구두로 언어에 도달하기까지 겪는 고통, 모든 여성은 그것을 경험한다. 가슴은 터질 듯이 쿵쿵거리고, 때로는 땅이 꺼지고, 혀가 사라지는 언어의 상실 속에 추락하기도 한다. 공적인 자리에서 말한다는 것——심지어 입을 연다는 것——은 여성에게 그토록 무모한 짓이며, 위반의 행위이다. 그건 이중의 슬픔이다. 왜냐하면 여성이 설사 위반 행위를 한다 해도, 여성의 말이 가닿는 남성의 귀는 거의 언제나 귀머거리이기 때문이다. 남성의 귀머거리 귀에 들리는 것이라곤 언어 속에서 오로지 남성으로 말하는 것뿐이기 때문이다.

여성으로부터, 그리고 여성을 향해서 글을 쓰면서 여성은 여성을 긍정할 것이다. 팔루스에 의해 지배된 담론들의 도전에 응함으로써 여성은 상징 속에서, 그리고 상징을 통해서 여성에게 마련된 자리, 다시 말해 침묵이 아닌 다른 것으로 여성을 긍정할 것이다. 덫에 걸린 침묵으로부터 여성이 벗어나기를. 여성이 여백이나, 아니면 하렘을 여성의 영역으로 다시 되돌려 받도록 스스로를 방임하지 말기를.

모임에서 한 여성이 말하는 것에(그 여성이 고통스럽게 호흡을 상실하지 않았다면) 귀를 기울여 보라. 그녀는 '말하는' 것이 아니다. 그녀는 대기 중에 떨리는 자기 몸을 던진다. 그녀는 자신의 **고삐를 푼다**. 그리고 비상한다. 목소리 속에 자기를 송두리째 실어보낸다. 그녀 담론의 '논리'를 그녀는 자신의 육체로써 생생하게 주장한다. 그녀의 육신이 진실을 말하는 것이다. 그녀는 자신을 드러낸다. 사실 그녀는 자신이 생각하는 것을 육체적으로 물질화한다. 여자는 자기 몸으로 그것을 의미화하여 전달한다. 어느 면에서 여성은 그녀가 말하는 것을 **기입한다**. 충동에서 길들일 수 없는 부분, 그리고 말에서 열정적인 부분을 여자는 거부하지 않기 때문이다. 그녀의 담론은 설사 '이론적'이거나 혹은 정치일 때일지라도 결코 단순하지 않다. 여성의 담론은 결코 문장의 선을 따라 단조롭게 의미를 펼쳐 가지도 않는다. 여성의 담론은 결코 일반화된 '객관성'을 펼쳐 가지도 않는다. 여자는 역사 속에 자기 이야기를 끌고 다닌다.

구두적인 담론의 논리와 텍스트의 논리 사이에 남성이 만드는 그 단층, 그 구분이 여성에게는 없다. 남성이 지배와 맺고 있던 옛 관계, 노예화적인, 계산적인 그 관계에 의해 남성은 긴장되어 있다. 그러기에 입술로만 하는 인색한 담론이 남성의 담론이다. 육신의 가장 작은 부분만을 참여시키는 그런 남성의 담론은 남성을 위장한다.

여성의 말, 여성의 글쓰기 속에는 결코 중단됨 없이 울림을 간직하고 있는 것이 있다. 그것은 옛날옛적에 우리를 가로질러 갔기에 감지할 수 없이 깊이, 우리를 스치고 갔기에 아직도 우리를 감동시키는 힘을 간직하고 있다. 그것은 **노래**다. 최초의 음악, 모든 여인이 생생하게 보존하고 있는 최초의 사랑의 음악이다. 목소리에 대한 이런 특별한 관계가 어떻게 가능한 것일까? 어떤 여자도 반―욕동적인 방어를 남자만큼 쌓아올리지는 않기 때문이다. 그대는 남자처럼 버팀대로 떠받쳐 버티지도 않고, 벽돌을 쌓아올려 막지도 않는다. 그대는 남자처럼 그렇게 '신중하게' 쾌락으로부터 멀어지지도 않는다. 설사 팔루스적인 신비화가 좋은 관계들을 전반적으로 오염시키기는 했지만, 여자는 결코 '어머니'로부터 멀리 떨어져 있지 않다. (여기서 내가 어머니라 함은 역할로서의 어머니가 아닌, 어머니라는 이름으로서가 아닌 행복의 근원으로서의 '어머니'를 의미한다.) 여성 안에는 언제나 최소한 약간의 좋은 모유가 늘 남아 있다. 여성은 흰 잉크로 글을 쓴다.

*

여성을 위한 여성: 여성 안에는 항상 타자를 생산하는 힘, 특히 다른 여자를 생산하는 힘이 유지된다. 모태적인 여자, 요람을 흔들어 주는 여자-베푸는 여자 **안에는** 그런 힘이 있다. 여자는 자기 자신이 어머니이며 아이이고, 딸이며-자매이다. 그대는 내게 말한다. 그럼 나쁜 엄마한테서 태어난 히스테리 여자는? 여성이 다른 여성에게 여성을 주게 될 때 모든 것은 변하게 될 것이다. 여자는 잠재적이다. 언제나 채비가 되어 있다. 그렇기에 여자 안에는 샘이 있다. 그리고 타자를 위한 장소가 있다. **어머니** 또한 은유이다. 여성이 스스로를 사랑하고, 자기에게서 '태어난' 육신을 사랑으로 되돌려 줄 수 있기 위해서는, 다른 여성이 여성에게 그녀 자신이 가진 최상의 것을 주는 것으로 족하다. 그대여, 그대가 그것을 원한다면 나를 만져 다오. 나를 애무해 다오. 나에게 다오. 이름 없이 살아 있는 여자 그대, 나 자신 같은 나까지도. 어린 시절(그녀는 아이였었고, 지금도 아이이다. 그리고 그녀가 자신을 타인으로 만드는 바로 그곳에서 그녀는 아이를 만들고, 다시 만들고, 해체한다)에 대한 관계뿐 아니라 감미로움과 난폭함**으로써** '어머니'와의 관계 또한 단절되지 않았다. 내 육체는 텍스트이다. 노래하는 흐름의 횡단. 내 목소리를 들어라. 그것은 성가시게 달라붙는, 얽매는 '어머니'가 아니다. 그것은 그대를 스치면서 그대를 감동시키고, 그대를 그대 가슴으로부터 언어에 오도록 충동하며, **그대**의 힘을 발산하는 모호한 목소리이다.

그것은 그대에게 웃음을 터뜨리는 리듬이다. 모든 은유들을 가능한 것으로, 욕망할 만한 것으로 만드는 내밀한 수신인이다. 그것은 신보다 더 묘사 불가능한 육체(단수인가? 복수인가?)이다. 영혼 혹은 대문자 타자이다. 그대 안에 들어와서 그대를 공간화하고, 언어 속에 그대 여성의 문체를 새기도록 그대를 충동질하는 그대의 부분이다. 여성 속에는 늘 많거나 적거나 간에 약간의 어머니가 있다. 회복시켜 주고, 먹을 것을 주는 어머니, 그리고 이별에 저항하는 어머니, 단절되도록 내버려두지 않는 힘, 코드들을 숨가쁘게 헐떡이게 하는 힘이 있다. 모든 형태들로부터, 그리고 여성의 육체의 모든 시대로부터 우리는 여성을 다시 생각할 것이다. 미국 여자들은 우리에게 '우리 모두 레즈비언'임을 상기시킨다. 다시 말해 여성을 비하하지 말라. 남자들이 그대에게 행한 것을 여성에게 행하지 말라.

여성의 충동적인 '경제'는 아낌없이 쓰는 경제이다. 때문에 여자가 발언권을 **취하게 되면** 직접적으로, 그리고 간접적으로 절약을 토대로 한 **모든** 남성적 교환 체계는 변화를 겪지 않을 수 없다. 여성의 리비도는 사람들이 생각하고 싶어하는 것보다 훨씬 더 근본적으로 정치적이며 사회적인 수정을 결과적으로 가져오게 될 것이다.

그녀, 살아 있는 그녀는 영원으로부터 도착한다. 때문에 우리는 새로운 역사의 시작에 있다. 아니 오히려 서로서로 교차하는 다수의 역사들로 이루어진 변천의 시초에 있다. 역사에 임한 주체로서 여성은 언제나 동시에 여러 장소에서 일어난다. 역사는 힘들을 동질화하고 일정한 방향으로 이끌고 가서 모순들을 단 하나의 전장(戰場)의 실험으로 귀결시킨다. 여자는 그런 역사를 탈-사고[5]한다. 여성 안에서 모든 여성들의 역사, 그녀의 개인적인 역사, 국가의 역사, 그리고 국제적인 역사가 검증된다. 전투원으로서, 여성은 모든 해방과 합체한다. 여성은 멀리 보아야 한다. 따로따로는 없다. 여성의 해방은 힘의 관계를 수정하거나, 혹은 총알을 다른 진영으로 쏘아보내는 것보다 더한 것을 이룰 것이다. 여성은 이를 예측한다. 그 것은 제반 인간 관계, 사고, 모든 경험의 변화를 야기시킬 것이다. 사실 여성의 해방은 좀더 폭넓은 움직임 속에서 계급 투쟁을 야기시키기는 한다. 그러나 문제는 계급 투쟁만이 아니다. 투쟁-안에 있는-여성이 되기 위해 계급 투쟁에서 나와야 하거나, 계급 투쟁을 부정해야 하는 것이 아니다. 계급 투쟁을 열어야 한다. 계급 투쟁에 균열을 만들어야 한다. 그것을 충동질하여 근본적인 투쟁으로 채워야 한다. 계급 투쟁, 그리고 한 계급 혹은 한 민족의 다른 모든 해방 투쟁이 억압적인 심급으로 작용하고, 불가피한 것을 지연시키기 위한 핑계로서 작동하는 것을 막기 위해서 힘의 관계들과 개인성의 생산 관계에 전복적인 변화가 필요한 것이다. 이러한 변질은 이미 여기 있다. 예를 들어 미국에서는 수백만의 두더지들이 가족을 폭파시키는 중이며, 모든 미국적 사회성을 와해시키고 있는 중이다.[6]

새로운 역사가 도래하고 있다. 그건 꿈이 아니다. 새로운 역사는 남성적 상상력을 초월한다. 그 이유는 새로운 역사는 남성들에게서 개념적인 정형외과술을 박탈하게 될 것이며, 미끼를 잡기 위한 그들의 기계를 파괴하기 시작할 것이기 때문이다.

글쓰기의 여성적인 실행을 **정의하기**란 불가능하다. 그 불가능성은 유지될 것이다. 왜냐하면 이런 실천을 **이론화하기**, 그것을 가두고 코드화하기란 결코 가능하지 않기 때문이다. 그러나 그렇다고 여성적 글쓰기가 존재하지 않는다는 것을 의미하지는 않는다. 그러나 여성적 글쓰기의 실천은 항상 남성 중심적 체계를 지배하는 담론의 한계를 넘어설 것이다. 여성적 글쓰기는 철학적-이론적 지배에 종속된 영토 안에서가 아니라 다른 곳에서 실행되고 있으며, 또 실행될 것이다. 자동주의를 파괴하는 주체들, 어떤 권위도 결코 굴복시키지 못하는 주변을 달리는 자들에 의해서만 이 여성적 글쓰기는 생각되어질 것이다.

*

여성적 글쓰기의 자유분방한 비상을 주장하고, 그 통과와 그 가까운 길과 먼길들을 알릴 필요성이 여기에 있는 것이다. 우선 다음과 같은 사실을 상기시키는 것으로 시작한다. 1) 성적 대립은 글쓰기 역시 남성의 법에 귀결시킬 정도로 언제나 남성에게 유리하게 만들어져 왔다. 그러나 성적 대립은 단지 **하나의 역사적-문화적 한계**일 뿐이다. 환원 불가능한 여성성의 효과들을 생산해 내게 될 픽션이 있다. 이제 그 픽션은 더욱더 강하게, 더욱더 빠르게 존재하게 될 것이다. 2) 남성이건 여성이건 대부분의 독자들, 비평가들, 작가들은 여성적 글쓰기/남성적 글쓰기의 구별 가능성 혹은 타당성을 인정하기를 주저하거나 혹은 대놓고 부정한다. 그러나 오로지 이해 부족에서 오는 것이다. 사람들은 흔히 성적 차이를 철폐시키면서 이렇게 말한다. 모든 글쓰기란 그것이 빛을 보는 한 여성적이다. 그리고 역으로, 똑같은 이야기이지만 글쓰기 행위는 남성적 수음과 동등한 것이다(그렇다. 글쓰는 여성은 자기 자신에게 종이 페니스를 재단해 달아 주는 셈이다). 아니면, 혹은 이렇게 말한다. 글쓰기는 양성적이다.

그러므로 글쓰기란 모든 차이화를 추방하는 중성적인 것이다. 글쓰기란 바로 사이(안에서) 작업하는 것이며, 같은 것과 **그리고** 그것 없이는 아무것도 살지 못하는 다른 것의 소송을 살피는 것이고, 죽음의 작업을 해체하는 것이라는 사실을 인정하는 것은 우선 둘, 둘 다를 원하는 것이다. 하나와, 그리고 나머지 다른 하나 그 모두를 함께 원하는 것이다. 추방의, 아니면 다른 처형의 시퀀스들 속에 응고되지 않고, 오히려 하나와 또 다른 주체인 타자 사이의 끊임없는 교환에 의해 무한히 역동화되는 타자. 타자의 살아 있는 가장자리로부터 출발해서만이 자신을 알고, 자신을 다시 시작하는 그런 하나와 나머지 다른 하나 전체를 원하는 것이다. 이러한 도정은 복수적인 도정, 고갈되지 않는 도정이다. 거기에는 타자 속에서, 사이 속에서 같은 것의 수천의 만남과 변화가 있을 수 있으며, 거기서부터 여성은 자기 형태들을 취한다(그리고 남자 쪽에서도 그러하다. 그러나 그것은 또 다른 이야기이다).

나는 분명 "양성적이므로 중성적이다"라고 말했다. 이것은 양성성에 대한 **고전적인** 개념을 참조하여 이렇게 말한 것이다. 양성성에 대한 고전적인 개념은 두려움과 거세의 기호 아래 펼쳐진다. 양성성에 대한 고전적 개념은 또한 '총체적'인, 그러나(두 개의 반쪽으로 이루어진) 존재에 대한 판타즘의 도움을 받아 차이를 감추기 원한다. 양성성을 위협적인 분할 가능성의 표시로서, 상실에 이르는 작업으로서 감지하기 때문이다.

거세를 액막이하고자 하는 양성성, 이러한 융합시키고 말소시키는 양성성(이러한 양성성을 내거는 작가는 자기는 양성적이라고 쓰지만 그런 작가는 여러분이 알게 되겠지만 거의 틀림없이 여성적도 남성적도 아니다)에 나는 **또 다른 양성성**을 대립시킨다. 이 또 다른 양성성의 주체는 남성 중심적인 표상의 거짓 극장 안에 갇히지 않은 주체이다. 그러한 주체는 각자가 자기 자신의 에로틱한 우주를 또 다른 양성성으로 세운다. 이 또 다른 양성성은 자기 안에서 개인적으로 각 여자 혹은 남자에 따라 다양하게 뚜렷이 드러나는 두 가지 성의 절박한 현존, 차이의 그리고 한 가지 성의 비(非)배제를 탐지해냄이다. 그리고 우리가 스스로에게 허락하는 이러한 '허용'으로부터 출발하여, 나의 육체와 다른 육체의 모든 부분들 위에 욕망의 기입의 효과들을 복수화함이다.

다시 말해서 이 또 다른 양성성은 차이들을 무효화하지 않는다. 오히려 차이에 생기를 불어넣고, 그것을 추적하며, 첨가하는 영매 상태의 양성성이다. 역사-문화적 이유들로 인해 지금 이러한 양성성에 자신을 여는 자, 그것의 혜택을 입는 자는 바로 여성이게 되어 있다. 어떤 면에서 "여성은 양성적이다." 남성은——이것은 이제 아무에게도 비밀이 아니다——영광스런 팔루스적 단일성을 겨냥하도록 훈련되어 왔기 때문이다. 팔루스의 우위를 너무나 주장해 왔기에, 그리고 그것의 효력이 발생되어 왔기에 남성 중심적인 이데올로기는 하나 이상의 희생자를 만들었다. 여성인 나는 왕들의 거대한 그림자에 혼미하게 가리울 수밖에 없었다. 사람들은 내게 말했다. 네가 휘두르지 못하는 그것, 그것을 숭배하라. 그러나 동시에 사람들은 남성에게, 그 그로테스크하고 부러울 것 없는 운명을 만들어 주었다. 생각해 보라, 남자들의 운명은 진흙 불알 달린 단 하나 유일한 우상으로 축소되는 운명인 것이다. 프로이트와 그 후계자들이 지적했듯이, 남성의 운명이란 여성이기를 너무나도 두려워하는 운명이다! 왜냐하면 정신분석학이 여성으로부터 형성되었다면, 그리고 남성적 성에서 여성성을 억압함으로써(그 억압은 남성들이 표명하듯이 그렇게까지 성공을 거두지는 못했다) 형성되었다면 정신분석학은 지금 거의 반박할 수 없는 보고서를 제출한다. '인간'을 다루는 모든 과학[7]처럼 정신분석은 남성적인 것을 재생산한다. 정신분석은 남성적인 것의 효과들 중 하나인 것이다.

여기서 우리는 오래된 프로이트 영역 속에 아주 뻣뻣하게 서 있는, 피할 수 없는 바위에-묶인-남성을 만나게 된다. 언어학에 의해 남성이 '새로이' 개념화된 그곳에 옮겨진 대로, 라캉은 남성을 **거세의 결핍**으로부터 '피신할 수 있는 곳' 팔루스의 성역에 보존한다. 남성들의 '상징계,' 그것은 존재한다. 그리고 그것은 권력을 보유하고 있다. 탈질서화하는 우리, 우리는 그것을 너무나 잘 알고 있다. 그러나 우리로 하여금 남성의 결핍의 은행(銀行)에 우리의 삶을 위탁하도록 강요하는 것은 아무것도 없다. 주체 형성을, 상처를 주는 반복으로 이루어진 비극이라는 용어로 생각하도록 강요하는 것은 아무것도 없다. 또한 끊임없이 아버지의 종교라는 좌초한 배를 다시 띄우도록 강요하는 것도 아무것도 없다. 우리는 지고의 구멍 주위를 맴돌지 않는다. 우리는 부정적인 것(le négatif)에 충성 서약을 할 이유가 없다. 그리할 **여성**으로서의 이유를 갖고 있지 않다. 여성적인 것(시인들은 그것을 짐작했다)은 긍정한다. 'and yes I will yes.' 율리시즈를 모든 책들을 넘어서 새로운 글쓰기로 휩쓸어가면서 몰리는 Yes라고 말한다. 그래, 나는 말했다. 그래 나는 원해.[8]

'검은 대륙'은 검지 않다. 또한 탐험불가능하지도 않다. 검은 대륙이 아직도 탐험되지 않은 것은, 탐험을 할 수 없을 정도로 너무도 검은 대륙이라고 사람들이 우리에게 믿게 했기 때문이다. 그리고 우리의 관심은 결핍의 기념비들이 세워진 흰 대륙에로만 끌린다고 믿게 하고 싶어했기 때문이다. 그리고 우리는 믿었다. 사람들은 우리를 두 개의 끔찍한 신화—메두사와 심연 사이에 응고시켰다. 이것이 계속되지 않는다면, 이 세상 인구의 절반이 웃음보를 터뜨릴 일이다. 왜냐하면 남성·이성 중심주의의 교대병이 거기에 있기 때문이다. 그 교대병은 옛 도식들을 재생산해 내는, 거세의 도그마 안에 닻을 내린 투사이다. 그들은 아무것도 변화시키지 못했다. 그들은 그들의 욕망을 현실인 **것으로** 이론화시켰다. 그들, 사제들이야 벌벌 떨라지! 우리는 그들에게 우리의 섹스트[9]를 **보여 줄** 테니!

여자들이 남자가 아니라는 사실, 어머니에게 그것이 없다는 사실을 발견하고 그들이 주저앉아 버린다면, 그들에겐 안된 일이다. 그런데도 그들은 이 두려움으로도 만족이 되지 않는 것일까. 그들에게 최악의 진실은 실제로 여성은 거세된 것이 아니라는 사실이 아닐까? 그 사실이 아니던가? 역사가 방향을 바꾸기 위해서는 남성이 사이렌의 노래에 더 이상 귀 기울이지 않는 것으로 충분하다(왜냐하면 사이렌, 그것은 남자들이기 때문이다)라는 사실이 아닐까? 아니 그런가? 메두사를 보기 위해서는 정면에서 그녀를 바라보는 것으로 충분하다. 메두사, 그녀는 치명적인 존재가 아니다. 그녀는 아름답다. 그리고 그녀는 웃고 있다.

그들은 말한다. 표상 불가능한 것이 두 가지 있으니, 그것은 죽음과 섹스라고. 왜냐하면 그들은 두려움에 의해 긴장하기 때문이다! 그것도 그들 자신을 위해서! 그들은 우리를 두려워할 필요가 있는 것이다. 보라. 페르세우스들이 벌벌 떨면서, 뒷걸음질치면서 질책의 갑옷을 입고서 우리를 향해서 전진하는 것을! 등이 예쁘구먼! 더 이상 1분도 낭비할 수 없다. 나가자.

서두르자. 검은 대륙은 탐험 불가능한 대륙도, **검은 대륙**도 아니다. 나는 그곳에 자주 갔었다. 그곳에서 어느 날 나는 기쁘게도 장주네를 만났다. 그것은 《장례식》[10] 안에서였다. 주네는 형인 장에 이끌려 그곳에 당도했었다. 너무나 극소수이기는 하지만 여성성을 두려워하지 않는 남자들이 있다

여성들은 글을 써야 할 것이다. 그리고 여성의 여성성에 대해서는 거의 모든 것이 써야 할 과제이다. 여성의 성, 그 무한하고 유동적인 복합성에 대해 여성의 에로틱한 표현, 어떤 사소하고도 거대한 여성 육체 영역의 번개 같은 작열에 대하여, 운명에 대해서가 아니라 어떤 충동의 모험에 대해서, 여행들, 횡단, 느린 행보, 급작스럽고도 서서한 깨어남, 예전에는 수줍다가 방금 전 돌출한 한 영역의 발견. 천일의 불같이 뜨거운 아궁이를 가진 여성의 육체, 여성이 그 육체로 하여금——멍에와 검열들을 부수어 버리면서——온갖 방향으로 그 육체를 관통하는 의미들의 팽창을 말하게 할 때, 여성의 육체는 단 하나의 고랑을 가진 옛 모성적 언어를 울려 퍼지게 할 것이며, 그것은 분명 하나 이상의 언어로 울려 퍼질 것이다.

우리는 우리의 육체에서 등을 돌렸었다. 수치스럽게 사람들은 우리에게 우리의 육체에 무지할 것을 가르쳤다. 바보 같은 정숙함으로 그 육체에 매질을 하도록 가르쳤다. 사람들은 우리에게 속임수 거래를 했다. 각자는 다른 성을 사랑할 것이다. 나는 네게 그대 육체를 줄 것이다. 그러면 그대 내게 내 육체를 다오. 그러나 여성이 남자에게 맹목적으로 넘겨 주는 육체를 여성에게 주는 남자들은 누

구인가? 그렇다면 거기에 대해 이야기하는 텍스트들이 그리 없는 것은 무슨 까닭인가? 왜냐하면 육신을 되찾는 여성은 아직도 너무나도 극소수이기 때문이다. 여성은 자기 육신을 글로 써야 한다. 여성은 난공불락의 언어를 창안해 내야 한다. 칸막이들, 계급들, 그리고 수사법들, 규칙들과 코드들을 무너뜨리는 언어를 만들어 내야 한다. '침묵'이라는 단어를 말해야 하는 것을 비웃는 담론, '불가능한'이라는 단어 앞에서 단번에 멈추어 서면 그 단어를 '끝'처럼 쓰는 담론을 포함해서, 궁극적인——보류를 간직한——담론을 침몰시키고 꿰뚫고 뛰어넘는 언어를 만들어 내야 한다.

여성적 능력은 이러한 것이다. 통사 구조를 휩쓸어가면서, 남자들에게 늙은 어머니가 분명 그들 뒤에서 그들이 팔루스를 행하는 것을 쳐다보고 있다는 것을 확인시켜 주기 위해서 탯줄을 대치하는 구실을 하는 그 끈(단지 아주 작은 끈이라고 그들은 말한다)——이것이 없이 그들은 향유하지 못한다——을 끊으면서 여성들은 불가능한 것으로 갈 것이다.

*

그들 문화와 그들 사회의 '억압된 것,' 그것이 되돌아온다면, 그것은 폭발적인 회귀일 것이다. **절대적으로** 파괴적인 회귀, 억압들 중 가장 엄청난 억압에 걸맞는 여태껏 한번도 해방된 적이 없는 힘을 지닌, 전복적인 회귀일 것이다. 왜냐하면 팔루스 시대 말기에 여성들은 말소되었거나, 아니면 혹은 가장 높은 그리고 가장 격렬한 작열로 이끌어졌었을 것이기 때문이다. 그들의 귀머거리 역사를 따라오는 동안 여성들은 내내 꿈속에서, 입다문 채 몸으로 살아왔다. 침묵 속에서, 벙어리 혁명 속에 살아왔다.

여성들은 연약함 속에서 또한 얼마나 강하게 살았던가. '연약성,' 그것은 여성들이 비할 데 없는 강렬함에 비해 상처받기 쉽다는 것이다. 여자들은 승화시키지 않았다. 그랬기에 다행스럽게도 여자들은 생명을, 에너지를 구할 수 있었던 것이다. 여자들은 미래 없는 삶의 막다른 골목을 동력으로 이용하려 애쓰지 않았다. 여자들은 광폭하게 그 화려한 육체 속에 살아왔다. 감탄할 만한 히스테리 여인들. 프로이트의 모세 같은 동상을 육감적이며 열정적인 육체-의-단어로 폭격하면서, 일곱 겹 정숙의 베일을 쓴 것보다도 더 맨몸을 드러낸 채 찬란한, 들리지 않는 벼락치는 듯한 고발로 그의 뇌리를 사로잡은 그녀들은 프로이트에게 고백하지 못할 관능적인 그토록 많은 순간들을 겪게 만들었다. 육체라는 단 한마디 말로 성서적-자본주의적 사회의 역사, 남자들의 역사에서 하나의 화살처럼 분리된 역사의 거대한 현기증을 새겨 놓은 여자들, 그것은 바로 이 여자들이다. 어제 사형에 처해진 이 여자들, 새로운 여성들에 앞장서 온 여자들이다. 그녀들 이후에 오는 그 어떤 주체 상호간의 관계도 더 이상 이전과 똑같을 수 없을 것이다. 그건 바로 그대, 도라이다. 그대는 길들일 수 없는 여자, 시적인 육신, 시니피앙의 진정한 '여주인'인 그대이다. 그대의 말이 이제 더 이상 억제되지 않고, 그 뾰족한 창끝이 그대의 가슴을 향해 되돌려지지 않으며, 타자와는 반대로 그대의 말이 글로 씌어질 때, 그대의 효율성이 작업하게 되는 것을 우리는 내일 이전에 보게 될 것이다.

육체: 사회적 성공, 승화를 권유받은 남자보다 더 여성들은 육체

이다. 더 육체이므로 더욱 글쓰기이다. 골탕먹이기, 가족-가정의 길들이기 시도, 여성을 거세하기 위한 반복된 시도들, 여성은 거기에 오랫동안 육체로 응답해 왔다. 입을 열기 전에 7만 번이나 혀를 돌리고, 그리고도 말을 하지 않는 여자. 그 여자는 그 때문에 죽거나 혹은 자기 혀와 입을 그 누구보다도 더 잘 아는 여자가 된다. 이제 나-여성은 법을 폭파시킬 것이다. 폭발은 이제 가능하다. 그리고 그것은 피할 수 없다. 폭발이 이루어지기를, 지금 당장, 언어 속에서.

옛 자동주의에서 잘 벗어나지 못한 분석이 걸려들게 하는 함정에 빠지지 말자. 언어 속에 무찌를 수 없는 적수가 숨어 있지나 않을까 두려워할 필요 없다. 왜냐하면 그건 남자들의 언어이며, 그들의 문법이기 때문이다. 우리가 그들의 것이 아닌 것처럼 이제 더 이상 그곳도 그들만의 것이 아니며, 그곳을 그들에게 내맡겨서는 안 된다.

여성은 항상 남성의 담론 '속'에서 기능했다. 또한 여성은 여성의 특별한 에너지를 무효화하는, 그리고 여성의 너무나도 다른 소리들을 깎아내리고 질식시키는 적의 시니피앙에 항상 되돌려지는 시니피앙이었다. 그러나 지금은 바로 여성이 이 '속'을 와해시킬 때이다. 지금이야말로 여성이 그 '안'을 폭파시키고, 뒤엎으며, 빼앗아 그 '안'을 자기 것으로 만들 때이다. 그 '안'을 이해하고, 여성의 입 안에 담으며, 그녀의 치아로 그 혀를 깨물고, 그것에 덥석 덤벼들기 위한 하나의 언어를 창안해 낼 때이다. 여성이 졸면서 웅크리고 있었던 그 '안'으로부터 얼마나 편안하게 새로운 언어가 거품으로 방울방울 넘쳐 두 입술로 샘솟아오를 것인가를 그대는 보게 될 것이다.

그들의 도구, 그들의 개념, 그들의 자리를 가로채자는 것이 아니다. 그들이 점유하고 있던 지배의 지위를 우리가 차지하자는 것도 아니다. 동일화의 위험이 있다는 것을 우리가 안다. 그렇다고 해서 그것이 우리가 굴복하는 결과를 가져오는 것은 아니다. 이런 것은 불안한 자들, 남성적 불안에 맡겨두자. 지배하는 기능, '돌아가게 하기' 위해 '어떻게 돌아가는지'를 알고자 하는 기능과 맺고 있는 남성들의 강박적인 관계에 맡겨두자. 내면화하기 위해서, 혹은 조작하기 위해서 탈취하는 것이 아니라 단번에 횡단하기 위해서, 그리고 '날아가기'[11] 위해서이다.

날아간다는 것. 그것은 여성의 동작이다. 언어 속에서 날고, 언어를 날아가게 하고. 수 세기 이전부터 우리 여자들은 모두 비상에 대해서 많은 기법의 기술을 배웠다. 우리 여자들이 **날면서−훔치면서** 밖에는 소유에 접근할 수 없었던 까닭이다. 우리는 비상−훔침 속에서 살았다. 날면서−훔치면서 남몰래 가로지르는 협소한 통로, 욕망을 마음껏 발견하면서 살았다. '날아가기'가 하나의 비상과 또 다른 비상을 즐기면서, 의미의 경찰들을 따돌리면서 두 개의 비상 사이에서 행해진다면, 그것은 우연이 아니다. 여자는 새와 도둑을 닮았다. 마치 도둑이 여자와 새를 닮은 것처럼. 그 남녀[12]는 지나간다. 도망간다. 즐겁게 공간의 질서를 뒤흔들어 놓고, 공간의 방향을 흐트러뜨려 놓으며, 가구들·사물들·가치들의 위치를 바꾸어 놓고, 파손하고, 구조들을 비우며, 깨끗한 것을 뒤죽박죽으로 만들어 놓는다.

날아가기를 행하여 보지 않은 여성이 누가 있겠는가? 사회성에 제동을 거는 동작을 느껴 보지 않은 자, 꿈꾸어 보지 않은 자, 실행에 옮겨 보지 않은 자가 누가 있겠는가? 분리의 경계 막대기를 흔들어 놓고, 그것을 조롱거리로 만들어 보지 않은 자가 누군가? 자기 몸으로 차이를 새겨 보지 않은 자가 누가 있겠는가? 쌍과 대립의 체계에 구멍을 내보지 않은 자가 누가 있겠는가? 연속적인 것, 연쇄 사슬에 묶인 것, 주변의 오해[13]의 벽을 위반으로 땅바닥에 내동댕이쳐 끝장내 버리고자 해보지 않은 자가 누가 있겠는가?

여성적 텍스트는 전복적인 것 이상이다. 그렇지 않을 수가 없다. 여성적 텍스트가 씌어진다면, 그것은 남성적 투사들이 갖고 있는 부동의 오래된 딱딱한 껍데기를 화산처럼 들어올리면서 씌어진다. 그렇지 않고는 씌어질 수 없다. 여성이 남성이 아니라면 여성을 위한 자리는 없다고? 여성이 여성-여성이라면, 모든 것을 부숴 버려야 한다. 제도들의 구조를 산산조각내야 한다. 법을 폭파시켜 공중에 날려 버려야 한다. 웃음의 '진실'을 비틀어야 한다.

왜냐하면 여성이 상징계 속에 **자기** 길을 트자마자 그 길은 '개인적인 것,' 그녀의 이름, 그녀의 성, 그리고 참조물의 군악대로 된 카오스모제[14]로 만들어지지 않을 수 없기 때문이다. 여성 살해[15]의 오랜 역사 때문이다. 어제의 식민지 피지배인들이 알고 있듯이 노동자들, 민중들, 남성 역사의 군림 아래서 그 역사의 황금을 이루게 해준 종족들이 알고 있듯이, 박해의 치욕을 경험한 자들은 그 경험으로부터 위대함의 고집스런 미래의 욕망을 이끌어 낸다. 갇힌 자들이 가두는 자들보다 자유로운 공기의 맛을 더 잘 아는 법이다. 여성은 여성의 역사 **덕분에**, 남자들이 한참 후에야 생각할 수 있을 것을 오늘 알고 있다(행할 줄 알며, 또 원할 줄 안다). 여성은 '개인적인 것'을 뒤엎는다고 나는 말한다. 사람들은 여성에게 법·거짓말·위협·결혼을 통해서 여성의 성명과 함께 여성의 권리를 강탈해 버렸다. 그랬기 때문에 여성은 치명적인 소외의 움직임 그 자체 속에서

'고유한 것'의 덧없음을 좀더 자세히 볼 수 있었다. 남성적-가정적 주관적 경제의 축소적인 인색함을 여성은 좀더 상세히 볼 수 있었던 것이다. 여성은 거기에 이중으로 저항한다. 한편으로 여성은 필연적으로 자기 자신을 상실하지 않고서도 자신의 일부분을 상실할 수 있는 그런 '사람'으로 형성되었다. 그러나 은밀하게, 소리 없이 그녀의 깊은 내면에서 여성은 스스로를 확장하고, 스스로를 복수화한다. 왜냐하면 다른 한편으로 여성은 살아간다는 것에 대해서, 그리고 충동의 경제와 자아의 경영 그 둘 사이의 관계에 대해서 모든 남자보다 훨씬 더 많이 알고 있기 때문이다. 남자는 자기의 칭호, 자기 유가증권, 가치의 주머니, 머리, 왕관, 그리고 자기 독단적인 모든 것에 그토록 집착한다. 그런 남자와 달리 여성은 머리 잘리움 (혹은 거세)에 대한 두려움을 흔쾌히 비웃는다. 여성은 익명성 속에 남성처럼 벌벌 떨지 않고서도 위험을 무릅쓰고 모험한다. 여성은 자신은 사라지지 않으면서 익명성에 녹아들 줄 안다. 왜냐하면 여성은 **주는** 자이기 때문이다.

준다는 것에 대한 모든 기만적인 문제성에 대해서는 할 말이 많다. 여성은 물론 대가를 위해서만 주는 여자, 니체가 꿈꾸었던 그런 여자는 아니다. 모든 것을 취하고자 하는 남자가 아니고서야 도대체 누가 취하는-줌으로써의 줌을 생각할 수 있겠는가?

여성에게 고유한 점이 있다면, 그것은 역설적으로 계산 없이 자신의 것을 탈-소유화하는 여성의 능력이다. 여성은 끝부분이 없는 육체, '말단' 없는 육체, 주요한 '부분들' 없는 육체이다. 여성은 하나의 전체이다. 하나하나가 전체인 부분들로 이루어진 하나의 전체이다. 부분적인 단순한 물건들이 아니라 움직이며 변화하는 집합, 에로스가 휴식 없이 돌아다니는 한계 없는 코스모스, 다른 천체들보다 더-천체인 태양 주위에 조직된 공간이 아닌 거대한 천체 공간이다.

여성이 비차별화된 마그마라는 뜻은 아니다. 여성은 여성의 육체 혹은 여성의 욕망을 군주 정치로 다스리지 않는다는 뜻이다. 남성성은 페니스 주위를 맴돈다. 그래서 부분들의 독재 아래 중앙집권화된 육체(정치적 해부학)를 탄생시킨다. 여성은 자기 자신에 대해 머리-성기라는 짝에 유리한 권한을 부여하는, 경계선 안쪽에만 기입되는 지역화를 만들어 내지 않는다. 여성의 무의식이 세계적인 섯처럼 여성의 리비도는 우주적이다. 또한 여성의 글쓰기는 계속될 수밖에 없다. 여성의 글쓰기는 결코 주변을 새기거나, 혹은 지각해 냄 없이 현기증나는 타자 횡단을 감행할 것이다. 그, 그 여자들, 그들 안에 덧없는, 그리고 열정적인 체류를 감행할 것이다. 여성은 무의식 가장 가까이에서 그들을 쳐다본다. 그러는 동안 여자는 그들 안에 산다. 그들이 일어나자마자 충동 가장 가까이에서 그들을 사랑하고, 그리고 나서는 좀더 멀리 이 짧은 동일화적인 포옹으로 흠뻑 적셔진 채 여성은 간다. 그리고 무한으로 건너간다. 여성만이 안으로부터 알기를 감행하고, 그러기를 원한다. 추방된 자, 여성은 언어-이전의 울림을 끊임없이 들어 왔다. 여성은 벽도 죽음도 알지 못하는 천 개의 혀로 된 또 다른 언어를 말하게 한다. 여성은 삶의 그 어떤 것도 거부하지 않는다. 여성의 언어는 억제하지 않는다. 여성의 언어는 품는다. 죽이지 않고 가능하게 만든다. 아니면 이드가 혼란으로 발설된다. 다수로 존재하는 경이로움, 여성은 미지의 자기 자신들에 대해 스스로를 방어하지 않는다. 여성은 자기 변질 가능성이라는 능력을 갖고 있다. 여성은 문득 자기가 미지의 자기 자신이 되어 있는 것을 알아채는 것이다. 나는 노래하는 광활한 육신이니. 그 위에 아무도 모르는 나, 다소 인간적인 그러나 변화중에 있기에 무엇보다도 먼저 살아 있는 나가 나에게 접목된다.

글을 쓰라! 자신을 찾는 그대의 텍스트는 살과 피보다도 더 자신을 안다. 그것은 소리도 낭랑한, 향기로운 향유물로 이루어진, 스스로 반죽되어 일어나는 반란적인 반죽, 비상하는 색깔들의 활기 있는 배합, 우리가 자력을 띠게 하는 바다에 뛰어드는 나뭇잎들과 강들이다. 아! 여기 그녀의 바다가 있다. 그는 내게 이렇게 말할 것이다. 타자는 내게 사랑스런 팔루스적인 어머니의 물이 가득 담긴 가슴-대야[16]를 내게 건넨다. 그리고 그는 그 사랑스런 팔루스적인 어머니로부터 결코 분리되지 못한다. 그러나 우리의 바다는 물고기들이 많거나 그렇지 않거나 간에, 불투명하거나 투명하거나 간에, 붉거나 검거나 간에, 파도가 높거나 잔잔하거나 간에, 좁다랗거나 기슭이 없거나 간에 우리가 만드는 그대로의 바다이다. 그리고 우리는 우리 자신이 바다, 모래, 산호, 해초, 조수, 헤엄치는 여자들, 아이들, 파도들이다.

다소 막연하게 바다, 대지, 하늘, 어떤 물질이 우리에게 거슬리던가? 우리 여자들은 모두 이것들을 말할 줄 안다.

이질적인, 그렇다. 즐거운 이득에 그녀는 이질적이다, 그녀는 성욕을 자극한다. 그녀는 이질성의 성욕 자극성이다. 공기처럼 가벼운 헤엄치는 여자, 비상하는 여자, 그녀는 자기 자신에 집착하지 않는다. 그녀는 분산 가능하다. 그녀는 아끼지 않는다. 그녀는 정신을 혼미하게 한다. 그녀는 타자를 욕망하며, 타자의 능력이 있다. 미래의 그녀가 될 또 다른 여성을, 그녀가 아닌 또 다른 여성을, 그를, 그대를 욕망하며 그렇게 될 능력이 있다.

*

　여인이여. 같은 것에 대해서도, 다른 것에 대해서도 두려워 말라. 나의 두 눈 내 혀 내 두 귀 내 코 내 피부 내 입, 타자를 위한 내 몸, 내가 그를 욕망하는 것은 나의 구멍을 막기 위해서가 아니다. 그 어떤 나의 결함에 대비하기 위해서도, 혹은 운명적인 여성적 '질투'에 사로잡혀서도 아니다. 대체물들을 궁극적 대상에로 다시 이끌고 가는 대체의 연쇄고리 속에 내가 이끌려 가기 때문도 아니다. 아버지 쪽-아들들을 섬기는 식인귀 같은 늙은 할머니들이 우리에게 속삭이며 들려 주었던 엄지소년의 이야기, 페니스네이드(Penisneid)의 동화는 끝났다. 그들은 믿으라고 하라. 그들은 우리가 자기들을 죽도록 부러워한다고 생각할 필요가 있다. 자기 자신을 존중하기 위해서이다. 우리가 그들 페니스에 대한 선망으로 둘러쳐진 구멍이라고 믿을 필요가 있다. 그건 그들의 태곳적 사업이다. 남자들은 자기 꼬리에 날개를 달음으로써만이 스스로를 구조화시킨다. 부인할 수 없게도 그것은 그들이 그곳 출신이라는 것, 그들이 아직도 그것을 가지고 있다는 것을 우리(그들의 호주머니 작은 시니피앙의 모성적 정부(情婦)인 우리들)가 그들에게 보장해 주도록 하기 위해서 그들이 팽팽해진다는 것을 우리에게 알리기 위해서이다. 아이 안에서 여성이 욕망하는 것은 페니스가 아니다. 모든 남자가 그 주변을 맴도는 문제의 그 신체 부분이 아니다. 고대인의 역사적인 **한계** 안에서를 제외하고는 잉태는 숙명성에로, 영원히 '질투하는 여자'의 무의식이

정돈해 놓은 대체의 메커니즘에로 되돌려지는 것도 아니다. 페니스
네이드에로도, 나르시시즘에로도 항상-거기-있는-어머니와 연관
된 동성애성에로도 되돌려지지 않는다! 아이를 만든다는 것은 여성
도, 남성도, 그것이 불가피하게 만들어 내는 도식 안으로 추락하게
하는 결과를 초래하지 않는다. 재생산의 순환을 재충전하는 결과를
초래하지도 않는다. 위험은 있다. 그러나 불가피한 함정은 없다. 의
식화라는 핑계 아래 보충적인 금기들이 여성을 짓누르게 되지 않기
를. 그대가 아이를 원하거나 아이를 원하지 않거나 **그건 그대의 일
이다.** 어떤 남자도 그대를 위협하지 않기를. 옛날 시대에 '사로잡히
는' 두려움에 이어 그대의 욕망을 충족시키면서 사회성의 공모자가
되는 두려움이 오지 않기를. 그리고 남자여, 그대 또한 모두의 맹목
성과 수동성을 예측하면서 아이가 아버지를 **만들지** 않을까 두려워
할 것인가? 그러니까 여성이 아이를 출산하면서 아이와 동시에-어
머니-아버지-가족을 출산하는 불운 이상의 결과를 자초하는 것이
아닐까 하고 그대는 또 두려워할 것인가? 아니다. 옛 순환의 고리
를 끊는 것은 그대에게 속한 일이다. 여성과 남성은 옛 관계, 그것
의 모든 결과들을 무효화시켜야 할 것이다. 새로운, 살아 있는 주체
의 발사와 더불어 탈-가족화를 생각해야 할 것이다. 출산의 권리
회복에 미리 대비하기 위해서 여성에게 육체의 열정적인 시대를 박
탈하기보다는 차라리 탈-모성·탈-부성화하자. 탈-페티시즘화하
자. 좋은 아버지는 죽은 아버지이거나, 아니면 아기는 부모의 죽음
이기를 원하는 변증법에서 빠져나오자. 아이는 타자이다. 그러나
폭력 없는 타자, 상실, 투쟁을 통한 과정이 없는 타자이다. 항상 다
시 끊어야 하는 매듭을 만들기, 다시 맺기, 전수되고 족보화되는 거

세의 기나긴 기도(祈禱)에 우리는 질렸다. 우리는 이제 더 이상 뒷걸음질치면서 전진하지 않을 것이다. 삶의 욕망처럼 단순한 그 무엇을 우리는 이제 더 이상 억압하지 않을 것이다. 구강 충동, 항문 충동, 음성 충동, 모든 충동은 우리의 훌륭한 힘이다. 그리고 그 중에서도 잉태의 충동은——글쓰기의 욕망처럼, 안으로 자신을 살고자 하는 욕구, 배·혀·피의 욕구이다. 게다가 고전 텍스트들 속에서 비극화되거나 회피되거나 혹은 저주된 임신의 감미로움을 이제 우리는 마음이 내키면 스스로에게 거부하지 않을 것이다. 특별히 억압된 것이 있다면, 우리는 거기서 분명 감미로움을 발견할 것이기 때문이다. 임산부에 대한 터부, 그것은 임산부에게 임신중에 투여된 것처럼 보이는 힘에 대해 많은 것을 말해 준다. 그건 여자가 임신하면 여성의 상품 가치가 배가될 뿐만 아니라, 특히 자신이 보기에도 **여성**으로서 **자기 자신**에게 가치를 부여하게 되며, 부인할 여지 없이 육체와 성을 갖게 되기 때문이다.

임신을 체험하는 방식에는 1천 가지 방식이 있다. 아직 보이지 않는 타자와 또 다른 강렬함의 관계를 가질 수도 있고 그렇지 않을 수도 있다. 그대가 이런 욕구를 가지고 있지 않다고 해도, 그것은 그대에게 그 욕구가 결핍되어 있다는 것을 의미하는 것은 아니다. 각각의 육체는 개별적인 방식으로, 모델 없이, 기준 없이 자기 욕망들의 유한하지 않은, 그리고 변화하는 총체를 배분한다. 쾌락과 현실이 서로 껴안는 모순의 공간 속에서 그대 자신을 위해 그대의 입장을 그대가 결정하라. 타자를 삶 속에 낳아 놓아라. 여성은 해탈을 **살아갈** 줄 안다. 출산한다는 것은 상실하는 것도 아니며, 자기 자신을 증가시키는 것도 아니다. 그것은 하나의 타자를 일반적인 삶에 첨가하는 것이다. 내가 꿈을 꾼다고? 내가 잘 알지 못한다고? 그대들, '이론'의 방어자들인 그대들, 개념을 그대로 네-네-하며 수락하는 아들들이여, (페니스가 아니라) 팔루스를 왕좌에 앉힌 그대들이여, 한번 더 '이상주의'에 가서 호소하라. 아니면 그보다 더 심하게 '신비주의적'이라고 내게 침을 뱉으라.

그러면 리비도는? 팔루스의 의미를 내가 읽지 않았던가? 그리고 분리는? 태어나기 위해서 그대가 절단을 겪어야 했던 자신의 말단은? 그대의 욕망이 영원히 그것을 기념한다고 그들은 이야기하지 않던가.

게다가 내 텍스트 속에 페니스가 순환하고 있다는 것을 그들은 보지 못하는가? 내가 그것에 장소를 주고 매력을 주고 있다는 것을 그들은 보지 못하는가? 물론 그럴 것이다. 나는 전체를 원한다. 나는 내 자신 전체를 원한다. 그 남자 전체와 더불어. **우리들**의 일부분을 왜 내가 내게서 박탈할 것인가? 그래서 나는 우리들 전체를 원한다. 물론 여성에게는 욕구가 있다. 그것은 사랑하고자 하는 욕구이지 질투에 찬 욕구가 아니다. 그것은 여성이 거세되었기 때문이 아니다. 여성이 자신을 충족시키고자 하는 쇠약자이기 때문이 아니다. 자신을 위안하고, 원수를 갚기 원하는 부상자이기 때문이 아니다. 나는 내 몸을 치장하기 위해 페니스를 원하지는 않는다. 나는 타자를 원한다. 타자 전체를 욕망한다. 왜냐하면 살아간다는 것은 존재하는 모든 것, 살아 있는 모든 것을 바라는 것이기 때문이다. 그리고 그것을 산 채로 원하는 것이기 때문이다. 거세? 그건 다른 사람에게나 이야기하라. 결핍을 기원하는 욕망이 도대체 뭔가? 그건 아주 작은 욕망일 뿐이다. 남근 심급의 서커스에 깊은 인상을 받아 커

다란 남근에 아직도 위협을 받고, 충성스런 주인이 북을 치며 이끄는 대로 이끌려 가는 여자, 그건 어제의 여자이다. 농담 중에 가장 오래된 농담[17]에 쉽게 넘어가는 여성 희생자들은 아직도 많다. 벙어리의 첫번째 버전에 분류되는 여자들은 자기 육체 위에, 눈에 결코 보이지 않는 황금의 팔루스에게 옛날식 이론적인 기념비를 세운다. 그 여자들은 전율을 통해 산을 솟아오르게 하고, 그 산 아래 거인처럼 누워 있다. 두번째 버전에 속하는 여자들을 보자. **유아기**에서 벗어난 그날로부터 곧바로 이 여자들은 분석의 제국을 세운 자들의 공격을 받게 된다. 그리고 갑자기 맨몸의, 이름도 없는 새로운 욕망, 그 출현이 너무나도 즐거운 욕망을 표명하자마자 그 여자들은 새로운 노인들에 의해 목욕탕에 넣어진다. 그러자마자 어느새 현대성의 옷을 입은 엉큼한 해석의 악마가 여자들에게 겉모습은 번쩍거리는 시니피앙이나 예전과 똑같은 수갑과 억압적인 장신구들을 판다. 이것이 두번째 버전이다. 그리하여 여자들은 정숙한 자기 비하로 '식견 있는 여자'가 된다. 어떤 거세를 그대는 더 좋아하는가? 아버지의 거세, 아니면 어머니의 거세? 둘 중 어느것을 더 좋아하는가? 오 예쁜 눈, 예쁜 소녀야. 내 안경을 써렴. 그러면 네가 믿어야 할 모든 것을 진실−자아−나가 네게 이야기해 주는 것이 보일 것이야. 그 안경을 코에 걸치렴. 그리고 페티시스트(너는 페티시스트란다. 타자 분석가인 내가 네게 가르쳐 주지)의 눈길로 너의 육체와 타자의 육체를 한번 쳐다보렴. 보이니? 안 보여? 기다려 봐. 네게 모든 걸 다 설명해 주마. 그러면 너는 네가 어떤 류의 신경증 환자와 유사한지 알게 될 거야. 움직이지 마. 네 초상화를 만들어 주마. 네가 곧 그 초상화와 닮기 시작하도록 말이야.

그렇다. 1단계와 2단계의 순진한 여자들이 아직도 군단을 이룬다. 새로 도착하는 여자들, 그 여자들은 이론적인 것과 저만큼 떨어져서 창조를 감행한다. 하지만 시니피앙의 순경들에게 신문당한다. 그리고 블랙리스트에 오르고, 여성들이 필수적으로 알고 있는 것으로 전제되는 질서에 소환된다. 항상 특혜받은 하나의 '시니피앙'을 위하여 연결되는 사슬 속에서 여자들은 술책의 힘으로 정확한 한 자리에 지정된다. 그리하여 우리 여성은 아버지-의-성(姓)에로 돌려보내진다. 아니면 좀더 새롭게 그녀의 자리, 팔루스적인-어머니에게로 돌려보내는 끈에 우리는 재통합된다.

여자 친구여, 시니피에의 권위로 그대를 다시 이끌기 원하는 시니피앙을 경계하라! 그대의 생식 능력을 축소하고자 하는 진단들을 경계하라. '보통' 명사들도 고유명사이다. 그것은 그대의 개별성을 종(種)으로 분류함으로써 전락시킨다. 순환의 고리를 깨라. 정신분석적인 울타리 속에 머무르지 마라. 한 바퀴 돌아보고, 그리고 가로질러 가라!

우리가 군단이라면, 그것은 해방 전쟁이 열어 놓은 돌파구가 아직은 좁은 틈새에 불과하기 때문이다. 그러나 그 틈새로 여자들이 몰려든다. 나는 그녀들을 보았다. 그녀들은 길들여지지 않은 여자, 속임수에 넘어가지 않을 여자들이다. 여자이기를 두려워하지 않을 여자, 그 위험을 두려워하지 않을 여자들이다.

그 여자들 안에, 그 여자들 사이에는 아직 탐험되지 않은 그 어떤 위험도, 그 어떤 욕망도, 그 어떤 공간도, 그 어떤 타자도, 그 어떤 다른 곳도 없을 것이다. 여성은 페티시즘화하지 않는다. 여성은 부인하지 않는다. 여성은 증오하지 않는다. 여성은 관찰한다. 접근한다. 다른 여성, 아이, 정부(情夫)를 보려고 애쓴다. 이는 그녀의 나르시시즘을 공고히 하기 위해서가 아니다. 주인의 연대성, 혹은 약점을 확인하기 위해서도 아니다. 다만 좀더 사랑하기 위해서이다. **또 다른 사랑**을 창안해 내기 위해서이다.

태초에 우리의 차이가 있다. 새로운 사랑은 타자를 감행한다. 타자를 원한다. 새로운 사랑은 앎과 창안 사이에 서로를 빼앗아 현기증나는 비상에 오른다. 영원으로부터 도착하는 여자, 여성은 머물지 않는다. 여성은 도처로 간다. 여성은 교환한다. 여성은 주는-욕망이다. (여성은 취하기 위하여 준다는 역설 속에 갇혀 있지 않다. 하나가 되는 융합이라는 환상 속에 갇혀 있지도 않다. 우리는 이제 더 이상 거기에 머물지 않는다.) 여성은 경계에 다다르지나 않을까 하는 두려움 없이 들어온다. 그녀는 들어온다──그녀와 나, 그리고 그대가 들어온다. 또 다른 나 그 속에는 하나가 언제나 하나보다 무한히 더 많고, 나 이상이다. 우리가 변해 가고 있음을 향유하는 여자. 우리의 변전(變轉)은 끝나지 않을 것이다! 여성은 방어적인 사랑, 모성으로 감싸기와 삼켜 버리기를 가로질러 간다. 탐욕스런 나르시시즘을 넘어서서 움직이는 열린, 중간적인 공간 속에서 여성은 **자기의 위험을 무릅쓴다.** 목숨을 건 투쟁, 교환이라 주장하는 사랑-전쟁의 다시-침대에 눕히기를 넘어서서 여성은 증오가 자양을 제공하는 에로스의 역학을 비웃는다. 증오. 이것 또한 팔루스에게 물려받은 유산이다. 그 잔재이다. 속임수를 쓰는 팔루스에의 굴종이다. 사랑한다는 것. 타자를 타자 속에 쳐다보고-생각하고-추구한다는 것. 탈-거울화한다는 것. 탈-사변화한다는 것. 이것이 어려운 일인가? 그것은 불가능한 일이 아니다. 삶에 자양을 공급하는 것은 바로 이것이다. 결핍에 대비하고, 기이한 것을 혼란시키고자 하는 이 불안스런 욕망으로 유지되는 사랑이 아니라 복수화하는 교환을 기꺼워하는 사랑이다. 역사가 아직도 죽음의 역사처럼 돌아가는 곳, 그곳에 여성은 들어가지 않는다. 대립. 대립, 계급화하는 교환, 최소한 둘 중 하나의 죽음으로 끝날 수밖에 없는 지배를 위한 투쟁(하나는 주인-하나는 노예, 혹은 둘 다 비-주인=두 죽음). 이 모든 것은 남성 중심적인 가치들이 지배하던 시대에 속한다. 그 시대가 아직 현재라 해도 여성이 생명의 역사를 시작하는 것을 막지는 못한다. 게다가 여성은 준다. 여성은 자신이 주는 것이 무엇인지 '알지' 못한다. 여성은 그것을 재지 않는다. 그러나 여성은 자기가 가지지 않은 것을 주지도 않는다. 그것을 바꾸지도 않는다. 여성은 그 이상을 준다. 여성은 자기가 주는 것으로부터, 설사 예측 못한 이익이 자기에게 돌아오리라는 확신이 없이도 준다. 여성은 살게 하고, 생각하게 하며, 변모하게 한다. 이런 '경제,' 이것은 경제 용어로 더 이상 말해질 수 없다. 아니면 그녀는 사랑한다. 그러면 경영의 모든 옛 개념들은 시대에 뒤처진 것이 된다. 여성은 다소 의식적인 계산 끝에, 거기서 이득을 보는 것이 아니라 차이를 본다. 나는 그대에게 매순간, 아직 한번도 그대가 날 쳐다보지 않은 그런 식으로 그대가 나를 쳐다보는 순간, 그대가 내가 그러기를 바라는 그런 사람이 된다. 내가 글을 쓸 때 나에 대해서, 배제함이 없이, 예측도 없이, 나에 대해 씌어지는 것은, 우리가 될 수 있음을 우리가 알지 못하는 그 모든 자들이다. 우리가 될 그 모든 것들이 우리를 부른다. 지칠 줄 모르는, 도취시키는, 진정시킬 수 없는 사랑의 추구에로 우리를 부른다.

출구

여자는 어디에 있는가?

능동성/수동성,
해/달,
문화/자연,
낮/밤,

아버지/어머니,
두뇌/감정,
지적인 것/감정적인 것,
로고스/파토스,

형태, 볼록형, 걷기, 전진, 씨앗, 진보.
물질, 오목형, 걷기를 지탱해 주는 땅, 그릇.

남자
―――
여자

항상 똑같은 은유이다. 그 은유를 따라가 보자. 담론이 조직되는 곳이면 어디서나 온갖 형태 아래 이런 똑같은 은유가 깔려 있다. 이러한 은유가 우리를 운반한다. 우리가 글을 읽거나 말을 할 때면, 문학을 통해, 철학 그리고 비평을 통해, 수 세기의 표상과 사색을 통해 은유라는 이러한 똑같은 실 혹은 이중으로 꼬아진 끈이 우리를 인도한다.

사고는 항상 대립을 통해서 움직여 왔다.
말/글
높은 것/낮은 것

계급화된, 이중적 대립. 우월한 것/열등한 것. 신화들, 전설들, 책들. 철학적 체계들. 질서잡기가 개입되는 곳이면 어디에서나, 법은 사고 가능한 것을 대립성(이중적이며 타협 불가능한 대립성, 혹은 상승 가능한 변증법적 대립성)을 통해서 조직한다. 그리고 모든 대립성의 짝은 쌍을 이룬다. 여기에 무슨 의미가 있는 것일까? 로고스 중심주의가 사고를——모든 개념, 코드들, 가치들을 두 개의 항으로 이루어진 체계들에 복종시킨다는 것, 이런 사실과 남자/여자가 이루는 쌍과는 관계가 있는 것일까?

자연/역사,
자연/예술,
자연/정신,
열정/행위.

문화 이론, 사회 이론, 모든 상징적 체계들——예술·종교·가족·언어——이 모든 것은 똑같은 도식을 드러내면서 형성된다. 의미가 생성되기 위해서는 대립성이 형성된다. 이러한 움직임은 쌍이 파괴되는 과정을 보인다. 보편적인 전쟁터인 것이다. 매번 전쟁이 시작되는 것이다. 항상 죽음이 활동하고 있는 것이다.

아버지/아들	권위, 특권, 힘의 관계.
로고스/글쓰기	대립, 갈등, 교대, 회귀의 관계.
주인/노예	폭력, 억압.

또한 '승리'는 항상 똑같은 편에게로 돌아간다. 그리하여 대립은 계급화된다. 계급화는 모든 개념적 조직을 남자에게 복종시킨다. 남성의 특권인 것이다. 남성의 특권은 대립성으로 유지된다. 남성의 특권은 그 대립성 속에서 **능동성**과 **수동성** 사이에 드러난다. 전통적으로 성적 차이의 문제는 능동성/수동성이라는 대립성과 짝지어 다루어진다.

이는 중대한 결과를 초래한다. 우리가——모든 사고를 정돈하고, 재생산하는 철학적 담론으로서——철학사를 살펴보면, 가치들을 조직하는 하나의 절대적인 불변 요소가 철학사를 특징짓고 있음을 보게 된다.[1]

그리고 철학 속에서 여성은 항상 수동성 쪽이라는 것도 보게 된다. 여성이 문제가 될 때마다 매번 그렇다. 혈족 구조를 조사할 때나 한 가족 모델이 위태롭게 될 때 사실 존재론적인 문제에 대해 토의를 시작하자마자, "이것이 무엇인가?"라는 질문이 의미하는 바는 무엇인가 하고 자문하기 시작하자마자, 말하고자 하는 의지가 있기 시작하자마자 여성은 수동성 쪽이다. 의지, 그것은 욕망·권위이다. 이 의지를 살펴볼라치면, 우리는 곧장…… 아버지에게로 되돌아오게 된다. 심지어 이 과정에서 여성을 위한 자리는 전혀 없다는 사실을 알아차리지 못할 수도 있다. 극단적으로 '존재'의 세계는 어머니를 배제하고도 움직일 수 있다. 모성적인 것이 있기만 한다면 어머니는 필요 없다. 그럴 때 어머니 역할을 하고, 어머니가 되는 것은 아버지이다. 어머니는 수동적이거나 존재하지 않는다. 아직 어머니에게 남아 있는 것 그것은 사고 불가능한 것, 사고되어지지 않은 것이다. 다시 말해서 당연히 어머니는 사고되지 않는다. 대립성 속에 들어가지도 않는다. 두말할 필요도 없이 어머니는 아버지와 쌍을 이루지 않는다(아버지는 아들과 쌍을 이룬다).

말라르메는 이런 비극적 꿈을 가졌었다.[2] 사랑하는 아들의 죽음은 아버지로서는 이 세상에서 가장 비통한 죽음이다. 아들의 죽음 앞에서 시인은 아버지로서 탄식한다——여기에 어머니는 없다. 말라르메의 꿈, 이는 죽음 앞에선 남성의 꿈이다. 죽음은 항상 남성을 위협한다. 남성이 죽음에 위협을 느끼는 것은 여성이 죽음에 위협을 느끼는 것과 다르다.

"결합

찬란한, 결혼,　　　　　　　그리고 남성적 가계의 꿈

-그리고 내 안에 남아 있는　자기 자신에서 나와

삶　　　　　　　　　　　　아들 속에서 꿈꾸는 아버지

나는 그것을 사용하리라　　신(神)의 꿈,——그러니까
……을 위하여　　　　　　어머니는 없다
그러니까 어머니는 없다?"

어머니는 존재하지 않는다, 존재할 수가 없다. 그러나 어머니는
있어야 한다. 남성은 여성에게 더 이상 종속되지 않는다. 그러므로
여성에 대해 남성은 공간만을 간직한다. 언제나 순결한 이 공간, 그
것은 그가 새기고 싶어하는 욕망에 순응하는 물질이다.

　문학사를 살펴보아도, 똑같은 역사를 발견하게 된다. 모든 것은
남성에게 귀착된다. 남성의 고민, 기원이고자 하는 남성의 욕망으로
귀착된다. 아버지로 귀착되는 것이다. 철학인 것과 문학적인 것 사
이에는 내재적인 끈이 있다. (의미가 있는 한 문학은 철학에 지배를
받는다.) 그리고 남성 중심주의에 지배를 받는다. 철학적인 것은 여
성의 비하로부터 출발하여 구축된다. 여성적인 것은 남성적 질서에
종속된다. 그리고 남성적 질서는 조직의 기능 조건처럼 나타난다.

　영원한 것–자연적인 것으로 통하던 남성적 건축물의 안정성에 위
협을 가하기 위하여서는 오늘날 이성 중심주의와 남성 중심주의의
이러한 연대성에 대한 문제 제기——여성에게 부과된 운명과 여성
매장의 폭로——가 긴박하게 되었다. 이러한 문제 제기와 동시에
여성성 쪽에서 성찰이 일어나게 해야 한다. 아직도 권위를 보유하고
있는 보루에 필수적으로 파괴적인 가설들을 불러일으키면서, 만약
남성들이 세운 남성들의 교회를 떠받치고 있는 주춧돌이 산산이 부
서진다면 이성 중심주의, 위대한 철학적 체계들, 전반적인 세계 질
서는 어떻게 될 것인가?

고백할 수는 없지만 이성 중심주의의 계획은 항상 남성 중심주의의 **기초를 세우는** 것이었으며, 남성적 질서에 역사가 자신에게 부여하는 것과 동등한 이유를 보장하는 것이었다는 사실이 만약 새롭게 폭로된다면 어떻게 될 것인가?

그렇다면 모든 역사는 달리 이야기되어야 할 것이다. 미래는 무한할 것이며, 역사적 힘들도 바뀔 것이다. 손도 몸도 바뀔 것이다. 아직은 사고 가능하지 않은 또 다른 하나의 사고가 온 사회의 기능을 변모시킬 것이다. 다시 말해서 수천 년 문화의 개념적 토대가 아직 인정되지 않은 수백 명의 두더지에 의해 땅 밑에서 파헤쳐지고 있는 시기를 우리는 지금 살고 있는 것이다.

죽은 자들 가운데, 단어들 가운데, 법들 가운데 여성들이 깨어나게 될 때.

옛날 옛날에…

그 다음에 오는 이야기에 대해 아직 "이건 이야기에 불과해"라고 또다시 말할 수는 없다. 동화는 오늘날에도 사실인 채로 남아 있다. 깨어난 여자들 대부분은 기억하고 있다. 자신이 잠들어 있었음을, 잠재워졌음을 기억한다.

옛날… 옛날에…

미녀들은 왕자들이 자기를 깨우러 오기를 기다리면서 숲 속에서 잠잔다. 그들의 침대 속에서, 유리관 속에서, 어린 시절의 숲 속에서 마치 죽은 여자들처럼 잠잔다. 그녀들은 아름답다. 그러나 수동적이다. 그래서 욕망을 불러일으킨다. 그 여자들에게서는 모든 신비가 풍겨 나온다. 인형놀이를 좋아하는 것은 남자들이다. 우리들이 알고 있다시피 피그말리온 이래로 그러했다. 남자들의 오랜 꿈. 그것은 어머니 신이 되는 것이다. 최상의 어머니, 제2의 어머니, 제2의 탄생을 가능하게 하는 어머니가 되는 것이다.

여자는 잠잔다. 여자는 손타지 않은 채로 영원하다. 절대적으로 무력하다. 남자는 여자가 영원히 기다려 왔다는 것을 의심하지 않는다. 여자의 아름다움의 비결은 그를 위해 간직된다. 여자는 유한한 것, 아직 시작되지 않은 것이 갖고 있는 완벽함을 지니고 있다. 여자는 숨쉰다. 딱 숨이 붙어 있을 만큼의 생명만 유지한다. 너무 지나친 생명력은 안 된다. 그때 그가 그녀에게 키스할 것이다. 눈을 뜨면서 그녀는 오로지 그만을 볼 것이다. 모든 것 대신에 **그 남자만**을, 모든 것인 그 남자만을 볼 것이다.[3]

—— 너무나도 흡족한 꿈이 아닌가! 이런 꿈을 꾸는 자는 누구인가? 이런 꿈에서 이득을 보는 것은 어떤 욕망인가? 남자가 여자의 몸 위로 몸을 숙인다. 그리고 필름은 끊긴다. 동화는 끝난다. 막이 내리는 것이다. 남자 혹은 여자가 일단 깨어나면 그건 전혀 다른 이야기가 될 것이다. 그때는 아마도 두 사람이 등장할 것이다. 여자들

과는 일이 앞으로 어떻게 될지 절대 알 수가 없다. 육감적인 단순함으로 시작되는 서두는 이제 더 이상 없을 것이다.

　조화, 욕망, 공훈, 추구. 이 모든 움직임은 여성의 도래에, 그리고 바로 여성의 **일어남**에 선결되어야 할 것이다. 그녀는 누워 있고, 남자는 서 있다. 여자가 일어나면 꿈은 끝난다. 그후는 사회·문화적인 것이다. 그는 여자에게 자식을 많이 만들어 주고, 그녀는 잠자리와 해산으로 젊음을 보낸다. 침대에서 침대로, 더 이상 여자가 아니게 되는 나이까지.

　'Bridebed, childbed, bed of death,' '신부의 침대, 해산의 침대, 죽음의 침대' 이것이 조이스의《율리시스》에 새겨진 여성의 행로이다. 침대에서 침대로 가는 것이 여성의 행로인 것이다. 서 있는 율리시스 블룸(Ulysse Bloom)은 여행한다. 끊임없이 더블린을 관통하며 항해한다. 그것은 보행이며 탐험이다. 페넬로페(Pénélope)의 항해는 모든 여성의 항해이기도 하다. 어머니들이 끝없이 죽어가는 고통의 침대, 퓌르푸아 부인이 끝없이 해산하는 병원의 침대, 아내 몰리의 간통의 침대, 무한히 에로틱한 몽상의 틀, 어렴풋한 기억의 항해이다. 그녀는 떠돈다. 그러나 누워서 방랑한다. 꿈속에서 떠돌며 되새김질한다. 그리고 자기 자신에게 혼잣말을 한다. 여성의 여행은 육신으로서의 여행이다. 마치 여자는 문화적 교환이 이루어지는 외부 세계로부터 단절되고, 역사가 문제되는 사회적 장에서부터 멀리 떨어져, 남자들이 제정해 놓은 배분 속에 비-사회적이며, 비-정치적이고, 살아 있는 구조 속에서 비인간적인 반쪽으로, 물론 언제나 자연 쪽에서 내면에서 일어나는 것, 자신의 복부(腹部), 자기 '집'에 대해 지칠 줄 모르고 귀 기울이며 살아가도록 운명지워진 것처럼 보인다.

여자는 식욕, 정동과 직접적인 관련을 맺고 있는 것처럼 보인다.

남자는 위험을 (그럭저럭) 무릅쓰고 변화가 이루어지는 공적 무대의 한 작은 부분, 한 동인(動因)이 되는 책임을 걸머지고 살아간다. 반면 여자는 이 활동적인 시간에 대한 무관심 혹은 저항을 나타낸다. 여성은 불변의 원칙이다. 어떤 의미로는 언제나 동일하다. 일상적이며, 또한 영원하다.

남자의 꿈은 이렇다. 나는 그녀를 사랑한다. 그녀는 부재하기 때문에 욕망을 불러일으킨다. 존재하지 않으며 종속적이기에 열렬히 사랑할 만한 그녀. 그 여자는 그녀가 존재하고 있는 곳에 존재하지 않는다. 그러기에 나는 그녀를 사랑하고, 그녀가 있는 곳에 그녀가 있지 않는 한 나는 그녀를 사랑한다. 그녀가 두 눈을 감고 있을 때. 그가 그녀를 온통 이해할 때, 그래서 그녀가 한낱 그를 위해 만들어진 형태, 그의 시선 속에 사로잡힌 육신일 뿐일 때. 그럴 때 그는 얼마나 그녀를 바라보는가!

여자의 꿈은 어떠한가? 그것은 꿈일 뿐이다. 나는 잔다. 만약 내가 자지 않으면, 그는 나를 찾아오지 않을 것이다. 그는 그의 좋은 땅, 그리고 나의 나쁜 땅을 가로질러 나에게까지 오지 않을 것이다. 무엇보다도 나를 깨우지 말라! 왜 이리 불안한가! 그를 끌어당기기 위해 내가 무덤 속에 있어야 한다면! 만일 그가 나에게 키스한다면? 이 키스. 그것을 어떻게 원할 것인가? 나는 원하기는 하는 것일까? 그녀가 원하는 것은 무엇인가? 잠자는 것, 어쩌면 꿈꾸는 것, 꿈속에서 사랑받는 것, 그가 접근해 오는 것, 그가 그녀를 만지는 것,

거의-거의 즐기는 것. 그러나 즐기지 않는 것. 그렇지 않으면 깨어나니까. 그러나 그녀는 꿈속에서 즐겼다. 옛날에…….

또 옛날 옛적에 똑같은 이야기가 있었다. 그 이야기는 수 세기에 걸쳐 여자의 사랑의 운명, 그 기만적인 잔인한 도식을 반복한다. 그리고 각각의 이야기, 각각의 신화는 여자에게 이렇게 이야기한다. "우리 국가의 업무 안에, 그대 욕망을 위한 자리는 없다." 사랑은 문턱의 일이다. 우리 남자는 성공을 위해, 사회적 사다리를 오르기 위해 만들어졌다. 우리를 자극하고, 충동질하며, 우리의 야심을 품어 키우게 하는 유혹은 좋다. 그러나 욕망의 성취는 위험하다. 욕망이 사라져서는 안 된다. 여자들이여, 그대들은 우리에게 있어 영원한 위협, 반-문화를 표상한다. 우리는 그대들의 집에 머물지 않는다. 우리는 그대들의 침대 속에 머무르지 않을 것이다. 우리는 배회한다. 우리에게 덫을 놓으라. 우리를 흥분시키라. 이것이 우리가 그대들에게 요구하는 전부이다. 우리를 시간 걱정도, 돈 걱정도 없는 누워 있는 무기력한 여성적인 존재로 만들지 말라. 그대들 식의 사랑, 그것은 우리에게 죽음이다. 사랑은 문턱의 일이다.[4] 모든 것이 유예 속에, 그러나 항상 지연되는 '곧'이라는 시간 속에 있다. 그 너머로는 추락이다. 서로가 서로를 노예로 만들기, 길들이기, 가족 속에, 사회적 역할 속에 감금하기일 뿐이다.

이런 해피-엔딩의 이야기를 너무나 많이 읽으면서 여자는 여자를 여자의 운명인 '상실'로 인도하는 길들이 어떤 것인지 배우게 된다. 한 바퀴 돌고 나서는 가버린다. 한 번의 키스, 그리고 그는 가버린다. 결핍으로 지탱되는 남자의 욕망은 허약하다. 그 욕망은 부재로 유지된다. 남자는 추구한다. 마치 자기가 가지고 있는 것을 소유하기에 다다를 수 없는 것처럼. 남자가 성큼성큼 걸어가는 모든 공간들 속에서, 문학적 울타리 내부에서, 남자가 세워 올리는 모든 무대들에서 여자, 그녀는 어디에 있는가? 대답은 많다. 우리는 그 대답을 알고 있다. 여자는 그림자 속에 있다. 왕자가 여자 위로 던지는 그림자 속에 있다. 여자는 그림자이다.

남자의 빛을 위한 밤이며, 남자의 흰빛을 위한 검은빛이다. 태초이래로 여자는 이렇게 환상 속에 꿈꾸어져 왔다. 남성의 체계 그 공간에서 여자는 배제된 존재이다. 여자는 그 체계의 작동을 보장하는 억압된 것이다.

여자는 멀리 떼어 놓여진다. 그래야 남자가 간격의 모호한 이점을 누릴 수 있는 것이다. 여자는 격리이다. 여자는 격리를 통해 거리를 유지한다. 여자는 '혼을 빼앗아 가는' 헬레네의 역할 속에 유예된 유혹의 수수께끼, 유혹의 기쁨인 동시에 위험이다. 이 격리를 통해, 유혹의 수수께끼를 통해 여자는 어떤 의미에서는 '바깥'이다. 그러나 이 바깥을 여자는 자기 것으로 만들 수 없다. (여자가 그러고 싶은 욕망을 가질 수 있다는 것조차 드문 일이다.) 그것은 남자의 바깥이다. 완전히 외부적인 것이 아니라는 조건, 남자에게서 벗어날지도 모르는, 친숙하지 않은 이방의 것이 아니라는 조건을 갖춘 남자의 바깥이다. 여자는 그러므로 길들여진 바깥 그 안에 머문다.

혼을 앗아가는 매력을 지닌 여자, 자기 자신을 빼앗긴 여자는 낯섦의 부분이다. 뿐만 아니라 남자의 우주 **속에서** 남자의 불안과 남자의 욕망에 새로운 활기를 주는 낯섦의 부분이다. 여자는 남성 경제 내에서 남성이 자기 것으로 만들고 싶어하는 낯섦이다. 그러나 다시 한 번 사람들은 여자에게 '검은 대륙'이라는 음모를 가한다.

사람들은 여자를 여자 자신으로부터 멀리 격리시켜 놓았다. 남자가 여자에게서 보고 싶어하는 것으로부터 출발해서 여자가 여성 자신을 보도록 남자들은 만들어 놓았다. 다시 말해서 남성은 여자를 아무것도 아닌 것으로 보고 싶어한다. 사람들은 여자에게 그 자랑스러운 '문패'의 가능성을 금지했다. **즐거운 지식**의 문턱이 되는 것, 그것은 바로 '내 집 문 위에 새긴 글'이다. 여자는 이렇게 외칠 수가 없었다.

"나는 내 집에 산다.
나는 결코 그 누구도 모방하지 않았다……."

여자는 '나만의' 집에 살 수 없었다. 심지어 여자는 자기 자신의 몸조차 살 수가 없었다. 사실 감금시킬 수는 있다. 끔찍하게 지연시킬 수도 있다. 너무나 오랫동안 인종차별정책(Apartheid)이 성공을 거둘 수도 있다. 그러나 그것은 단지 한순간 동안일 뿐이다. 여자가 말을 시작하자마자 여자에게 여자의 이름, 여자의 영토는 검다고 가르칠 수는 있다. 그대는 아프리카인이다. 그러므로 여자는 검다. 그대의 대륙은 검다. 검은 것은 위험하다. 검은 것 속에서 그대는 아무것도 보지 못한다. 그래서 그대는 겁에 질린다. 움직이지 마라. 넘어질 위험이 있으니까. 특히 숲 속에는 가지 마라. 검은 것에 대한 공포, 우리는 그것을 내면화했다. 여자들은 자기 자신을 볼 수 있는 눈을 갖지 못했다. 여자들은 자기 집을 탐험하러 가지 않았다. 여자의 성(性)은 아직은 여성 자신을 겁나게 한다. 여자들은 자신의 육체를 감히 즐기지 못했다. 사람들은 그런 여자들의 육체를 식민지

화했다. 여자는 여자에 대해 두려워하고 혐오스러워한다.

여자들에 대해 남자들은 가장 큰 죄악을 범했다. 그들은 교활하고 난폭하게 여자들이 여자들을 증오하도록 이끌었다. 여자들이 여자들의 적이 되도록 했다. 여자들이 거대한 힘을 동원하여 여자들에게 대항하도록 이끌어, 여자들로 하여금 남성의 일을 수행하는 자들이 되도록 만들었다.

남자들은 여자에게 반-나르시시즘을 갖게 만들었다. 반-나르시시즘은 자기가 가지지 않은 것으로 인해 자기가 사랑받도록 함으로써만이 자기 자신을 사랑하는 나르시시즘이다. 남자들은 반-사랑이라는 야비한 논리를 만들어 냈다.

'검은 대륙'은 검지도 탐험 불가능도 아니다. 검은 대륙은 아직 탐험되지 않았을 뿐이다. 단지 그 대륙은 탐험하기에는 너무 검다고 우리에게 믿게 했기 때문에 탐험되지 않은 것뿐이다. 남자들은 우리에게 우리의 관심을 끄는 것은 흰 대륙, 결핍을 기리는 그 기념비들이라고 믿게 하려고 했다. 그리고 우리는 믿었다. 남자들은 우리를 두 개의 끔찍한 신화 사이에 얼어붙게 만들었다. 메두사의 신화와 심연의 신화 사이에. 만약 이것이 계속되지 않는다면, 이 세상의 절반을 포복절도하게 만들 만한 무언가가 있을 것이다. 왜냐하면 남성 중심-이성 중심주의의 교대 보초병이 거기 있어, 거세의 도그마 속에 뿌리내린 옛 도식들을 재생산하며 싸우고 있기 때문이다. 그들은 아무것도 바꾸지 않았다. 그들은 그들의 욕망을 현실로 이론화했다. 그 사제들이야 벌벌 떨라지, 우리는 그들에게 우리의 **섹스트**(sextes)**를 보여 줄 테니까!**

여자들이 남자가 아니라는 것, 혹은 어머니는 그걸 갖고 있지 않다는 사실을 발견하고 남자들이 주저앉는다면, 그들에겐 안됐지만 할 수 없는 일이다. 그러나 이 두려움이 남자들을 만족시키는 것은 아닐까? 실제로 가장 고통스러운 것은 여성은 거세된 것이 아니라는 사실이 아닐까? 그렇지 않을까? 역사가 방향을 바꾸기 위해서는 사이렌들의 노랫소리에 더 이상 귀를 기울이지 않는 것으로 충분한 (왜냐하면 사이렌, 그것은 남자들이니까) 것이 아닐까? 메두사를 보려면, 정면으로 쳐다보는 것이면 족하다. 그리고 메두사는 치명적인 존재가 아니다. 메두사는 아름답다. 그리고 그녀는 웃고 있다.

표상 불가능한 것에는 두 가지가 있으니, 그것은 죽음과 여성의 섹스이다. 남자들은 이렇게 말한다. 그것은 남자들에게는 여성성이 죽음과 결합되어 있는 것이 필요했기 때문이다. 그들은 공포에 의해 흥분하니까! 그것도 자기들을 위해서! 남자들은 우리를 두려워해야 할 필요성이 있는 것이다. 보라. 페르세우스들이 벌벌 떨면서 갑옷을 두르고, 뒷걸음질치며 우리를 향해서 전진하고 있는 모습을! 등이 예쁘군! 이제 더 이상 1분도 허비할 시간은 없다. 나가자.

여자들은 멀리서부터 되돌아온다. 영원으로부터. '바깥'으로부터, 마녀들이 생명을 유지하고 있는 황무지로부터 돌아온다. '문화'의 아래쪽, 그리고 문화가 못미치는 곳으로부터 돌아온다. 남자들이 여자들에게 망각하게 하려 해도 너무 힘든 여자들의 **어린 시절**, 남자들이 **지하 감옥**형에 처한 **어린 시절**로부터 돌아온다. '잘못 교육받은' 육체를 가진 소녀들은 유폐된다. 거울 속에 그녀들 자신으로부터 다치지 않게 그대로 숫처녀로 보존된다. 그녀들은 불감증이 된다. 그러나 그 밑에서는 얼마나 큰 동요가 일고 있는가! 섹스의 경찰들, 그들은 소녀들의 위협적인 회귀를 차단하기 위해 얼마나 노력해야 하는가! 또한 그 노력은 항상 다시 시작해야 하는 노력인 것을! 이쪽 편에서나 저쪽 편에서나, 얼마나 힘을 쏟았는지, 투쟁은 몇 세기 동안이나 정체 상태의 떨리는 균형 속에 부동화되었다.

조숙한 우리들, 문화의 억압된 자들인 우리, 입마개로 차단된 우리의 아름다운 입, 꽃가루, 단절된 숨결인 우리, 미로, 사다리, 짓밟고 지나가는 공간들인 우리, 도둑질당한 우리——우리는 '검다' 그**리고 우리는 아름답다.**

여성의 글쓰기에의 다다름

누구인가
보이지 않으며, 이상하고, 비밀스러운, 숨겨진, 신비스럽고, 검고, 금지된
나는……
이것이 나인가? 의상을 걸친, 베일로 감싸인 이 비-육체. 역사, 변화들에서 멀리 떨어져,
소중히 격리된 이 비-육체. 무대의 테두리 밖, 부엌 쪽 혹은 침대 쪽에 움직이지 않게 붙잡혀 있는, 말소된 이 비-육체가 나인가?
그대에게는?
이것이 나인가? 그 '아름다운 눈'을 위하여, 남자들은 신성한 몽

상을 하고, 정복과 침략을 한다고 프로이트가 말한 유령 인형, 고통, 전쟁의 원인, 핑계, 그것이 나인가? 물론 '나'를 위한 것은 아니다. 내 '눈'을 위해서이다. 내가 그대를 바라보기 위해서, 그가 보여지기 위해, 그가 보여지기를 원하는 대로, 아니면 그가 보여지지 않으면 어쩌나 두려워하는 모습대로 스스로가 보여지는 것을 보기 위해서이다. 그러므로 나는 아무도 아니거나, 혹은 어머니이다. 영원한 남성성은 항상 어머니에게로 되돌아온다. 어머니가 자신을 보고 감탄하도록 하기 위해.

그들은 말한다. 그리스인들이, 남자들끼리, 1천 척의 배를 보내고, 파괴하며, 죽이고, 10년의 열 곱 동안 믿기지 않은 전쟁을 한 것은 바로 여자 때문이었다고! 저기 저 여자, 납치되고 숨겨진 여인, 그리고 잃어버린 우상인 저 여자를 위해서라고! 왜냐하면 남자들이 자기들의 삶이라고 부르는 죽음의 긴 축제를 벌이는 것은 여자-없이 여자를-위해서이기 때문이다.

타자 살해

전기적으로 어린 시절부터, 나는 반항으로부터 출발한다. 역사적 사건들의 조합, 그 끝에, 역사의 무대 가장자리에 놓여져 있던 나는 무대 위에서 일어나는 일을 받아들이는 데 대한 격렬하고, 고뇌에 찬 즉각적인 거부로부터 출발한다. 내게는 이런 이상한 '행운'이 있었다. 몇 번의 주사위 던지기, 유대 민족 이산(離散)의 두 궤도 사이의 한 만남.[5] 유대 민족의 이동을 관통하는 서구 역사의 움직임에

점재(點在)하는 추방과 이산의 길들 끝에, 나는 떨어졌다——태어난 것이다. 이 본보기적인 무대 한가운데, 이 서구 역사 움직임의 발가벗은 자연 그대로의 모델로 태어난 것이다. 나는 읽기, 쓰기, 고함치기, 토하기를 알제리에서 배웠다. 오늘날 사람들이 알제리에 살던 프랑스인이 어떤 것이었는지 상상하기 불가능하다는 것을 나는 경험으로 알고 있다. 그건 살아 보아야 안다. 겪어 보아야 안다. 제국주의적 맹목성의 '절정'에서 '프랑스인들'이, 인간들이 사는 땅에서 마치 그 땅에는 비-존재들, 선천적인 노예들이 사는 것처럼 행동하는 것을 나는 보았다. 이 최초의 광경에서 나는 모든 것을 배웠다. 우월한, 문명화된, 금권(金權) 정치의 백인 '프랑스' 세계가 어떻게 원주민에 대한 억압으로부터 출발해서 그 권력을 세우는가를 나는 보았다. 원주민들은 갑자기 '보이지 않는' 존재가 되었다. 프롤레타리아처럼, 이민 노동자들처럼, 올바른 '색깔'을 갖고 있지 않은 소수 민족들처럼. 그리고 여성들처럼.[6] 인간으로서 보이지 않는 존재가 된 것이다. 물론 이들은 인간이 아니라 도구로 지각되었다. 더럽고 바보 같으며, 게으르고 음흉하며, 기타 등등한 도구. 소멸적인 변증법의 마술 덕분이었다. 멋진 '선진' 대국들이 **낯선** 것을 추방함으로써, 그러나 너무 멀지는 않게 제외하고, 그것을 예속시킴으로써 스스로를 승격시키는 것을 나는 보았다. 이는 역사 속에서 흔한 몸짓이다. **두 개의** 민족이 있어야 하는 것이다. 주인인 민족과 노예인 민족이.

주인과 노예의 변증법 속에 내포된 아이러니를 우리는 알고 있다. 낯선 것의 **육신**이 사라져서는 안 된다. 그러나 그 힘은 정복되어야 한다. 그 힘은 주인에게 귀속되어야 한다. 고유한 것과 고유하지 않은 것이 있어야 한다. 깨끗한 것이 있으면 더러운 것이 있어야 하고, 풍요로운 것이 있으면 빈곤한 것, 기타 등등이 있어야 한다.

세 살, 아니면 네 살 때 내가 길거리에서 처음 본 것, 그것은 이 세상이 둘로, 계급화되어 나뉘어 있다는 사실이었다. 그리고 세상은 이러한 분할을 폭력으로 유지한다는 사실이었다. 지금도 내 눈에 선하다. 한편에는 구걸하는 사람들, 배고픔·가난·절망으로 인해 죽어가는 사람들이 있는가 하면, 또 다른 한편에는 부와 교만한 태도로 죽어가는 자들, 배불리 먹고, 짓밟으며, 모욕하는 자들이 있다. 그들은 죽인다. 마치 영혼의 눈은 이미 죽어 사라져 버린 듯이, 그들은 도둑질한 땅 위를 산보한다. 다른 사람들도 살아 있다는 것이 그들 눈에는 들어오지 않는다.

이미 그때 나는 역사의 흐름을 지탱하는 '현실'이 어떤 것인지 모두 알고 있었다. 모든 것은 수 세기에 걸쳐 고유한 것, 내 것 그러니까 선한 것과 그것을 제한하는 것 사이의 구별에 근거하고 있다는 것을. 다시 말해서 나의 선(善)(선은 그러니까 언제나 내게 좋은 것일 뿐이므로)을 위협하는 것, 그것이 **타자**이다. '타자'는 무엇인가? 진정한 '다른 자'라면, 그렇다면 우리는 할 말이 전혀 없다. 그것은 이론화가 불가능하다. 타자는 내게서 벗어나는 존재이다. 타자는 다른 곳에, 바깥에 존재한다. 완전히 다른 것이다. 타자는 타자로 자처하지 않는다. 그러나 물론 역사 속에서 '타자'라고 부르는 것, 그것은 변증법적 원 속에 존재하고, 그 속에 들어가는 하나의 타자성이다. 똑같은 것이 군림하면서 '자기'와 다른 것을 타자로 명명하고, 타자로 정의하며, 간주한다. 계급화된 관계 속에서 다른 것으로서의 타자이다. 끔찍한 단순성으로 사회는 내 눈앞에서, 죽음에 이르는 투쟁의 메커니즘을 완벽하게 재생하며 전진했다. 헤겔은 그 끔찍한 단순성을 명령하는 움직임을 체계로 승격시켰다. 한 '사람'을 '타자'의 지위로 축소시킨다는 것, 그것이 인종차별주의의 가혹한 음모이다. 타자가 약간은 있어야 한다. 노예 없이 주인은 없고, 착취 없이 정치-경제적 힘은 없으며, 굴레 씌워진 짐승 없이 지배계층은 없다. 북아프리카 원주민 없이 프랑스인이 없고, 유대인 없이 나치는 없다. 추방 없이 소유지는 없다. 이러한 추방에는 그 한계가 있으며, 이는 변증법의 일부를 이룬다. 만약 타자가 없다면, 사람들은 타자를 만들어 낼 것이다. 게다가 주인들이 하는 일이 바로 이것이다. 주인들은 자기 노예들을 맞춤으로 제조해 낸다. 하나하나 특징까지. 모든 대립성들을 생산해 내는 기계를 그들은 만들어 내고, 다시 제공한다. 그 기계가 바로 경제와 사고를 돌아가게 만드는 것이다.

타자성의 역설, 그것은 역사의 그 어떤 순간에도 타자성은 있는 그 자체로 용납되지 않는다는 것이다. 그 자체로 가능하지 않다는 것이다. 타자는 오로지 다른 것으로서 다시 가로채어지고, 다시 취해지며, 파괴되어지기 위해 거기 있을 뿐이다. 추방조차 추방이 아니다. 알제리는 프랑스가 아니었다. 그러나 알제리는 '프랑스적'이었다.

나에게도 사람들은 '우리 조상 골족'이라는 일격을 가한다. 그러나 나는 알제리에서 태어났다. 내 조상은 스페인에서, 모로코에서, 오스트리아에서, 헝가리에서, 체코슬로바키아에서, 독일에서 살았다. 내 출생상 형제들은 아랍인들이다. 그렇다면 우리 역사 속에서, 우리는 어디에 존재하는가? 나는 모욕받은 자들, 식민 지배를 받은 자들 쪽이다. 나는 아랍인이(아니)다. 나는 누구인가? 나는 프랑스 역사를 '이룬다.' 나는 유대인이다. 프랑스인들 당신들의 전쟁과 당신들의 혁명 동안, 나는 어느 유대인 거주지라는 우리 안에 밀쳐넣어져 있었던가? 나는 싸우고 싶다. 내 이름은 무엇인가? 나는 삶을 바꾸고 싶다. '나'는 누구인가? 내 자리는 어디인가? 나는 찾는다. 사방을 들쑤신다. 나는 독서하고, 질문을 던진다. 나는 말하기 시작한다. 어느 언어가 나의 언어인가? 프랑스어? 독일어? 아랍어? 여러 세대들을 거쳐 보았을 때 나를 위해 말한 자는 누구인가? 내가 프랑스도, 독일도 아니고, 알제리에서 태어났다는 것은 내게는 행운이었다. 조금만 더 일찍, 내 집안의 어떤 일원으로 태어났었더라면, 나는 오늘날 이렇게 글을 쓰고 있을 수 없었을 것이다. 나는 아우슈비츠 쪽에서 영원히 익명으로 사라졌었을 것이다. 이렇게 나는 혼잣말을 한다. 행운이다. 1백 년 전에 태어났었더라면, 나는 코뮌(la Commune)[7]에 가담했었을 것이야. 어떻게—네가? 나의 전투는 어디에 있는가? 내 전우들은 어디 있는가? 내가 무슨 말을 하고 있나. 내 **여성 전우**들은 어디 있는가?

나는 사방을 찾아 헤맨다. 우연의 딸. 1년만 일찍 태어났더라도 나는 죽을 수밖에 없었을 것이다. 기적이다. 나는 기적을 안다. 나는 기적을 증오한다. 어제 태어났더라면, 나는 어떻게 되었을까? 내가 어떤 다른 곳에 태어날 수 있었다고 상상할 수 있을까?

— 나는 여러 번의 기적을 경험한 사람이다. 나는 나의 어린 시절을 바로 이런 앎 속에서 살았다. 바로 전 세대였더라면, 나는 존재

하지 못했을 것이다. 나와 동족들이 숨쉬지 못하고 먹지 못하며, 짓밟히고 모욕당하는 세상에서 내가 숨쉬며 먹고 사는 것, 그건 내게 불가능하다. 나는 이런 반항 속에서 살았다. 나와 동족들, 바로 나인 그 모든 자들, 그리고 나와 같은 그들, 역사의 선고받은 자들, 추방당한 자들, 식민지 지배를 받은 자들, 화형당한 자들.

그렇다. 알제리에서는 삶이 불가능하다. 프랑스어, 거기에 대해서는 이야기하지 말자. 독일! 공모자 유럽…!

— 어떤 다른 곳이 틀림없이 있을 것이다. 나는 혼잣말을 했다. 모든 사람들은 알고 있다. 다른 곳으로 가기 위한 탐험·항해를 위해서는 통로가 있다는 것을. 그 통로, 그것은 책이다. 경제적으로, 정치적으로 모든 비천함, 모든 타협을 강요당하지 않는 어떤 곳이 있다는 것을. 모든 사람들은 알고 있다. 체제 재생산을 강요받지 않는 그 어떤 곳, 그것은 글쓰기의 나라라는 것을, 지옥과 같은 반복에서 벗어날 수 있는 또 다른 곳이 있다면, 그것은 그곳이며, 그것이 씌어지고, 그것이 꿈꾸며, 그것이 신세계들을 만들어 내는 그곳이라는 것을.

나는 그리로 간다. 나는 책을 들고, 식민지의 현실 공간을 떠난다. 나는 멀리 간다. 종종 나는 나무 속으로 들어가서 책을 읽는다. 땅에서 멀리, 모든 오물에서 멀어져서. 나는 독서를 위한 독서, 망각을 위한 독서를 위해 가는 것이 아니다——절대로 그렇지 않다. 어떤 상상의 천국 속에 틀어박히기 위해서가 아니다. 나는 찾고 있다. 반항하며, 희망을 갖고 있는, 나와 비슷한 자들이 어디엔가 있을 것이다. 틀림없이! 왜냐하면 나는 절망하지 않기 때문이다. 혐오스러움에 울부짖지만, 내가 오로지 이러한 분노 속에서 살고 있지만 틀림없이 다른 사람들이 있을 것이다. 그것이 누구인지 나는 모른다. 그러나 내가 크면, 그들을 찾아낼 것이다. 그러면 나는 아직은 어디 인지 모르지만 그들과 합류하러 그곳으로 떠날 것이다. 그때를 기 다리면서 나는 단지 내 진짜 조상들만(그리고 골족들, 골족이 패배했 기 때문에 나는 그들을 많이 용서한다. 사실 그들 역시 소외된 자들, 속 은 자들, 예속된 자들이었다), 나의 진정한 동맹자들만, 내 진정한 '종 족'만을 가까이하고 싶다. 권력을 행사하는 희극적이고 혐오스런 이 종은, 내가 그 속에 태어났지만 가까이하고 싶지 않다.

그래서 자연스레 나는 사람들이 투쟁하는 모든 텍스트들 쪽으로 향하게 되었다. 전투적인 텍스트들. 반항의 텍스트들. 오랫동안 나 는 책을 읽으며 살았다. 내가 픽션을 통해서 접근할 수 있었던 모든 나라들에서 취한 공간들로 이루어진 영토에서 살았다. 그곳은 누군 가가 반란을 일으키지 않고는 종족·계층·출신의 구별이 통용되지 않는 곳. 반-대지(안티라는 접두사가 붙어 있을지라도 '조국'이란 단 어를 나는 결코 쓸 수 없다)였다. 그곳에는 그 어떤 것에도 준비된 사 람들이 있었다. **정의로운** 사상을 위해서 살 준비, 죽을 준비가 된 사람들이 있었다. 그곳에서는 관대하다는 것이 불가능한 일도, 보 잘것없는 일도 아니었다. 나는 내가 증오하는 것이 무엇인지 항상 알았다. 나는 적을, 그리고 적의 파괴적인 모든 모습들을 탐지해 냈 다. 내가 증오하는 것은 권위·억압·검열, 부와 권력에 대한 꺼지 지 않는 갈증이었다. 악이라는 불변 요소, 죽음의 끊임없는 작업이 었다. 그러나 그것은 지속될 수 없었다. 죽음을 죽여야 했다. 나는 현실, 역사는 일련의 투쟁이라는 것을 알았다. 그 투쟁이 없다면 우 린 오래 전에 죽었을 것이라는 사실을 알았다. 그리고 나의 정신적

여정 속에서 나는 전쟁, 갈등들, 죽음의 힘들과 삶의 힘들 사이의 대결, 그릇된 사상들과 정당한 사상들 사이의 대결에 특혜를 부여했다. 사실 나는 항상 전쟁을 갈망했었다. 혁명적인 움직임을 통해서가 아니고는 달리 변화란 이루어질 수 없으리라고 나는 믿었다. 권력, 나는 권력의 거대성을 매일매일 보았다. 나치즘, 식민 통치, 수 세기에 걸친 폭력적인 비동등성, 민족 살해, 종교 전쟁. 단 하나의 해답. 그것은 투쟁이었다. 물론 나는 이 모든 것을 이론화하지 않았다. 그러나 나는 사람들이 서로 싸우는 텍스트들이 있으면 곧장 그리로 갔다.

　나는 힘에 대해 의문을 품었다. 힘의 용도, 힘의 가치에 대해서 의구심을 가졌었다. 나는 픽션과 신화의 세계를 거치면서 힘을 보유하고 있는 자들, 힘을 행사하는 자들을 가까이 좇아가 관찰했다. 도처에서 나는 물었다. 그대의 힘은 어디서 오는 것인가? 그대는 그대의 권력으로 무엇을 했는가? 그대는 어떤 명분에 봉사했는가? 특히 나는 '주인들,' 왕들, 대장들, 심판관들, 리더들, 내 생각에 사회를 변화시킬 수도 있었을 자들을 엿보았다. 그 다음에는 '영웅들'을 엿보았다. 다시 말해서 그들은 개인적인 힘을 타고난 존재들이다. 그러나 권위가 없는 자들, 고립된 자들, 기발한 자들, 거북스런 자들, 길들여지지 않는 건장한 자들, 법과 옳지 못한 관계에 있는 자들이었다. 나는 성경을 읽지 않았다. 나는 성경 읽기를 중단했다. 사울과 다비드 쪽에서 지체했다. 권력에 의해 부패한 남자들의 위대함.

　헤라클레스를 무척 좋아했었다. 그의 근육은 죽음에 봉사하는 것이 아니었다. 그러나 어느 날 나는 그가 혁명가가 아니라 순진한 헌

병이라는 사실을 발견하게 되었다.

트로이 앞에서 나는 내 방식대로 전쟁을 치렀다. 이쪽 편도 저쪽 편도 아니었다. 대장들이 갖고 있는 신성화하는 치사스런 바보 같은 정신 상태에 나는 구토를 느꼈다. 그들은 무엇에 봉사하고 있었던 것인가? 그것은 나르시시즘적인 영광이었다. 그들이 사랑했던 것은 무엇이었던가? 자기 자신의 왕으로서의 이미지였다. 정사각형의 남성적 코드. 남성적 가치이며 또한 남성다움의 본질, 그것은 만인이 인정하는 권력이다. 남성-왕 종족이 무대에 등장한다. 방탕하고 교활한 지도자들, 꺼림칙한 양심, 아가멤논 타입. 나는 그런 종족을 경멸했다.

모든 신화적 시대, 그리고 모든 역사적인 시대. 그 안에서 나는 앞으로 전진했다.

그렇다면 그때 나는 어떤 사람이었을까? 누구였을까? 이런 질문을 내가 스스로에게 제기하게 된 것은 나중이었을 뿐이다. 이런 혹은 저런 시기에 내가 동일화했던 모든 인물들이 불현듯 내게 불편하게 느껴지던 날, 나는 이런 질문을 스스로에게 던졌던 것이다.

호메로스 시대에 사실, 나는 아킬레우스였다. 그 이유를 나는 알고 있다. 나는 반-왕이었다. 나는 열정이었다. 내 안에는 역사를 복잡하게 만드는 분노가 들끓고 있었다. 나는 계급 제도, 지휘권을 무시했다. 그러나 나는 사랑할 줄 알았다. 나는 여성들, 그리고 남성들을 강렬하게 사랑했다. 나는 유일한 존재의 값, 그 아름다움, 그 달콤함을 알고 있었다. 나는 비열한 질문은 절대 나 자신에게 제기하지 않았다. 나는 한계를 알지 못했다. 나는 고뇌 없이 나의 양성성을 누렸다. 내 안에 있는 두 종류가 조화를 이루는 것이 내게는 지극히 당연한 것으로 여겨졌다. 상황이 다를 수 있다는 것에는 생각조차 미치지 않았다. 나는 오랫동안 여성들 틈에서 살아오지 않았던가? 그리고 남성들 틈에서도 나는 여성적인 다정한 강렬함을 하나도 포기하지 않았다. 금지된 것은 내게 다가오지 않았다. 나는 바보 같은 미신들에서 저 멀리, 불모의 구분들에서 저 멀리 그것들 위에 있었다. 나는 언제나 총체적으로 사랑했다. 파트로클로스, 나는 온 힘을 다하여 그를 숭배했다. 여성으로서 나는 그의 누이였고, 정부였으며, 어머니였다. 남성으로서 나는 그의 형이요, 아버지요, 남편이었으며, 그 자신이었다. 그리고 나는 어떤 남성보다도 여성을 더 사랑할 줄 알았다. 나는 너무나도 오랫동안 여성들의 동반자요, 자매였기 때문이다. 나는 사랑했었다. 그리고 나는 사랑을 사랑했었다. 나는 결코 굴하지 않았다.

　그러나 때로 나는 부끄러웠다. 나는 율리시스이기가 두려웠었다. 때로 나는 율리시스가 아니었던가? 나는 아킬레우스이기도 했다. 그때 나는 다루기가 어려운 존재였다. 그러나 내가 무기를 바꿀 때는 어떠했던가? 내가 교활한 자의 무기를 사용했을 때 보잘것없음에 대해, 인간의 나약함에 대해 너무나 잘 아는——그러나 동시에 불굴의 진정한 권력에 대해서는 충분히 알지 못하는——자의 무기를 사용했을 때 나는 어떠하였던가? "침묵, 유배, 그리고 꾀(silence, exile and cunning)," 이것이 젊은 청년 예술가의 무기였다. 이러한 무기로 무장한 스테파노 다이달로스는 일련의 전략적인 퇴각지를 조직한다. 그러면서 다른 한편으로는 '자기 인종의 아직 창조되지 않은 의식을 자기 영혼의 용광로' 속에서 빚어낸다. 분명, 고립된 자의 비상 조치이리라. 도피의 예술가 율리시스. 때로는 나 스스로가 이런 율리시스임을 문득 깨닫곤 했으나 그런 내가 좋지 않았다. 더할나위없이 터무니없는 우회를 거침에도 불구하고 '이기는 자,' 면제된 자, 회귀하는 남자, 항상 자기 자신에게로 돌아오는 자, 율리시스. 빌려 주는 자, 여성에게는 자신을 빌려 주고, 오로지 스스로의 이상적인 이미지에만 영원히 자신을 바치는 자, 율리시스. 자신의 변함없는 저항력을 그 터무니없는 남근의 작은 바위에 결부시키는 자. (내년에는 예루살렘에서라는) 유대인의 판타즘과 너무나도 비슷한 노스토스(nostos)[8]의 완성, 율리시이즈는 기이한 힘의 시위를 연출했다. 활쏘기. 나는 물론 그것을 분석하지 않았다. 그러나 나는 그 활쏘기가 내게 반감을 갖게 하는, 어떤 '남성적인' 상징적 가치를 품고 있는 것이 아닌가 의심했다. 진부한 이야기이다. 세이렌에게 저항하기 위해 그는 자기 몸을 붙들어맨다. 그는 돛대, 큰 팔루스로 이중화되는 작은 팔루스에 자신을 붙들어맨다. 나중에 율리시스는 급진적 사회주의자가 된다. 그는 거물이다. 위협적인 상황 속에서 꾀로 혹은 거짓말로 벗어나려 애쓰며(——이런 일은 나의 유년 시절에서 세 번 일어났다), 나는 내 자신이 율리시스 같은 융통성 있고 재치 있는 사람이라고 믿었었다. 그런 믿음은 오랫동안 내게 씁쓸함을 남겼다. 방어 태세로 있었다는 것이 나를 분노하게 했다. 그 당시 내게는 나를 이해하고 나를 용서할 수 있게 해줄 지적 자원, 지식이 없었다.

유년 시절에서 벗어나는 날——게다가 이것도 무척 뒤늦었다——까지 이렇게, 나는 이 영웅에서 저 영웅으로 옮아가며 나의 갑옷, 나의 검, 나의 방패를 바꾸면서 살았다. 나의 분노는 사그러들지 않았다. 알제리 전쟁이 임박했다. 사회는 휘청거리고, 진짜 전쟁이 다가

옴을, 그것이 차오름을 나는 느꼈다. 나의 피 냄새도 바뀌었다. 그 때 나는 더 이상 중립적인 아이가 아니었다. 분노에 쌓인 신경다발, 격렬한 꿈들로 나는 들끓었다. 전반적인 반격을 꿈꾸었으며, 우상들의 전복, 억압받은 자들의 승리를 계획했다.

이제 더 이상 단순히, 직접적으로 삼손과 나를 동일화할 수 없게 되었다. 더 이상 멋진 인물들 속에 살 수 없게 되었다. 이제 더 이상 나의 육체가 나의 의도에 순진하게 봉사하지 않게 되었다. 여성이 된 것이다.

그러자 모든 것이 복잡해졌다. 나는 전쟁을 포기하지 않았다. 그러느니 차라리 자살하는 게 나았다. 그 어느 때보다도 투쟁이 필요했다. 현실 속에서, 지금 내가 당하는 모욕은 여성으로서 모욕을 당하는 것이었다. 그렇기 때문에 적은 일반화되었다. 나의 반대 진영에 있는 적은 단지 계층의 적, 식민주의자들, 인종차별주의자들, 부르주아들, 반유대인들만이 아니었다. 거기에 '남자'들이 덧붙여진 것이다. 아니다. 오히려 적이 두 배나 더 위협적이고, 두 배나 더 증오의 대상이 된 것이다. 나만의 상상 세계, 내 남자 형제들 중에서도 적 진영에서와 똑같이 편협하고 교양 없고(야만스런), 무시무시한 공격자들이 등장했다. 그것은 최악의 사태였다. 어떤 면으로는 이런 뚜렷한, 성적인 짐승 같은 면을 나는 내 주위에서 항상 보아왔으며, 언제나 잘 알고 있었다. 그러나 그것이 내 자신의 육체를 가로질러 가면서 내게 상처내고, 나를 극복 불가능한, 해결 불가능한 이 모순의 장소로 끌고 갈 때, 이 짐승 같은 면은 내게 참을 수 없는 것이 된다. 그 이후로 나는 결코 그 모순의 장소에서 나올 수 없었다. 친구가 또한 적이기도 한 것이다. 모든 여자들은 이것을 경험한다.

그리고 내가 이를 계속 체험하고 있듯이, 모든 여자들이 지금도 이를 체험하며 살고 있다. '사람들'은 함께 투쟁한다. 그렇다. 그러나 누구인가. 한 남자, 그리고 그 옆에는 사물, 누군가가 있다. (그것은 한 여자, 언제나 괄호 속에 넣어지고, 여자로서 언제나 억압되고 혹은 삭제되는 여자, 여자는 다소곳이 양보하고, 남자가 되는 조건에서 남자를 말하고, 남자와 똑같이 생각하는 조건에서——당신은 그런 사실을 의식하지 못한다——비-여성으로서 용납되고 '용인'된다. 내가 지금 이야기하는 것은 여성에게는 진부한 사실이다. 사람들은 종종 이런 사실을 이야기했다. 미국에서, 프랑스에서 페미니스트 투쟁을 일으키는 것은 바로 이러한 경험, 이론적으로 존재하지 말아야 할 곳에서 차별, 무의식적인 근본적인 남성의 성차별주의, 정치적 아니러니를 발견하는 경험인 것이다! 예를 들어 인종차별주의자인 열성주의자들과 더불어 인종차별에 대항하여 싸우는 셈인 것이다!)

그렇다면 반란, 분노로 들끓는 나! 나는 어디에 설 것인가? 내가 여자라면, 내 자리는 어디인가? 여러 세기를 두루 다 뒤지며 나는 나 자신을 찾았다. 그러나 어디에서도 나를 발견해 내지 못했다. 나의 투쟁적인 개인성들, 그것은 남성적인 것이었다. 이제 나는 그것을 안다. 그 가치에는 거의 필히 한계가 있다는 것 또한 이제 나는 안다. 그들, 남자들은 남자들 앞에서, 그리고 남자들 사이에서는 위대하다. 그러나 한 여성의 출현은 그들을 맹목적이며 기구한, 그리고 내가 바라듯 모든 결점에서 제외된 것이 아니라 모든 결점으로 얼룩진, 탐욕스럽고, 비인간적이며, 왜소하고, 겁에 질린…… 폭군으로 만든다. 그러지 않는 한 그들은 위대하다.

어디에 설 것인가? 누가 될 것인가? 여자들이 겪어온 이 긴 불운,

언제나 포기를 통해 보상받는 수많은 여성들의 이 길고 긴 연속 속에서 누가 될 것인가? 메데이아의 이야기는 다시 시작된다. 그러나 그 격렬함은 점점 약해진다. 선물·충동·열정·소외·최악의 전광석화 같은 발견은 반복된다. 그러나 그 다정함은 점점 강해진다. 이건 죽음이 아니다. 총체적인 사랑이 사랑했던 남자에 의해 천한 야심에 이용되었기 때문이다. "내게 있어 모든 것이었던 남자, 내가 너무나 잘 아는 그 남자, 나의 남편은 남자들 중 최악의 남자가 되었다."(에우리피데스,《메데이아》)

함부로 취급된 여자들. 속은 여자들. 비탄에 빠진 여자들. 거부당한 여자들. 참을성 있는 여자들. 인형들, 가축, 화폐가 된 여자들. 그 거대한 행렬. 도둑질당한 여인들. 너무나 착취당한 여자들. 박탈당한 여인들. 여자들은 모든 것을 내준다. 이것이 그녀들의 잘못인가? 그 예가 아리아드네이다. 아무 계산 없이, 망설임 없이, 그녀는 믿고, 모든 것의 끝까지 간다. 가진 것 모두를 내주고, 보장되는 모든 것을 포기한다——되돌이킬 수 없이 소비한다——이는 반-율리시스이다——아리아드네, 그녀는 뒤돌아봄 없이 끊을 줄 안다. 떠날 줄 안다. 그리고 공허 속에 미지의 것 속으로 전진한다——테세우스, 그는 그 여자가 그를 보장해 주기 위해 단단히 잡고 있는 끈에 의지하여 몸의 균형을 잡는다. 그러나 그녀는 아무런 끈 없이 몸을 던진다. 나는 플루타르코스 속에서 **테세우스의 생애**를 읽는다.

본보기적인 운명이다! 두 개의 끈이 남성의 승격과 여성의 격하를 동시에 짜나간다. 테세우스의 도정은 권력으로 부상하는 모든 인물들에 새겨진다. 테세우스는 메데이아를 아내로 맞은 아버지 아이게우스에게 아직은 미지의 아들로서 아버지에게 인정받기 위해 온다.

(——이 무슨 역사의 아이러니인가. 일생 동안 연속적으로 추방당한 메데이아와 더불어 마침내 여성은 영원히 무대에서 철수하고, 거기에 남성적 문화 구조의 첫 모델이 자리잡게 되는 것이다).——친자 관계의 신비가 드러나는 찬란한 순간이다. 아버지와 아들이 검이라는 신분의 기호로서 서로서로를 알아보는 것이다. 샌들이라는 기호도 있다. 왜냐하면 테세우스는 (그의 이름이 환기시키듯) 바위를 들어올리고, 아이게우스가 감추어 놓았던 샌들을 찾는 자이기 때문이다. 아들이란 무엇인가? 물려받은 신발 끈을 매어 신기 위해…… 바위를 들어올릴 수 있는 남자. 이어서 승승장구 도정이 엮어진다. 가차없는 영혼의 칼날로 여성들의 육체를 횡단하기. 이 여자에서 저 여자에게로 옮아가면서, 거대한 영토가 축적된다. 아리아드네, 안티오페, 히폴리테, 파이드라, 제물로 바쳐진 수많은 정부들과 아마존 여인들을 거쳐, 테세우스와 더불어 마지막 위대한 불길이 꺼지게 된다. 그리고 열 살에 납치된 헬레네(그렇게 그녀는 시작했다. 아니 오히려 그녀는 그렇게 '시작되었다')에 이르기까지 그렇게 계속된다. 그리고 거기에 이르러 우리는 이제 더 이상 알지 못한다. 납치와 소비…… 그 길 끝에서 테세우스는 자취를 감추기 때문이다……. 그리고 그는 아직도 달리고 있다. 게다가 그의 아버지의 사망 후 테세우스는 아티카라는 지방 전체 주민을 한 도시에 모아 시립 부대로 전락시킨다. 플루타르코스는 이야기한다. 테세우스가 거머쥔 최고 행정감독권에 순응하기로 합의한 자들이 어떻게 하여 생겨나는가, 또 다른 자들은 그의 권력에 대한 두려움 때문에 어떻게 하여 굴복하게 되는가를 이야기한다. 중앙집권화, 지방 행정의 모든 가장 작은 단위들의 파괴. 그리하여 아테네가 탄생한다. 그후 그는 행복하

게 산다. 그는 화폐를 만들어 낸다. 마라톤의 황소상을 그린 동전을 찍어내게 하여 많은 돈을 소유한다.

나는 아리아드네가 될 수는 없었을 것이다. 아리아드네는 사랑으로 준다. 그건 좋다. 그러나 누구에게 주는 것인가? 테세우스는 떨지 않는다. 그는 사랑하지도 않는다. 욕망하지도 않는다. 절대로 그는 여성의 육체를 찬양하지 않는다. 그는 여성들의 육체를 거치면서 자기 운명의 방향으로 나아간다. 그에게 모든 여인은 수단이다. 내게는 이것이 분명히 보인다.

그러나 나는 위험을 무릅쓰고 디도가 되었을 수도 있다. 내가 여자의 위치에서 고통스러워하기 시작한 것은 바로 이 무대에서이다. 베르길리우스를 다시 읽어보자. 《아이네이스》(3권 그리고 4권)에서 우리는 도시를 세울 운명인 아이네아스를 신들이 어떻게 여성적 위협에서 보호했었는가를 볼 수 있다.

아이네아스는 이아손보다는 덜 치사하다. 단순하고 거칠게 향유하는 테세우스보다는 '순수하지' 못하다. 아이네아스는 좀더 도덕적이다. 그는 자기 여인들에게 '씨를 뿌리고,' 그 여자들을 버리는 기술을 갖고 있다. 또한 그에게는 변명하거나 설명하기 위한 신 혹은 명분이 항상 있다. 1장. 트로이에서 나올 때에도 아이네아스는 어깨 위에 아버지를 업고 두 팔로는 아들을 안은 채 무장하고 이렇게 말한다.

달려가면서 나는 우회로로 접어들어 평상시 방향에서 벗어났다. 그 때문이다. 아, 어쩌랴! 나의 아내 크레우사를 나는 빼앗겼도다. 그녀의 운명이 불행한 운명이었던 것일까? 그래서 그녀가 발길을 멈추었던 것일까? 아니면 그녀가 길을 잘못 접어든 것이었을까? 아니면 피곤에 지쳐 쓰러졌던 것일까? 나는 모른다. 그러나 그 이후로 그녀는 두 번 다시 내 눈앞에 나타나지 않았다. 언덕에 도착하여 고대 케레스 여신의 신성한 거처에 다다랐을 때, 그때서야 나는 그녀를 잃어버린 것을 깨달았다. 그제서야 나는 그녀에게 생각이 미쳤던 것이다.

2권에서는 이렇게 말한다.

"우리는 모두 모였다. 그때 보니 그녀만이 없었다. 같이 오던 아들도 남편도 모르는 사이에 오로지 그녀만이 사라졌다. 나는 그곳에서야 그 사실을 깨달았던 것이다. 나는 거의 실성할 지경이었다. 나는 모든 남자들과 신들을 비난했다. 그들 중 내가 비난하지 않은 자가 누구였던가?"

끔찍한 일이다. 존경받는 성자 아이네아스는 사방을 헤맨다. 그러나 역사 앞에서 그를 정당화해 주는 것은 바로 그의 죽은 아내, 크레우사다.

그때 그녀가 이렇게 내게 말을 걸었다. 그리고 이런 말로 나의 근심을 씻어 주었다. "아, 다정한 나의 남편이시어, 왜 그토록 미친 듯이 고통에 끌려 다니시는 겁니까? 이런 사건들은 신들의 의지 없이는 일어나지 않는 법입니다. 신들이 그대가 이 크레우사를 동반자로 데려가기를 허락하지 않는 것입니다. 당신에게는 번창하는 재산과 왕국과 왕비가 예정되어 있습니다. 그러니 그대의 사랑하는 크레우사를 위해 눈물을 흘리는 일은 이제 그만 멈추세요. 아닙니다. 나는 미르미돈과 돌로페스의 화려한 저택을 보지 못할 것입니다. 나는 아프로디테 여신의 며느리이며 트로이 여인입니다. 나는 노예가 되어 그리스 여인들을 섬기러 가지 않을 것입니다. 신들의 모성적 힘이 나를 주변에 붙잡고 있는 것입니다. 안녕. 우리 둘의 아들을 영원히 사랑해 주세요."[9]

1장. 주제 아이네아스는 '한 여인의 노예' 인가? 아, 아니다! 제우스가 보낸 메르쿠리우스가 제국 건설자 연맹이라는 이름으로 개입한다. 그런데 그대가 그대의 왕국과 그대 자신의 운명을 망각하고 한 여인을 위해 아름다운 도시를 하나 세우겠다고? 경건한 아이네아스는 이렇게 하여 수치에서 구원될 것이다. 그 다음은 그에게 참을 수 없는 장면들이었을 것이다. 고통, 사랑, 디도의 아름다움이 가슴을 에일 듯 아픈 노래들 속에 뒤섞인다. 아이네아스는 분명 혼절했었을 것이다. 그러나 "운명이 여기에 반대한다. 우리의 영웅, 아이네아스의 평온한 귀는 한 신에 의해 봉쇄된다." 그는 고통스러워한다. 그러나 그에게는 자기가 정한 법이 있다. 그는 바로 이 법과 결혼한다. 그의 법은 분명하다. 크레우사의 죽음이 이미 그에게 숭고한 힘을 주었다. 왜냐하면 한 남자에 대한 선한 사랑 그것은 그의 조국이기 때문이다. 그것이 바로 아버지에서 아들로 전수해야 할 남성의 대지이기 때문이다. 그러니까 아스카니오스를 위해서…….

디도 대신에, 그러나 나는 디도가 아니다. 그녀가 아무리 고상하다 해도 나는 이런 희생적인 여인 속에 살 수는 없다. 나는 저항한다. 어떤 수동성은 내게 불쾌감을 일으킨다. 그것은 내게는 죽음의 약속이다. 그렇다면 누가 될 것인가? 내 손에 잡히는 시간들, 이야기들을 모두 섭렵하며 나는 찾았다. 그러나 헛수고였다. 내가 미끄러져 들어가 살 수 있는 여성을 나는 찾지 못했다. 디도에게는 언제나 호감과 애정과 슬픔을 느꼈다. 그러나 그건 나는 아니었다. 내 인생은 아니었다. 나는 결코 무기를 내려놓을 수 없다. 물론 저기에 누군가가 있기는 하다. 그건 잔 다르크이다. 유대인인 나, 나는 교회와 그 이데올로기적인 통치에 관련된 모든 것에 대해 의심을 품고 있었기에 내가 전적으로 잔 다르크처럼 살기란 불가능했다. 그러나 그 나머지, 그녀의 활력. 유례없는 단호함――행동의 가식없는 단순함, 남자들과의 분명한 관계――그리고 소송과 화형, 그것에 대해서는 그렇다. 나는 그녀와 함께 간다. 그러니까 그녀를 제외하고는 나는 결코 존재하지 않았다. 나는 아무도 아니었다. 그래서 나는 오랫동안 비밀스런 아킬레우스 같은 인물로 남아 있었다. 나는 아킬레우스의 성적 모호성을 이용하였다. 그것이 나의 성적 모호성을 가능하게 했다. 그러나 우리는 매일매일 아킬레우스일 수는 없다. 나는 내가 사랑할 수 있는 여자가 되고 싶다. 나는 서로 사랑하는 여자들, 비하되지 않은 여자들, 신비스럽게 가리워지지 않은 여자들, 가치 없는 존재로 간주되지 않고서 살아가는 여자들을 만나고 싶다. 나는 책을 읽었다. 그후 나는 이 세상 저편에는, 오로지 사랑이라는 이름만으로 불릴 자격이 있는 존재들 사이의 관계가 있지 않을까 하는 생각이 들었고, 이를 확인하고자 하는 필요에 쫓겨 독서를 했다. 나는 몇 가지 생각――차라리 확신·예감들로부터 출발한다. 그러나 나는 그것들을 이론화하지 않는다. 그래서 심지어 꽤 오랫동안 이런 확신·예감들은 다소 무의식적인 채로 남아 있었다. 도처에서 계층들·민족들, 그외의 것들 사이에 만연한 지배권 쟁취 투쟁. 그것이 개인 단계에서도 재생산됨을 나는 본다. 체제는 결함이 없는 것일까? 무시할 수 없는 것일까? 나의 욕망에서 출발하여, 내 욕망과 흡사한 다른 욕망들이 존재한다고 나는 상상한다. 내 욕망이 가능하다면——그것은 벌써 테세우스가 다른 무엇인가를 통과하게 한다는 것이다. 모든 시인들은 알고 있다. 생각 가능한 것은 현실적인 것이다. 윌리엄 블레이크가 주장한 것도 바로 그것이다. 그리고 그건 사실이다. 남성 경제에 의해 명령된 전통에 이질적인 관계 양식들이 있음에 틀림없다. 그리하여 나는 찾아 헤맸다. 다른 교환 유형, 낡은 죽음의 구역사와 공모자가 아닌 그런 욕망이 생산될 수 있는 무대를 찾아헤맸다. 긴박하게, 더욱 고뇌에 차서 찾는다. 이 욕망은 사랑을 만들어 낼 것이다. 반대의 것을 은폐하기 위해 사랑이라는 말을 사용하지 않는 유일한 사랑을 창안해 낼 것이다. 하나에 의한 다른 하나의 비하에 만족하지 않는 변증법적 숙명 속에 우리 이제 다시 떨어지지 않을 것이다. 반대로 서로에 의한 서로의 인정이 있을 것이다. 그리고 이 인정은 바로 강렬하고 열정적인 앎의 작업을 통해 이루어질 것이다. 각자는 마침내 타자성의 존재에 의해 위협을 받는다고 느끼지 않을 것이다. 오히려 발견하고, 존중하며 예우하고, 유지해야 할 미지의 것을 자신에게 첨가하게 된 것을 즐거워하면서 **타자**, 차이의 위험을 무릅쓰게 될 것이다.

이 사랑은 무한히 타자 살해를 야기시키는 모순들과 양가성의 덫에 발목잡히지 않는 사랑일 것이다. 이 사랑은 개인들을 가족 모델에로 추방하는 거대한 사회라는 기계에 다시 잡아먹히지 않는 사랑일 것이다. 이 사랑은 **육체적 특성**이라는 생각으로부터 출발하여, 헤겔이 그 가차없는 악순환을 도식화한 것 같은 타자와의 관계의 역설 속에서 무너지지 않는 사랑일 것이다.

자기 고유의 것의 왕국

불행하게도, 헤겔이 창안한 것은 아무것도 없다. 내 말은 변증법, 그 삼단논법식 체제, 자기 자신에게로 **돌아오기 위한** 주체의 타자 속으로의 외출, 특히 《정신현상학》 속에 묘사된 이 모든 과정은 사실 평범한 일상 생활 속에 일반적으로 이루어지고 있다는 말이다. 사회의 기능보다 더 끔찍한 것은 없다. 그보다 더 흔한 것은 없다. 개인에서 가족으로, 가족에서 국가로 세 단계를 거쳐 옮아가면서 헤겔적인 음모의 무대 장치는 개인을 완벽하게 똑같은 형태로 만들어 놓는다.

자기 고유의 것의 비극에 의해 역동화된 역사적 과정, 갈등과 파괴를 야기시키지 않는 욕망이란 생각할 수조차 없을 정도로 불가능하다. 우리는 여전히 고유한 것의 제국, 그 통치하에 살고 있다. 똑같은 주인들이 역사를 지배하고 있다. 태초부터 그들은 그들 경제의 흔적을 역사에 새기고 있다. 그들의 경제란 자기 소유물로 만드는 것이다. 남성 중심주의 역사, 그 역사는 오로지 반복을 위해서 이동할 뿐이다. 조이스가 말했듯, 역사는 하나의 '차이점과 더불어' 반복된다. 다른 의상을 걸쳤지만 언제나 같은 역사일 뿐이다.

그리고 프로이트조차도──게다가 그는 헤겔과 니체의 상속자이다──아무것도 새로이 만들어 내지는 않았다. 운명의 혹은 인간 역사의 모든 위대한 이론가들은 욕망의 논리를 재생산했다. 그것은 가장 평범한 논리로, 남자의 법 아래, 족장적인 무대 연출 속에 타자로 향한 움직임을 억제하는 논리이다.

역사. 남성 중심주의의 역사. 자기화의 역사. 단 하나의 역사. 단 하나의 정체성의 역사. 헤겔의 말처럼 주인은 죽음이라는 것을 상기시키면서 타자(아들 혹은 여자)에게 인정받는 남자의 역사.

사실 남성 중심주의의 통치하에서 인정은 갈등을 통해 이루어진다. 그리고 갈등의 대가를 치르는 것은 여자다. 그리고 그렇게 결정된 사회에서, 욕망은 자기 소유화의 욕망이다. 그 논리의 추론은 이런 식으로 이루어진다.

1) 욕망은 어디서 오는가? 차이와 **불평등**의 혼합으로부터 온다. 한 쌍을 이루는 두 용어가 평등 상태에 있을 때, 한쪽으로 향한 움직임은 일어나지 않는다. 움직임을 야기시키는 것은 항상 힘의 차이이다. (그러므로 이것은 '물리적' 법칙에 근거하는 추론이다.)

2) 은밀한 작은 변화: 그러므로 힘의 **평등**이 수반된 **성적** 차이는 욕망의 움직임을 생겨나게 하지 않는다. 욕망을 불러일으키는 것은 **불평등**이다. 그리고 그 욕망은 자기 소유화의 욕망이다. 불평등이 없다면, 투쟁이 없다면 그건 무기력 상태이다. 죽음이다.

바로 이 분석 단계(주인이라고 가정하는 자의 말을 따르자면, 다소 의식적인 분석 단계)에서, 내가 가장 위대한 남성적 사기라고 간주하는 것이 이루어진다.

차이 혹은 불평등이 불일치·불균형이라는 의미라면 우리는 차이 혹은 불평등이 파트너 둘 중 어느 하나가 굴복함이 없는, 부정성(否定性, negativité)이 없는 욕망을 불러일으키는 것을 상상해 볼 수 있다. **타자**를 산 채로, 차이를 그대로 인정한 채로 보존하게 될 그런 유형의 교환 속에서는 서로가 서로를 인정할 것이다. 그러나 (헤겔적인) 인정의 도식 속에서는 타자를 위한 자리, 동등한 타자를 위한 자리는 없다. 살아 있는 완전한 여성을 위한 자리는 없다. 여자는 남자를 인정해야 한다. 그리고 남자를 인정하면서 완성의 순간, 남자에게 이득 혹은 승리의 혜택을 남기면서 여자는 사라져야 한다. 그러므로 좋은 여자는 남자가 그 여자에게서 자기 힘과 자기 욕망을 실감할 수 있도록(내 말은 그가 '존재'할 수 있도록이라는 뜻이다) 꽤 오랫동안 '저항하는' 여자, 그러나 남자가 자기 자신이 보기에도 위대해지고 더욱 든든해져서 자기 자신에게로의 회귀를 향유할 수 있도록 너무 지나친 장애 없이, 너무 오래 저항하지는 않는 여자이다.

모든 여자들은 남성 욕망의 이런 조건을 다소 경험한다. 그리고 그 부수적인 결과들도 알고 있다. 자기 대상을 죽여야 하는(죽이는 체하는) 남성적 욕망의 허약성, 강간 혹은 행위 이행(passage à l'acte)의 판타즘, 많은 여자들은 그 속에 결정되는 것이 무엇인지를 예감하고 대상의 역할을 수행하겠다고 동의한다…….

행위는 이런 연극에 한계를 짓는다. 그러다면 왜 이런 희극을 벌이는 것일까? 바타유는 주인이 죽음과 더불어 벌이는 희롱을 보고 폭소를 터뜨렸다. 바타유는 문명인이 떨어지기를 스스로에게 금하는 심연 가장자리에로 헤겔을 떠밀어 넣고자 하는 것일까? 죽음, 그리고 여성의 성이라는 은유로 작용하는 그 심연 주변으로?

모든 역사는 좁은 의미에서 경제, 절약의 어떤 유형과 불가분의 관계에 있다. 그것은 남자와 존재로서의-남자 사이의 관계, 남자와 그 보존 사이의 관계이다. 이 경제를 다스리는 법은 자기 것으로 만들기-소유이다. 이러한 경제는 남성 중심주의적 산물이다. 고유/비고유(고유한 것의 가치화)의 대립성은 동일성/차이라는 대립을 조직한다. 이 대립 속에서 순식간에 남자와 존재는 마치 서로 고유한 것처럼 자기 소유물이 된다. 그리고 마치 남자가 맺는 여자와의 관계는 항상 비-고유한 것의 가능성처럼——그러나 위협적인 가능성처럼 행해지는 듯하다. 욕망은 벗어날 수도 있는 것처럼 보이는 것을 다시 자기 소유화하고자 하는 욕망처럼 새겨진다. 남성 경제의 간계와 폭력(둘 다 무의식적인 것일까?)은 관계의 두 용어 중 하나를 가치화함으로써, 프로이트가 **팔루스의 우위**라고 부르는 것을 다시 주장하면서 성적 차이를 계급화하는 것이다. 그리고 그 '차이'는 사실 항상 대립성으로 감지되고 실행된다. 남성성/여성성의 대립은 미리 이루어진 갈등적 움직임 속에서 남성적 특권이 입증되는 식으로 이루어진다.

자기 고유의 것의 제국은 하나의 두려움으로부터 출발하여 세워진다. 그 두려움은 사실 전형적인 남성적 두려움이다. 탈자기화의 두려움, 분리의 두려움, 속성 상실의 두려움이 바로 그것이다. 다시 말해 그것은 거세 위협의 충격이다. 비-고유한 것(그러므로 욕망, 다시 자기 것으로 만들기 즉 재소유의 긴박성)의 문제와 자기 법, 자기 힘, 자기 지배를 맛보게 만듦으로써만이 자기 자신을 맛보는 주관성의 형성 사이에 어떤 관계가 있다는 것은 남성성으로부터 출발하여, 남성성이 상실로부터 구조화되는 한에 있어서 이해가 된다. 여성성의 경우는 그렇지 않다.

우리는 무엇을 주는가?

차이는 온통 역사의 움직임을 소유의 움직임으로 결정하는 것 같다. 이 차이는 선물-내어줌이라는 문제와의 관계 속에 정의되는 두 가지 경제 사이에서 점차 분명해진다.

남성적인 것과 여성적인 것의 (정치적) 경제는 서로 다른 요구와 구속들에 의해 조직된다. 서로 다른 요구와 구속들은 사회화되고 변모하면서 기호들, 힘의 관계, 생산과 재생산의 관계, 남성적인 혹은 여성적인 것으로 읽을 수 있는 문화적 기입의 거대한 체제를 생산해 낸다.

남성/남성적, 여성/여성적이라는 혼동을 피하기 위해서 여기서 나는 성적 차이를 나타내는 **품질형용사**의 사용에 신경을 쓰고 있다. 왜냐하면 여성성을 억압하지 않는 남자들도 있고, 남성성을 다소 강하게 새기는 여성들도 있기 때문이다. 물론 차이는 사회적으로 결정된 '성'으로부터 출발하여 배분되지 않는다. 게다가 내가 정치적 경제와 리비도 경제에 대해 말하면서 그것들을 함께 뭉뚱그려 말하는 것은, 남성적 특권에 의해 명령된 역사, 즉 기원이라는 잘못된 문제를 이용하려는 것이 아니다. 만족해서든, 혹은 맹목적이든 본질주의적인 이데올로기적 해석에 빠지는 것을 경계해야 한다. 예를 들어 프로이트와 존스는 그 위험을 무릅썼었다. 그러나 두 사람이 취한 방식은 서로 달랐다. 여성의 성에 관한 논쟁에서 이들 둘은 대립된 입장을 취한다. 두 사람은 대립된 시각으로부터 출발해서 차이-성적 대립의 '자연적,' 해부학적 결정이라는 무서운 명제를 주장하기에 이른다. 그로부터 출발하여 두 사람 모두 남성 중심주의의 견고한 진리를 암암리에 지지한다.

두 사람의 상반된 입장을 큰 줄거리만 상기해 보자. (《**조숙한 여성의 성**》이라는 저서에서) 존스는 모호한 방식으로 여성을 되다만 남자로 만드는 프로이트의 명제들을 공격한다.

프로이트에게 있어

1) 여성적 상황의 '숙명성'은 사실 해부학적 '결함'의 한 결과이다.

2) 리비도는 단 하나밖에 없다. 그리고 리비도는 본질적으로 남성적이다. 성적 차이는 **팔루스적 단계**로부터 출발해서 새겨진다. 소년이나 소녀는 똑같이 이 단계를 거친다. 그때까지 소녀는 일종의 작은 소년인 것이다. 유아 리비도의 생식기적 조직은 능동성/남성성이라는 동등성에 의해 연결된다. 질은 아직 '발견'되지 않는다.

3) 두 성 모두에 있어 최초의 사랑의 대상은 어머니이므로, 이성의 사랑이 '자연스러운' 것은 단지 소년에게서뿐이다.

존스에게 있어 여성성은 본질적으로 독자적이다.

처음부터(6개월부터) 여자아이는 아버지에 대한, 자기 아버지에 대한 **여성적** 욕망을 갖는다. 여자아이가 갖는 가장 원초적인 판타즘들을 존스가 분석한 결과를 보자. 여자아이는 젖가슴을 실망스러운 것으로 지각하고서 젖가슴 대신에 페니스, 혹은(유추적인 미끄러짐을 통해) 같은 형태의 대상에 대한 욕망을 갖는다는 것이 증명된다고 한다. 벌써 우리는 대치라는 연속성의 고리 속에 있다. 그러므로 결과적으로 일련의 부분적 대상들 속에서 아기는 페니스를 대치하는 것이 된다. 프로이트의 이론에 반박하기 위해 존스는 프로이트적 상황으로 다시 얌전히 합류하는 것이다. 게다가 그는 한술 더 뜨기까지 한다. 그는 젖가슴−페니스−아이라는 등식에서 여자아이는 아버지에 대해 원초적인 욕망을 느낀다는 결론까지 이끌어 내고 있다(그리고 아버지의 아이를 갖고 싶다는 욕망도 이끌어 낸다). 물론 소녀는 이성에 대해 원초적인 사랑을 갖고 있다는 결론도 이끌어 낸다. 그러니까 소녀도 원초적 형성물로서 오이디푸스 콤플렉스와 어머니에 의한 거세의 위협을 요구할 권리가 있다는 것이다. 여자는 그러므로 해부학적으로 결함이 없이 여자라는 것이다. 여자의 클리토리스는 미니페니스가 아니라는 결론을 존스는 이끌어 낸다. 여성의 클리토리스 수음은 프로이트가 주장하듯 남성적 행동이 아니라는 것이다. 그래서 질은 매우 일찍 발견되는 것 같으며, 조기 판타즘을 보는 것 같다고 그는 말한다.

사실 특수한 여성성이 있다고 주장하면서(정통성의 명제들을 그대로 보존하면서) 존스는 여성성의 편을 든다(그리고 신은 인간을 남성과 여성으로 창조했다는 사실을 상기시키면서 신의 편을 든다). 그러나 그런 핑계하에 그는 또다시 남성 중심주의를 강화시키고 있다. 그리고 양성성은 여기서 대립된 자들을 갈라 놓는 넘지 못할 심연 속에 사라진다. 프로이트는 나폴레옹과 자신을 동일시하면서 1933년 '**오이디푸스 콤플렉스의 소멸**'에 관한 소논문을 썼다. 이 논문에서 그가 기술하는 바에 동의한다면 "해부학은 운명이다." 우리는 여성의 사형 선고에 참여하는 것이다. 모든 역사의 완성에 참여하는 것이다.

두 성간의 차이에서 오는 심리적 결과들이 있다. 이 사실을 부인할 수는 없다. 그러나 그 심리적 결과를 프로이트의 분석이 지적하는 결과들로 축소할 수는 없다. 오이디푸스에 대한 남성·여성의 관계로부터 출발하여, 우리는 소년과 소녀를 사회적 역할 구분 쪽으로 방향짓는 것이다. 여자들은 남자들보다 '승화'를 덜하기 때문에 여자들은 '피할 수 없이' 생산성이 더 떨어지고, 그래서 상징적 행동 그러니까 문화의 생산은 남자들의 몫이라는 주장이 바로 그것이다.[10)]

게다가 프로이트는 양성 사이의 **해부학적** 차이라고 부르는 것으로부터 출발한다. 우리는 양성의 해부학적 차이를 그가 어떻게 상상하고 있는지 알고 있다. 그것은 팔루스를 가지고 있음/가지고 있지 않음 사이의 차이이다. 이 소중한 신체 부분에 대한 참조를 통해 해부학적 차이가 드러나는 것이다. 라캉에게 있어서는 초월적 시니피앙이라고 밝혀지게 된 바로 이것으로부터 출발하여 해부학적 차이가 드러나는 것이다.

그러나 **성적 차이**는 단순히 해부학에 대한 판타즘적인 관계에 의해 결정되는 것은 아니다. 이 해부학은 대부분 **시각**(視覺) 행위에 근거를 두고 있다. 그러므로 성의 완성에 있어 외부성, 거울상(像)에 부여되는 기이한 중요성에 근거하고 있는 것이다. 두말할 것 없이 관음증 환자의 이론이다.

아니다. 차이는 향유의 차원에 있다. 여성의 충동적 경제를 남자는 확인할 수 없다. 또 여성의 충동적 경제는 남성적 경제에 대조시켜 볼 수 있는 것도 아니다. 그런 점에서 향유는 가장 명백히 뚜렷하게 지각된다고 나는 생각한다.

"여자는 무엇을 원하는가?" 사람들은 여자에게 이런 질문을 던진다. 사회 속에는 여자의 욕망을 위한 자리가 너무나 없다. 그렇기 때문에 여자는 자기 욕망을 갖고 대체 무얼 해야 할지 모르는 채 지낸다. 이런 일이 반복되면서 여자는 자기 욕망을 어디에 쏟아야 할지, 자기가 자기 욕망을 갖고 있기나 한 건지 더 이상 알 수 없게 된다.

여자는 스스로에게도 이런 질문을 던진다. "여자는 무엇을 원하는가?" 이 질문은 가장 즉각적이며, 가장 긴박한 질문을 은폐하고 있다. 그것은 '나는 어떻게 향유하는가?' 라는 질문이다. 여성적 **향유**, 그것은 무엇인가? 그것은 어디서 일어나는가? 그것은 여성의 육체 층위에, 여성의 무의식 층위에 어떻게 새겨지는가? 그리고 그것은 어떻게 씌어지는가?

가설적인 선사 시대에 대해서, 그리고 모권 시대에 대해서 장황설을 늘어놓을 수도 있다. 아니면 바흐오펜[11]이 그랬듯이 여성 주권 정치 체제를 다시 그려 보고, 거기서 가족의, 그리고 남성 권력의 역사에 관한 강력한 전복적 영향력을 지닌 시적인, 신화적인 결과를 여성 주권 정치 체제에서 이끌어 내는 시도를 할 수도 있다.

권력의 역사, 소유권의 역사, 남성 지배의 역사, 국가 형성의 역사, 이데올로기적인 체제를 다르게 생각하는 모든 방식들에는 한 가지 효율성이 있다. 그러나 지금 현재 진행되고 있는 변화에 '기원'의 문제는 아무런 소용이 되지 못한다. 남성 중심주의가 있다. 역사는 단지 이것만을 생산하고 기록했을 뿐이다. 그러나 이것은 이 형태가 운명적이라거나, 혹은 자연적이라는 의미가 아니다. 남성 중심주의는 적이다. 모두의 적이다. 남성중심주의에서는 남자들도 불가피하게 손해를 본다. 물론 그 손해는 여자들이 보는 손해와는 다르다. 그러나 그 손해는 여자들만큼 심각하다. 지금은 변화시켜야 할 때이다. 또 다른 역사를 창안해야 할 때이다.

'자연' 혹은 본질보다 '운명'이 더 존재하는 것은 아니다. 단지 살아 있는 역사·문화적인 한계 속에서 취해진, 때로 응고된, 살아 있는 구조들이 있을 뿐이다. 역사·문화적인 한계들은 역사의 장과 너무나 혼동되어 왔기에 다른 곳을 생각하거나, 혹은 상상하는 것조차 오랫동안 불가능했다. 그리고 아직도 여전히 힘들다. 현재 우리는 과도기적인 시대를 살고 있다. 고전적 구조에 균열이 갈 수 있는 것처럼 보이는 그런 시대이다.

다른 시대(2백 년, 혹은 3백 년 후?)에 가서 성적 차이에 어떤 변화가 일어나게 될 것인가를 예언하는 것은 불가능하다. 그러나 잘못 생각해서는 안 된다. 남자들 그리고 여자들은 실제적으로 분석 불가능한 복합성을 가진 수천 년의 문화적 결정의 그물망 속에 사로잡혀 있다. 이데올로기적인 극장의 내부에 사로잡히지 않고서 우리는 '남자에' 대해서 말할 수 없다. 마찬가지로 '여자에' 대해서도 말할 수 없다. 이데올로기적 극장에는 수많은 표상들, 이미지들, 반영들, 신화들, 동일화들이 끊임없이 각자의 상상력을 변화시키고, 변형시키고, 변질시킨다. 그리고 모든 개념화를 사전에 노후한 것으로 만든다.[12]

오늘날 행동, 정신 상태, 역할, 정치적 경제에 있어서 근본적인 변화 가능성을 용납하지 못하게 하는 것은 아무것도 없다. 리비도 경제에 미치는 그 효과는 생각할 수도 없는 것이다. 모든 형성 구조, 교육 구조, 환경 구조, 그러니까 모든 재생산 구조들, 모든 이데올로기적 효과의 **전반적인** 변화를 동시에 상상해 보자. 그리고 성의 현실적인 해방을 상상해 보자. 다시 말해서 각자가 자기 몸과 (그리고 다른 몸과) 맺고 있는 관계의 변화를 상상해 보자. 거대한 감각적이며 유기적인 물질적 우주——이것이 바로 우리이다——를 어림계산으로 상상해 보자. 물론 그만큼이나 근본적인 정치적인 변화들 (상상해 보자!) 없이 이것은 이루어질 수 없다. 그러면 '여성성' '남성성'은 그 차이의 결과 그 경제, 소비와의 관계, 결핍과의 관계, 내어줌과의 관계를 전혀 다르게 새기게 될 것이다. 오늘날 '여성성' 혹은 '남성성'으로 보이는 것이 앞으로도 똑같이 '여성적' '남성적' 으로 여기지지는 않을 것이다. 차이에 대한 일반적인 논리도 지금까지는 아직도 지배적인 대립성 속에 조정되고 있으나, 앞으로는 더 이상 그렇지 않게 될 것이다. 차이, 그것은 새로운 차이점들의 묶음이 될 것이다.

그러나 지금 우리는 아직도——몇몇 예외들을 빼고는——옛것 속에서 질척거리고 있다.

미래의 남성적인 것

예외들이 있기는 하다. 예외는 항상 있었다. 그들은 확신 없는, 시적인 존재들이다. 동성애적 구성 요소에 대한 가차없는 억압에 의해 코드화된 마네킹들의 상태로 자신을 축소되게 내맡기지 않은 자들이다. 남자들 혹은 여자들, 유동적이며 열린 복합적인 존재들이다. 다른 성의 구성 요소를 인정한다는 것, 그것은 그들을 훨씬 더 풍요롭고, 훨씬 더 복수적이며, 훨씬 더 강하게 만든다. 그러나 동시에 이러한 유동성을 간직하는 한 매우 연약해지기도 한다. 우리는 이런 조건에서만 새로운 것을 만들어 낸다. 사상가들, 예술가들, 새로운 가치의 창조자들, 니체식의 미친 듯한 '철학자들,' 개념들, 형태들을 창안하는 자들, 그리고 파괴하는 자들, 삶을 바꾸는 자들, 이들은 오로지 상호 보완적인 혹은 모순적인 특이성들에 의해 움직여질 수밖에 없다. 창조하기 위해서 동성애적이어야 한다는 의미는 아니다. 그러나 창조적 주체 속에 또 다른 나, 다양한 것, 나로부터 분리되어 나온 사람들, 생각 속에 그려진 사람들, 무의식에서 나온 민족들, 그리고 불현듯 생기를 띠는 각각의 사막 속에 우리들이 알지 못하던 나의 출현——우리의 여인들, 우리의 괴물들, 우리의 자칼들, 우리의 아랍인들, 우리의 동족들, 우리의 공포심들이 풍부하게 존재하지 않고는, 철학적이든 혹은 시적이든 **창조**는 가능하지 않다는 의미이다. 모종의 동성애성(그러니까 양성성의 유희)이 내 안에서 나의 초(超)주관성들을 결정화시키는 작업을 이루어지게 하지 않는 한, 또 다른 부수(部數)의 나를 창조함은 있을 수 없으며, 시도 없고, 픽션도 없다는 의미이다.[13] 나는 충만하고 명랑하며, 남성적이고 여성적이며, 혹은 또 다른 개인적인 물질이다. 그 안에서 '나'는 매혹하며, '나'라고 불리우는 개인화들의 콘서트 속에서, 동시에 우리는 모종의 동성애성을 상징적으로, 대체적으로 억압한다. 그리고 이것은 다양한 기호들을 통해 행동 특성, 몸짓 양식들을 거쳐 간다. 그리고 이것은 글쓰기 속에서 더욱더 분명하게 보인다.

분리되고, 조각들로 나뉘며, 재통합되는 텍스트의 움직임 속에, 이렇게 하여 장 주네라는 이름으로 새겨지는 것, 그것은 풍부한 모성적인 여성성이다. 남성들, 수컷들, 신사들, 군주들, 왕자들, 고아들, 꽃들, 어머니들, 젖가슴들의 판타즘적인 뒤범벅이 한 경이로운 '에너지의 태양' 사랑 주위에 맴돈다. 그리고 그 사랑은 사랑에 빠진 덧없는 개별성들을 새로운 열정들을 위하여 다른 몸으로 재구성되도록 폭격하고 분해한다.

여자는 양성적이다.
내가 여기서 내세우는 주장은 단번에 **양성성**에 대한 재검토로 이

끈다. 고전적으로 양성성에 할애된 운명에서 그 양성성을 끄집어
내어 양성성의 개념에 새로운 가치를 부여하기 위해서이다.[14] 고전
적으로 양성성은 거세에 대한 방어를 겨냥하는 것이라고 생각되어,
'중성적인' 것으로 개념화되었다. 그러므로 나는 두 가지 양성성,
양성성의 가능성과 실천을 생각하는 데 있어 두 가지 대립된 방식
을 구별해 보고자 한다.

1) 완전한 존재에 대한 판타즘으로서의 양성성이 있다. 이는 거세
의 두려움 대신에 오는 것이다. 성차가 신화적 분리의 표시, 위험하
고 고통스런 분할 가능성의 흔적처럼 경험되는 한 완전한 존재에 대
한 판타즘은 성차를 가리는 역할을 한다. 오비디우스의 헤르마프로
디토스가 여기에 속한다. 헤르마프로디토스는 양성적이라기보다는
무성적이며, 두 종류의 성으로 이루어진 존재라기보다는 오히려 두
개의 반쪽으로 이루어진 존재이다. 그러므로 이는 통일성에 대한 판
타즘이다. 하나 속에 둘이 있는 것이다. 게다가 그들은 심지어 둘도
아니다.

2) 거세를 예방하고자 하는 융합적이며 말소적인 이러한 첫번째 양
성성에 나는 **또 다른 양성성**을 대립시킨다. 남성 중심주의적 표상
의 거짓된 극장 안에 갇히지 않은 각각의 주체는 또 다른 양성성으
로 에로틱한 자기 우주를 만든다. 양성성 그것은 다시 말해서 개인
적으로, 자기 안에서, 각각의 남자 혹은 여자에 따라서 다양하게 뚜
렷하고 집요한, 두 가지 성이 현존함을 포착함, 어느 한 성의 차이
도 배제하지 않음, 자기 자신에게 부여하는 이러한 '허락' 으로부터
출발해서, 내 몸의 그리고 다른 몸의 모든 부분들에 미치는 욕망의
기입 효과의 증대이다.

즉 이러한 양성성은 차이점들을 말소하지 않는 오히려 차이점들을 살려내고, 추구하며, 덧붙이는 영매 최면 상태의 양성성이다. 역사—문화적인 이유들 때문에 현재 이러한 양성성에 자기를 열고, 그 혜택을 보는 존재는 여자이다. 어떤 의미로 "여자는 양성적이다." 남자는 영광스런 남근 숭배적 단일성을 목표삼도록 훈련되었기 때문이다. 팔루스의 우위를 주장하고 그것을 실천하다 보니, 남성 중심주의적 정치적 이데올로기는 하나 이상의 희생자를 만들어 냈다. 여자인 나는 **왕홀**(王笏)의 거대한 그림자에 마음과 정신을 빼앗기고 사로잡힐 수 있었다. 사람들은 내게 이렇게 말했다. 네가 휘두르지 못할 그것을 경배하라. 그러나 동시에 사람들은 남자에게 이런 기괴한 운명을 만들어 주었다. 거의 부러울 것 없는 남자의 운명. 그것은 진흙 불알 달린 단 하나의 우상에로 축소되는 것이다. 프로이트와 그 후계자들이 지적했듯이 동성애를 그토록 두려워하는 것, 그것이 남자들의 운명이다. 왜 남자는 여자**이기를** 두려워하는 것일까? 왜 남자에게는 여성성에 대한 거부(Ablehnung)가 있는 것일까? 바로 이것이 프로이트가 부딪혔던 질문이다. 그리고 이것이 바로 거세의 '바위'이다. 프로이트에게 있어 억압당한 것, 그것은 그의 친구 플리스가 믿었던 것처럼(프로이트는 이 친구에게서 양성성의 명제를 얻었다) 지배적인 성에 패배당한 성인 여성이 아니다. 억압당한 것은 오히려 남성의 성 쪽에 있다.

사실 정신분석학은 여자로부터 출발해 형성되었다. 그러나 정신분석학은 남성의 성에서 여성성을 억압했다(억압이 그렇게 성공적으로 이루어지지는 않았다). 정신분석학은 지금으로서는 거의 반박할 수 없는 한 가지 설명을 하고 있다.

혼란을 야기시키는 자들인 우리 여자들. 우리는 그것을 너무나 잘 알고 있다. 그러나 남자의 결핍의 은행에 우리 인생을 위탁하도록 우리를 강요하는 것은 아무것도 없다. 상처를 주는 반복성의 비극이라는 용어로 주체 형성을 생각하도록 강요하는 것도, 아무것도 없다. 아버지의 종교라는 좌초한 배를 끊임없이 다시 띄우도록 강요하는 것도 없다. 우리가 그것을 원하지 않기 때문이다. 우리는 지고의 구멍 주위에서 맴돌지 않는다. 우리는 부정적인 것에 충성 서약을 할 이유가 없다. 그럴 **여성**으로서의 이유를 갖고 있지 않다. 여성적인 것(시인들은 그것을 어렴풋이 느꼈다)은 긍정한다……, and Yes I said yes I will Yes.《율리시스》를 모든 책들 너머 새로운 글쓰기로 데려가면서 몰리는 Yes라고 말한다. 그래, 나는 말했다. 그래, 나는 원해.

어떤 면에서 여자는 양성적이라고 말하는 것, 그것은 차이의 문제를 그리고 '여성적인' 혹은 '남성적인' 글쓰기의 문제를 위치 이동시켜, 되받아치기 위한 겉보기에 역설적인 방식이다.

나는 이렇게 말하련다. 오늘날 글쓰기는 여성들의 것이다. 이건 도발이 아니다. 여성은 타자가 존재한다는 것을 인정한다는 의미이다. 여성은 여자로 생성되어 가는 변천 속에서 소년에게서처럼 소녀에게도 잠재적으로 있는 양성성을 말소시키지 않는다. 여성성과 양성성은 함께 간다. 이 둘의 결합 관계는 다양하다. 여성의 역사. 그순간 순간들마다 이 요소 혹은 저 요소에 특권이 주어지기도 하면서 그 강도가 달리 배분되기도 한다. 타자가 나 스스로를 관통하게 나를 내맡기기란 여자에게보다 남자들에게 훨씬 더 어렵다. 글쓰기, 그것은 내 안에서 타자가 통과함, 들어옴, 나감, 머묾이다. 그 타자는 나이며, 내가 아니다. 나는 그 타자가 될 줄 모른다. 그러나 나는 그가 지나가는 것을 느낀다. 그는 나를 살게 만든다. 누가 나를 갈기갈기 찢고, 나를 불안하게 하며, 나를 변질시키는가! 누구인가?——미지의 존재인 한 여자? 한 남자? 여럿? 다수, 모든 삶의 도약의 출발점이 되는 알고자 하는 욕망을 내게 주는 미지의 존재. 이 우글거림은 휴식도 안전성도 남겨 주지 않는다. 항상 '현실'과의 관계에 혼란을 가져오고, 주체의 사회화에 방해가 되는 불확신이라는 결과를 생산한다. 이 우글거림은 불안스러운 것이며, 우리를 지치게 한다. 이러한 침투성, 이러한 비배제성은 남자에게 위협이다. 허용 불가능한 것이다.

이 우글거림이 꽤 구경거리가 될 정도로 진행되었을 때, 옛날 사람들은 이것을 '신들림'이라고 불렀었다. 신들리는 것, 그것은 남성의 상상력으로 볼 때 바람직하지 않은 것이다. 남성의 상상력은 이를 수동성, 위험한 여성적 태도로 느낄 것이다. 사실 모종의 수동성은 '여성적'이다. 우리는 물론 역사가 항상 그렇게 했듯이, 소외 상태의 여성적 환대를 활용할 수 있다. 여자는 그 열림을 통해 '신들릴' 수 있다. 다시 말해서 자기 자신에게서 탈소유될 수 있다.

그러나 내가 여기서 말하는 여성성은 자신에게 몸을 내맡기는 타자를, 타자로서 살아 있는 채로 보존하는 여성성이다. 자기를 방문하는 타자, 타자로서 그녀가 사랑할 수 있는 타자를 산 채로 보존하는 여성성이다. 다르기 때문에, 또 하나의 타자이기 때문에 그를 사랑하는 것이다. 그렇다고 해서 같은 것의 비하, 다시 말해서 자기 자신의 비하로 가지 않는 사랑을 말하는 것이다.

수동성에 대해 말해 보자. 수동성은 그 극단에서 죽음과 연결된다. 그러나 복종이 아닌 비폐쇄성도 있다. 이는 신뢰이며, 이해로서의 비폐쇄성이다. 파괴의 계기가 아니라, 경이로운 확장의 계기로서의 비-폐쇄성이다. 이같은 열림은 여성의 위험이기도하다.

그러나 이런 열림을 통해서, 여자는 자기 자신에게서 나와 타자에게로 간다. 여자는 탐험되지 않은 것을 여행한다. 여자는 부인하지 않는다. 여자는 접근한다. 간격을 말소하기 위해서가 아니라 그 간격을 보기 위해 그녀가 아닌 것, 그녀인 것, 그녀가 될 수 있는 것을 체험하기 위해 접근하는 것이다.

글을 쓴다는 것 그것은 작업하는 것이다. 작업당하는 것이다. 그 사이(속에서), 질문을 던지는 것(질문을 받도록 내맡기는 것), 같은 것과 다른 것의 소송. 타자 없이는 아무도 살아 있을 수 없다. 죽음의 작업을 해체하는 것, 타자와 함께 있는 하나라는 총체, 자기에 대해, 타자에 대해, 내 안에 있는 타자에 대해, 가장 먼 것에서부터 출발해서밖에는 자기 자신을 알지 못하고, 또 그렇게밖에는 자기 자신을 다시 허락하지 못하는 하나와 타자 사이의 끊임없는 교환에 의해서 무한히 역동화된 총체를 원하면서 죽음의 작업을 해체하는 것이다. 수천의 변화를 이루는 복수화의 도정이다.

이런 일은 위험 없이는, 고통 없이는 이루어지지 않는다. 자기의 순간들, 의식, 사람들의 상실 없이는 이루어지지 않는다. 과거의 우리, 우리가 초월하는 우리, 우리가 떠나는 우리의 상실 없이는 이루어지지 않는다. 이런 일은 의미와, 시간과, 방향 설정의 소비 없이는 이루어지지 않는다.

그러나 이것이 특수하게 여성적인 것인가? 예비금 없는 경제의 역설적인 논리, 그것을 새기고, 묘사하며, 이론화한 것은 남자들이다. 남자들이 그렇게 했다는 것, 거기에 모순은 없다. 이것은 우리로 하여금 다시 남성들의 여성성에 대해 질문을 제기하도록 이끈다. 법에서 해방된, 절도(節度)에서 벗어난 글쓰기로 남근 심급의 한계를 넘쳐 가장자리에까지 모험할 수 있는 남자들은 드물다. 그 가장자리에서 그 효과를 새기는 주관성은 여성화된다.

글쓰기 속에서 차이는 어디로 통과하는가? 차이가 있다면, 그것은 소비 양식 속에 있다. 고유한 것의 가치화 양식 속에 있다. 같은 것이 아닌 것을 생각하는 방식 속에 있다. 일반적으로 자본화의 모든 '관계' ——이 단어를 '수익'이라는 의미로 사용하면——를 생각하는 방식에 있다.[15]

오늘날에도 남성적인 것과 고유한 것의 관계는 여성성의 그것보다 더 좁고, 더 엄격하다. 모든 것이 이루어지는 것을 보면, 마치 남자는 자기 존재 속에서 여자보다 더 직접적으로 비-고유한 것에 위협을 받는 것 같다. 보통 남자는 분명 정신분석학이 묘사하는 문화의 산물이다. 아직도 무언가 잃을 것이 있는 자이다. 욕망, 교환의 움직임 속에서 남자는 **받는** 자이다. 상실, 소비는 내어줌을 언제나-받는-내어줌으로 만드는 상업적인 작업 속에 행해진다. 내어줌은 수익을 가져오는 것이다. 상실은 곡선 끝에 가서 변형되어, 그 영역으로의 이득이라는 형태로 다시 그에게로 돌아온다.

그러나 이 회귀의 법에서 여성은 벗어나는 것일까? 또 다른 소비에 대해 이야기할 수 있을까? 사실 '무상의' 내어줌은 없다. 우리는 결코 아무런 대가 없이 내어 주지는 않는다. 그러나 모든 차이는 왜 주는가, 어떻게 주는가에 있다. 내어주는 몸짓이 주장하는 가치, 그것이 순환하게 하는 가치들 속에 있다. 내어주는 자가 얻는 이득의 유형, 그가 그것을 쓰는 용도에 있다. 왜 어떻게 이런 차이가 있는 것일까?

우리가 내어줄 때, 우리는 자신에게 무엇을 주는가?

전통적인 남자, 그가 원하는 것은 무엇인가? 남자는 그것이 그에게 무엇을 가져다 주기를 바라는 것일까?──그리고 여자는? 우선 남자가 바라는 것, 문화적인 혹은 개인적인 교환들 층위에서건, 자본의 문제에서건, 혹은 애정(혹은 사랑 혹은 향유)의 문제에서건, 남자가 그에게 되돌아오기를 바라는 것은 남성적인 것의 보충이다. 동시에 남자들은 남성 중심적인 나르시시즘을 강화시켜 주는 사나이다움, 권위, 권력, 돈, 혹은 쾌락으로 더욱 가치가 상승되기를 바란다. 게다가 사회는 이것을 위해, 이것에 의해 만들어진다. 그리고 남자들은 그것을 거의 피할 수가 없다. 별 부럽지 않은 운명이다. 남자들이 자신들에게 만든 운명이다. 남자는 항상 다시 시련에 처해진다. 그는 자신을 '증명해야' 한다. 그것을 다른 사람들에게 다시 보여 주어야 한다. 남성적 이득은 거의 언제나 사회적으로 정의된 성공과 혼동된다.

여자는 어떻게 주는가? 보존 혹은 탕진, 비축, 삶, 죽음과 여자는 어떤 관계를 맺고 있는가? 여자도 또한 무엇을 위해서 준다. 여자도 역시 내어주면서 자신에게 쾌락, 행복, 증가된 가치, 자신에 대한 더 높아진 이미지를 부여한다. 그러나 여자는 '자기 지출의 보상을 받으려' 애쓰지 않는다. 여자는 결코 자처하지 않으면서, 자신을 베풀면서, 사방으로 타자에게로 가면서 자기 자신에게로 돌아오지 않을 수 있다. 여자는 극단을 피하지 않는다. 여자는 목표의 존재가 아니라 영향력의 존재이다.

여성에게 '고유한' 어떤 것이 있다면, 그것은 역설적으로 아무런 계산 없이 자기를 탈-고유화하는 능력이다. 목적 없는, '끄트머리' 없는 몸. 주요한 '국부'들이 없는 몸을 가진 것이 여자이다. 여자가 하나의 전체라면, 그것은 전체들인 부분들로 이루어진 하나의 전체이다. 그저 부분적인 대상들이 아니라 움직이는 무한한 변화하는 총체이다. 여자는 에로스가 휴식 없이 스치고 돌아다니는 우주, 거대한 천체 공간이다. 여자는 천체들보다 더 천체적인 태양 주위를 맴돌지 않는다.

여자가 비차별화된 마그마라는 의미가 아니다. 여자는 자기 몸, 혹은 자기 욕망을 군주 정치화하지 않는다는 의미이다. 남성의 성은 페니스 주위를 맴돌면서 부분들이 독재로 군림하는 중앙화된 몸(정치적 해부학)을 탄생시킨다는 의미이다. 그러나 여자는 자기 자신에 대해 머리─성기라는 짝에 유리한 권한을 부여하는 지역화를 만들어 내지 않는다. 이런 식의 지역화는 단지 경계선 안쪽에서만 새겨지는 것이다. 여자의 무의식은 세계적이다. 마찬가지로 여자의 리비도는 우주적이다. 여성의 글쓰기 또한 계속될 수밖에 없다. 결코 주변을 새기거나 구별함이 없이 타자들의 현기증나는 횡단, 그녀들, 그 남자들 안에서의 덧없는 그리고 열정적인 머묾을 강행하기 때문이다. 여자는 그, 그녀들, 그들을 그들이 일어나자마자 무의식에 가장 가까이에서 그들을 보고, 충동에서 가장 가까이서 그리고 나서 좀더 멀리서 그들을 사랑하는 시간 동안 그들 속에 산다. 그 짧은 동일화적인 포옹으로 흠뻑 적셔진 채 그녀는 간다. 그리고 무한으로 통한다. 오로지 그녀만이 안으로부터 알기를 감행한다. 안으로부터 알기를 원한다. 그녀는 추방된 자이기에 내면의 언어 이전의 울림에 끊임없이 귀 기울여 왔다. 그녀는 1천 개의 언어로 된 또 다른 언어를 말하게 한다. 그 언어는 벽도 죽음도 알지 못한다. 삶에 그녀는 아무것도 거부하지 않는다. 여자의 언어는 담고 있지 않는다. 품는다. 여자의 언어는 억제하지 않는다. 가능하게 한다. 그것이 혼란스럽게 언술되는 곳, 다수일 수 있는 기적, 변화 가능성의 재능을 누리는 여자는 자기가 다수의 미지의 여인들임을 언뜻 감지해도, 그 미지의 여인들에 대항하여 자신을 방어하지 않는다. 나는 노래하는 드넓은 육체이니. 그 육체 위에 그 누구도 모르는 나, 그러나 변모중이기에 우선 살아 있는, 다소 인간적인 (그) 내가 노래하는 드넓은 육신 위에 접목된다.

그녀가 '시작하는' 것이 보인다. 그것이 씌어진다. 이 시작들은 끊임없이 그녀를 일으켜 세운다. 그것은 씌어질 수 있다. 씌어져야 한다. 흰 것 위에 검은 것으로 씌어지는 것도, 검은 것 위에 흰 것으로 씌어지는 것도 아니다. 종이와 그 위에 새겨지는 기호들의 충돌 속에 씌어지는 것이 아니다. 한 색깔이 다른 한 색깔 위에, 그리고 그 색깔과 대비되어 두드러지는 색깔들의 대립성 속에 씌어지는 것도 아니다. 그것은 이렇다.

땅이 있다. 그것은 그녀의 땅——어린 시절, 살, 빛나는 피—— 혹은 바탕이다. 흰 바탕. 잊을 수 없는, 잊혀진 흰 바탕, 그리고 이 땅, 무한한 양의 지층들, 표층들, 종이들로 뒤덮인 이 땅, 그것이 여자의 태양이다. 그 태양을 진화(鎭火)시킬 수 있는 것은 아무것도 없다. 여성적 빛, 그것은 위에서부터 오지 않는다. 위에서 내려오지 않는다. 강하게 내리꽂히지도 않는다. 관통하지 않는다. 여성적 빛은 반사한다. 그것은 느리고, 달콤하며, 힘든, 절대적으로 정지시킬 수 없는 고통스러운 차오름이다. 그 차오름은 도달하고, 대지들을 적신다. 길을 트며 나아간다. 그리고 이 빛으로 여자는 아주 가까이에서 쳐다보고, 물질의 잎맥들을 알아간다. 이런 것들을 가지고 남자는 무얼 할지 모른다.

여성의 일어남, 그것은 발기가 아니다. 확산이다. 선이 아니다. 선박이다. 여성이여 글을 쓰기를! 여성의 텍스트는 자신을 추구하면서 자신을 안다. 자신이 살과 피 그 이상임을 안다. 자신을 빚는 반죽, 청각적이며, 향기로운 요소들로 이루어진 반란적으로 일어나는 반죽, 날아가는 색깔들, 잎사귀들, 우리가 자양을 공급하는 바다에로 몸을 던지는 강물들로 요동치는 조합.

아! 저것이 여자의 바다로구나, 그는 나에게 말할 것이다. 그 타자는 팔루스적인 사랑하는 어머니의 물이 가득한 대야를 내게 내민다. 그는 팔루스적인 어머니에게서 결코 자신을 떼어낼 수 없다.

그러나 보라. 우리의 바다들은 물고기가 많거나 그렇지 않거나, 불투명하거나 혹은 혼합되어 있거나, 붉거나 혹은 검거나, 파도가 높거나 혹은 잔잔하거나, 협소하거나 혹은 연안이 없거나, 우리는 우리 자신이 바다요, 모래요, 산호요, 해초요, 해변이요, 조수이다. 헤엄치는 자들이요, 어린아이들이요, 파도이다……

다소 막연하게 우리는 바다-대지요, 구름이다. 어떤 물질이 우리에게 반감을 불러일으키겠는가? 우리 여자들은 모두 그것들을 더듬어 만질 줄 안다. 그것들을 말할 줄 안다.

이질적인, 그렇다. 자신의 즐거운 이득에 이질적인 여자는 성욕이 자극된다. 여자는 이질성의 것의 성욕 자극성이다. 대기를 헤엄치는 여자, 날아가는 여자, 그녀는 그녀 자신에 집착하지 않는다. 여자는 자신을 분산시키는 능력이 있다. 여자는 자신을 아낌없이 내어준다. 여자는 도취하게 만든다. 여자는 타자를 욕망하며, 타자가 되는 능력이 있다. 여성은 다른 여자가 될 수 있다. 그녀가 아닌 다른 여자, 그, 그대도 될 수 있는 것이다.

여자는 두려워하지 않는다. 다른 곳도, 같은 것도, 다른 것도 여자는 두려워하지 않는다. 타자를 위한 나의 두 눈, 나의 혀, 내 코, 내 피부, 내 입, 내 몸. 내가 타자를 원하는 것은 나의 구멍을 막기 위해서가 아니다. 그 어떤 나의 결함에 대비하기 위해서도, 혹은 운명적인 '여성적' 질투에 사로잡혀서도 아니다. 대체물들을 궁극적 대상에 이끌고 가는 대체의 연쇄고리 속에 내가 이끌려 가기 때문도 아니다. 아버지 쪽 아들들을 섬기는 식인귀 같은 늙은 할머니들이 우리들에게 속삭이며 들려 주던 엄지소년 이야기, **페니스네이드**의 동화는 끝났다. 그들이 자신을 존중하기 위해 우리가 부러워서 죽을 지경이라고 생각할 필요가 있다. 우리가 그들 페니스에 대한 선망으로 둘러쳐진 구멍이라고 믿을 필요가 있다. 그건 그들의 태곳적 사업이다. 남자들은 자기 꼬리에 날개를 닮으로써만이 스스로를 구조화시킨다. 부인할 수 없게도 그것은 그들이 그곳 출신이라는 것, 그들이 아직도 그것을 가지고 있다는 것을 우리(그들의 호주머니 작은 시니피앙의 모성적 정부인 우리들)가 그들에게 보장해 주도록 하기 위해서 그들이 팽팽해진다는 것을 우리에게 알리기 위해서이다(우리의 희생을 대가로, 그리고 또한 우리에게는 재미있게도 우리는 이 사실을 확인할 수 있다). 아이 안에 여성 욕망하는 것은 페니스가 아니다. 모든 남자가 그 주변을 맴도는 그 문제의 신체 부분이 아니다. 고대인의 역사적인 **한계** 안에서를 제외하고 잉태는 숙명성에로, 영원한 '질투하는 여자'의 무의식이 정리해 놓은 대체의 메커니즘에로 되돌려지는 것도 아니다. 또한 페니스네이드에로, 나르시시즘에로, 항상-거기 있는-어머니와 연관된 동성애성에로 되돌려지는 것도 아니다.

'아이'와의 관계 또한 다시 생각되어야 할 문제이다. 현재 페미니스트 사상 중 한 경향은 모성애 속에서 여성-어머니를 자본주의적이고, 가족주의적이며, 남성 중심적인 재생산의 다소 공모적인 대리인으로 만드는 덫이라고 고발하는 경향이 있다. 고발해야 한다. 그러나 신중해야 한다. 고발을 금기로, 새로운 형태의 억압으로 바꾸지 말아야 한다. 모두의 맹목성과 수동성을 기대하면서 아이가 아버지를 만들지나 않을까, 그러니까 여자가 아이를 출산하면서 아이와 동시에-어머니-아버지-가족을 출산하는 불운 이상의 결과를 자초하지나 않을까 하고 그대는 또 두려워할 것인가. 아니다. 옛 순환의 고리를 끊는 것은 그대에게 속한 일이다. 여자 그리고 남자는, 옛 관계와 그 모든 결과들을 무효화시켜야 할 것이다. 탈-가족화와 함께 살아 있는, 새로운 주체의 **배출**을 생각해야 할 것이다. 출산의 횟수에 미리 대비하기 위해 여성에게서 인체의 열정적인 시기를 박탈하느니, 오히려 탈-모성-부성화를 생각해야 할 것이다. 탈-페티시즘화하자. 아이가 부모의 죽음이기를 원하는 변증법에서 빠져나오자. 아이는 타자이다. 그러나 폭력 없는 타자이다. 다른 리듬, 신선함, 가능성의 신체이다. 모든 연약함이다. 그렇지만 무한함 자체이기도 하다. 전수되고, 혈통화되는 거세의 기나긴 기도의 반복을 이제 끝내자. 이제 더 이상 우리는 뒷걸음질치면서 앞으로 전진하지 않을 것이다. 생명에 대한 욕망처럼 단순한 무엇인가를 이제 우리는 억압하지 않을 것이다. 구강 충동, 항문 충동, 음성 충동, 모든 충동은 우리의 훌륭한 힘이다. 그리고 그 모든 충동들 중에서 잉태의 충동은 글쓰기에의 욕망과 마찬가지로 안으로 자신을 살고자 하는 욕구, 배·혀·피의 욕구이다. 고전주의 텍스트 속에서 비극화되거나, 혹은 묵살되거나, 혹은 저주된 임신의 감미로움을 이제 우리는 스스로에게 거부하지 않을 것이다. 특별히 억압된 것이 있다면, 우리는 분명 거기서 감미로움을 발견할 것이기 때문이다. 임신한 여인에 대한 터부는 임산부에 투여된 듯이 보이는 힘에 대해 많은 것을 말해 준다. 예전부터 여자는 임신하면 여성으로서 상품 가치가 배가될 뿐만 아니라, 또한 특히 **여성 자신**이 보기에도 **여자**로서 자기 자신에게 가치를 부여하게 되며, 부인할 여지없이 신체와 성을 갖게 되기 때문이다. 임신을 체험하는 방식에는 1천 가지 방식이 있다. 아직 보이지 않는 이 타자와 또 다른 강렬함의 관계를 갖을 수도 있고, 그렇지 않을 수도 있다.

임신 체험, 그것은 실제로 변신하는 과정에 있다는 것. 다수가 되고 타자가 되며 예측 불허가 되는 것이다. 이러한 체험이 신체 안에 변질의 가능성을, 좋은 가능성을 새기지 않을 수는 없다. 임신의 체험, 그것은 여성 신체가 보충적 수단이 되는 것이다. 여성의 육신이 산 자를 생산하는 장(場)이 되고, 살아 있는 생명의 생산이라는 이 특별한 힘이 되는 것이다. 리듬, 교환, 공간과의 관계, 모든 감지 체계의 변화만이 아니다. 임신의 체험은 그 무엇으로도 대체할 수 없는 경험이기도 하다. 긴장의 순간, 신체의 이 위기, 오랫동안 평화롭게 이루어지다가 출산이라는 초월의 순간 폭발하는 이 작업. 이 경험 속에서 여자는 자기 자신보다 더 위대하거나 혹은 더 강한 자신을 체험한다. 또한 타자와 연결된 '끈'에 대한 체험, 세상에 생명을 내보낸다는 출산이라는 은유를 통해 전달되는 모든 것을 체험한다. 비-자아의 시련을 경험하는 여자, 이런 여성이 씌어진 글, 근원과 관계를 끊는 글쓰기와 특별한 관계를 갖지 않을 수 있겠는가?

여성의 리비도 경제——여성의 향유, 여성적 상상력——와 후회 없이 스스로를 분리해 내는 주관성을 형성하는 여성의 방식 사이에는 하나의 연관성이 있다. 여성에 있어서는 후회가 없다는 것, 그것은 죽는다는 것과 등가물이 아니다. 죽는다는 것은 발레리가 젊은 파르크라는 제목으로 묘사한 남김없는 고갈의 등가물이 아닌 것이다. 자아라고 명명된 심급이 끊임없이 집합을 알리는 북을 두드리지 않고서도 개체들로서 서로 화답하면서 여성은 유감 없이 자신을 분리해 내는 것이다.

여성은 격렬하다. 폭발적이다. 그러므로 파도의 종족에 속한다. 여성은 자기 몸을 일으킨다. 다가간다. 자기 몸을 곧추세워 연안에 도달한다. 연안을 뒤덮으며, 연안을 씻는다. 절벽의 가장 사소한 주름들과도 하나가 되어 흘러내린다. 벌써 여성은 다른 여성이 되어 다시 몸을 일으키고, 자기 몸의 거대한 술장식을 높이 던지면서 자기 자신을 계승한다. 그리고 부드러운 밀물로 돌멩이의 몸을 뒤덮고, 발견하며, 윤나게 닦고, 반짝이게 한다. ……버리고 떠나지 않으며, 마치 아직도 여느 때처럼 다시 돌아오기 위해 자신을 다시 부르듯 가없는 비-기원에로 돌아오는 부드러운 밀물…….

여자는 결코 '제자리'에 머물러 있지 않았다. 폭발, 확산, 비등, 풍요, 여자는 자신을 무제한화하면서 자아 밖에서, 같은 것 밖에서, '핵심'에서 멀리, 여자의 '검은 대륙'의 수도에서 멀리 여자가 항상 소진될 위협을 받는 남자의 불을 유지시키도록 남자[16]가 여자를 데리고 가는 그 '가정의 화덕'에서 아주 멀리서 향유한다. 여자는 남자를 지키는 자이다. 그러나 남자는 여자를 감시해야 한다. 왜냐하면 여자는 남자의 폭풍일 수도 있기 때문이다. "나는 나를 죽일 나의 폭풍을 가질 것인가? 아니면 부는 바람에 휩싸여 꺼지기를 기다리지 않고 자신에 지쳐, 자신에 싫증나 죽는 등잔불처럼 꺼져 버릴 것인가? ……혹은 끝까지 타지 않기 위해서 나 자신이 내 불을 끌 것인가?' [17] 남성적 에너지는 이렇게 자문한다. 비축된 기름에 한계가 있기 때문이다. 여성적 에너지의 자원은 무한하다. 이는 일반적인 교환에, 사랑의 관계에, 그리고 여자의 욕망에 가공되어진 운명에 아무런 결과도 미치지 않을 수 없다. 이 결과들은 아직도 거의 분석되지 않았다. 여자는 한계를 넘어 흘러넘친다. 여자는 '과장'한다. 남자는 두려워한다. 그러나 여자의 운명의 아이러니는 여자를 도라의 사례에 리듬을 주는 '아무것도 아닌 존재'("당신도 아시다시피 내게 내 아내는 아무것도 아닌 존재입니다") 혹은 너무 지나친 존재, 충분치 않음으로 반전되는 지나친 존재로 만든다. 주인은 한계·경계 쪽에 있음을 여자에게 상기시키는, '마땅히 그렇게 되어야 하는 바대로 되지 않은 존재'가 되게 한다.

여자는 한자리에 머물지 않는다. 여자는 넘친다. 이 넘쳐흐름은 불안스러운 것일 수도 있다. 왜냐하면 끈이 풀린 여자는 끝없는 길 잃음, 광기를 두려워할 수도 있고——그리고 타자에게 두려움을 줄 수도 있기 때문이다. 그러나——개인적인 것, 정체성의 항구성을 페티시즘화하지 않는다면 누가 현기증 속에서 "나는 어디에 있는가?" 신경을 자극하고 취하게 하는 "여기서 향유하고 있는 자는 누구인가?"라고 자문하는 존재가 될 수 있겠는가. 이는 이성, 통일성의 원칙으로 볼 때 황당한 질문들이다. 이런 질문은 제기되지 않는다. 답변이 요구되지 않는 질문이다. 그러나 이런 질문은 여성이 길 잃고 방황하는 공간을 연다――파도가 나르는 공간.

이러한 방황의 능력, 그것은 힘이다. 이 방황의 능력은 고유한 것, 재확인, 재산권 부여의 챔피언들에게 여자를 상처받기 쉬운 존재로 만드는 것이기도 하다. 남성적 질서에 비해 아무리 여자가 순종적이고 온순하다 해도 여자는 여전히 야만의 위협적인 가능성, 모든 길들여진 것의 미지의 부분으로 남아 있다.

여자는 '불가사의' 하다.[18] 여자는 계산 불가능하다. 그러나 남자들은 이런 여자와 함께 셈을 해야 한다――여자는 불가사의하다. 그렇다. 사람들은 여자가 수수께끼 같다고 비난한다. 여자가 불가사의하기에 항상 여자를 발견하고 싶은 욕망을 갖는 데서 기쁨을 이끌어 내면서도 말이다. 여자는 자기 자신에게도 불가사의하다. 여자는 그 점에 대해 오랫동안 불안해해 왔다. '자신을 이해할 수 없음'을, 그리고 자신을 알지 못함에 대해 죄의식을 가져왔다. 왜냐하면 여자 주위에서 사람들이 가치를 부여하는 것은 '앎'과 '통제' 이기 때문이다――정돈된 것으로서――앎, 제어로서의 '앎,' 억압, '장악,' 체포, 소환, 지역화 위에 확립된 (앎의) '통제' 이기 때문이다.

글쓰기 여성성 변화

오늘날 여성성의 경제와 열린, 낭비하는 주관성, 내어주면서 그 행위를 계산하지 않는 이런 타자와의 관계, 그리고 여성성 사랑의 가능성 사이에는 연관성이 있다. 그리고 이러한 '타자의 리비도'와 글쓰기 사이에는 하나의 연관성이 있다.

현재 글쓰기의 여성적 실천을 **정의**하기란 불가능하다. 이 불가능성은 계속 유지될 것이다. 왜냐하면 이러한 실천을 **이론화**하는 것, 그것을 가두고 코드화하는 것은 영원히 불가능할 것이기 때문이다. 여성적 글쓰기가 존재하지 않는다는 의미는 아니다. 그러나 여성적 글쓰기는 남성 중심적 체제를 지배하는 담론을 초월할 것이다. 여성적 글쓰기는 철학적-이론적 지배에 종속된 영토가 아닌 다른 곳에서 일어나고 있다. 또 일어날 것이다. 오로지 자동주의를 파괴하는 주체들, 그 어떤 권위에도 결코 굴복시킬 수 없는 자들, 주변을 달리는 자들에 의해서만 여성적 글쓰기는 생각될 수 있을 것이다. 그러나 우리는 여성적 글쓰기에 대해 말하기를 시작할 수는 있다.

나도 역시 거기에 대해 말할 것이다. 왜냐하면 이 특성들은 단번에 나를 강력하게 감동시키기 때문이다. 내가 말하게 될 것, 그건 시작에 불과하다.

글쓰기 속에서의 여성성, 먼저 나는 그것이 지나감을 다음과 같은 것을 통해 느낀다.

목소리의 특권: 글쓰기와 **목소리**가 서로 땋아지고 엮어진다. 이렇게 서로 교환되면서 글쓰기의 연속성/목소리의 리듬이 호흡을 **끊고**, 텍스트를 헐떡거리게 한다. 아니면 텍스트를 유예, 침묵으로 구성해 나간다. 그래서 텍스트에서 목소리가 상실되거나, 혹은 텍스트를 외침으로 갈기갈기 찢는다.

어떤 관점에서 볼 때, 여성적 글쓰기는 찢기움으로 끊임없이 울린다. 여기서 찢기움이란 여성이 발언권을 취할 때 느끼는 찢기움이다. 여성에게 있어 발언권을 잡고 말한다는 것은 차라리 자신을 뿌리째 뽑음, 현기증나는 도약, 그리고 자기 자신을 내던지기, 다이빙과 같다. 어떤 모임에서 한 여인이 말하는 것을 들어 보라. (그 여인이 고통스럽게 호흡을 잃지 않는 경우라면) 그 여인은 말하는 것이 아니다. 그녀는 대기중에 떨리는 자기 몸을 던진다. 그 여인은 자신을 발사한다. 그녀는 날아간다. 그녀의 목소리 속에 그녀의 모든 것이 송두리째 지나간다. 자기 담론의 '논리'를 그 여자는 자기 온몸으로 생명을 다하여 주장한다. 그녀의 살이 진실을 말한다. 그녀는 자기 자신을 노출시킨다. 사실 그녀는 육신으로 자기가 생각하는 것을 물질화시킨다. 자기가 생각하는 것을 자기 몸으로 의미화한다. 그녀는 자기가 말하는 것을 **새긴다**. 충동에서 규율화할 수 없는 부분, 그리고 말에서 열정적인 부분을 여자는 거부하지 않기 때문이다. 여자의 담론은 설사 그것이 '이론적'일 때, 혹은 정치적일 때 일지라도 결코 단순하지 않다. 혹은 한 문장 한 문장, 줄을 따라 단조롭게 의미를 전개시키지 않는다. 혹은 일반화된 '객관성'을 펼치지도 않는다. 일반화되어 있지 않다. 여자는 자기 역사를 이야기 속에 끌고 다닌다.

말을 내뱉기까지 그 고통을 모든 여인은 경험한 바 있다. 가슴은 터질 듯이 쿵쿵거리고, 때로는 땅이 꺼지고 혀가 사라지는 언어의 상실 속에 추락하기도 한다. 그만큼 여자에게 있어 말한다는 것, 내가 감히 말하건대, 공적인 자리에서 입을 연다는 것은 무모한 짓이며 위반의 행위이다.

이중의 슬픔이다. 왜냐하면 설사 위반을 행한다 하더라도, 여자의 말은 거의 언제나 귀머거리 남성의 귓바퀴 속으로 떨어져 버리기 때문이다. 귀머거리 남성의 귀에는 언어 중에서 남성으로 말하는 것밖에는 들리지 않기 때문이다.

 말한다는 것. 어떤 무대를 향하여 기호들을 던진다는 것, 적절한 수사법을 쓴다는 것, 그것은 우리 여자들에게 문화적으로 익숙해지지 않은 일이다. 우리가 기쁨을 느끼지 못하는 일이기도 하다. 사실 연설을 한다는 것은 단지 어떤 값을 치를 때에만 행해진다. 커뮤니케이션의 논리는 기호들——시니피앙들——과 주관성의 경제를 요구한다. 사람들은 연설자에게 아무것도 곁들이지 않은, 가느다란, 직선의 끈을 펼치기를 요구한다. 우리 여자들은 불안을 사랑한다. 질문하기를 좋아한다. 우리 여자들이 말하는 것 속에는 찌꺼기가 있다. 우리는 이 찌꺼기를 필요로 한다. 글을 쓴다는 것, 그것은 언제나 말을 그 레일 위에 유지시키는 교환의 가치를 깨면서 과잉, 무용의 것에 그 원시적인 몫을 나누어 주는 것이다. 글쓰기가 좋은 이유가 바로 이것이다. 마치 애무를 시도해 보듯 언어가 자기 역량을 시험하도록 내버려두고, 한 문장 한 가지 생각이 자신을 사랑받을 수있도록 만들기 위해, 자신을 울림이 있는 것으로 만들기 위해 필요한 충분한 시간을 취하도록 하는 것이 좋은 까닭이 바로 이것이다.

 여성으로부터 여성을 향해서 글을 쓰면서, 팔루스의 지배를 받는 담론의 도전에 응하면서 여자는 여자를 긍정하게 될 것이다. 상징적인 것 안에서, 상징적인 것에 의해 그녀에게 마련된 자리는 침묵이다. 그러나 여자는 글을 쓰면서 침묵 아닌 다른 것으로 여성을 주장하게 될 것이다. 여성이여, 덫에 걸린 침묵에서 나오기를. 여백이나 하렘을 자기 영역으로 다시 떠안도록 스스로를 방임하지 않기를.

여성의 말, 여성의 글쓰기 속에는 결코 중단됨 없이 울림을 간직하고 있는 것이 있다. 그것은 옛날 옛적 감지할 수 없이 깊이 우리를 가로질러 갔기에, 우리를 스치고 갔었기에 아직도 우리를 감동시킬 수 있는 힘을 간직하고 있다. 그것은 **노래**이다. 최초의 음악, 모든 여인이 생생하게 간직하고 있는 최초의 사랑의 목소리가 여성의 말에서나 글쓰기 속에서 끊임없이 계속 울리고 있는 것이다.

목소리, 법 이전의 노래, 상징적인 것에 의해 숨결이 끊어지기 전, 분리하는 권위 아래 숨결이 언어 속에 재적응하기 이전의 노래. 가장 심오하며, 가장 오래되고, 가장 사랑스러운 어머니의 방문.[19] 각각의 여성 안에서 노래하는 것, 그것은 이름 없는 최초의 사랑이다.

여성 안에는 언제나 다소 '어머니'가 있다. 회복시켜 주고, 먹을 것을 주는 어머니, 그리고 분리에 저항하는 어머니, 끊어지도록 내버려두지 않는 힘, 그러나 코드들을 헐떡거리게 하는 힘이 있다. 여자가 아이와 맺는 관계는 끊어지지 않는다(여자는 과거에도 아이였고, 지금도 아이이다. 여자는 아이를 만들고, 다시 만들고, 해체한다). 여자가 같은 존재이면서도 자신을 다른 존재로 만드는 그곳에서 감미로움과 **폭력**으로 여자가 '어머니'와 맺는 관계 또한 끊어지지 않는다. 텍스트 그것은 내 몸이다. 그것은 노래하는 분출의 흐름을 건너가는 것이다. 내 말에 귀를 기울여 보라. 그것은 달라붙어 떨어지지 않는 어머니, 애착으로 꽁꽁 묶는 어머니가 아니다. 그대에게 영향을 미치면서 그대를 그대의 가슴으로부터 언어에까지 오도록 충동질하는, **그대의** 힘을 내뿜게 하는, 그대를 감동시키는 불분명한 목소리[20]이다. 그대를 웃게 만드는 리듬이다. 모든 은유들을 가능한 것으로, 그리고 욕망할 만한 것으로 만드는 내밀한 수신자이다. 신

못지않게 묘사 불가능한 몸(단수의 몸? 복수의 몸?), 영혼 혹은 대문자 타자이다. 그대 안에서 그대를 공간화하고, 그대 여성의 문체를 언어 속에 새기게 충동질하는 그대의 그 부분이다. 그것은 목소리, 마르지 않는 젖이다. 그녀를, 잃어버린 어머니를 되찾는 것이다. 영원 그것은 젖과 하나로 뒤섞인 목소리이다.

기원이 아니다. 여자는 기원으로 되돌아가지 않는다. 소년의 도정, 그것은 귀향이다. 프로이트가 말하는 향수(Heimweh), 노스탤지어는 남자들을 출발점으로 되돌아오는 성향을 가진 존재로 만든다. 남자들은 출발 지점을 다시 자기 것으로 만들기 위해, 그리고 거기서 죽기 위해 기원으로 돌아온다. 그러나 소녀의 도정, 그것은 좀더 멀리 미지에로 가는 것이다. 새로 만들어 내기 위해.

어떻게 해서 여성은 목소리와 이런 특권적인 관계를 맺는 것일까? 어떤 여자도 충동에 대항하는 반-충동적인 방어를 남자만큼 빽빽이 쌓아올리지 않기 때문이다. 그대는 남자처럼 버팀대로 떠받쳐 버티지 않는다. 그대는 남자처럼 돌을 쌓아 막지도 않는다. 그대는 남자만큼 '신중하게' 쾌락으로부터 멀어지지 않는다. 설령 팔루스적인 신비화가 좋은 관계들을 전반적으로 오염시키기는 했지만, 여자는 결코 어머니로부터 멀리 떨어져 있지 않다(여기서 내가 '어머니'라 말함은 역할로서의 어머니가 아닌, 어머니라는 이름으로서가 아닌 행복의 근원으로서의 '어머니'를 의미한다). 여성 안에는 언제나 최소한 약간의 좋은 모유가 남아 있다. 여성은 흰 잉크로 글을 쓴다.

목소리! 그것은 또한 자신을 던지는 것이다. 그 넘쳐흐름. 그것이 흘러간 후에는 아무것도 되돌아오지 않는다. 감탄, 외침, 헐떡거림,

아우성, 기침, 토함, 음악, 여자는 떠난다. 여자는 상실한다. 여자는 바로 이렇게 글을 쓴다. 허공 속에 목소리를 앞으로 내던지듯이 글을 쓰는 것이다. 그녀는 멀어진다. 그녀는 앞으로 나아간다. 여자는 자기가 지난 흔적으로 되돌아와 그 흔적을 살펴보지 않는다. 자신을 쳐다보지 않는다. 그것은 무모한 경주이다. 여자는 남성적 나르시시즘과는 반대이다. 남성적 나르시시즘은 자기 이미지를 확인하는 데 몰두한다. 쳐다보여지고, 스스로를 바라보며, 자기 광채들을 수집하고, 자신을 다시 호주머니에 넣는 데 열중한다. 남자의 시선은 항상 되돌아오는 시선이다. 언제나 뒤돌아보는 시선, 분할된 시선이다. 이것은 거울의 경제이다. 남자는 스스로를 사랑해야 한다. 그러나 여자, 여자는 자신을 내던진다. 사랑하려 애쓴다. 발레리가 느낀 젊은 파르크도 그러하다. 자기 자신을 추구하는 젊은 파르크 여신에게 발레리는 모호성이라는 표적을 깊이 새겨 놓았다. 그녀가 보여 주는 자기 자신에 대한 질투는 남성적이다. '스스로를 바라보고 있는 자신을 보는' 그녀는 남성 중심적인 모든 사변/사변화의 좌우명, 모든 테스트 씨(Monsieur Teste)의 좌우명을 갖고 있다. 그러나 젊은 파르크 여신은 점점 더 낮은 곳으로 가는 열광적인 하강에 있어 여성적이다. 그 하강 속에서 자기 자신을 알지 못하는 한 목소리가 바다의 끊임없는 되씹음 속에 상실된다.

목소리—외침. 고뇌—고통과 분노에 의해 폭발한, 갈가리 찢기운 '말,' 담론을 살포하는 '말.' 남성적 사회가 여성을 무대 전면에서 격리시키고, 추방하며, 여성을 벌거숭이로 만들기 시작하던 때부터 사람들은 벌써 여자의 말을 그렇게 들어 왔다. 메데이아 때부터. 엘렉트라 때부터.

목소리, 그것은 분리이다. 그리고 소란이다. 불! 그녀는 쏜다. 그녀는 자신을 쏜다. 깬다. 여자들은 육체 속에 매장되었고, 제한되었다. 동시에 여자에게는 육체를 향유하는 것이 금지되었다. 여성성에 대한 거의 모든 것이 여자들이 쓸거리이다. 여자들의 성에 대해, 다시 말해서 여성들의 성애화의 무한하고 유동적인 복합성에 대해, 여자들의 육신의 그러한 사소하고─무한한 지역의 번갯불 같은 연소에 대하여, 운명에 대해서가 아니라 어떤 충동의 모험에 대하여, 여행들, 횡단들, 길 트기, 급작스런 그리고 느릿느릿한 깨어남들, 예전에는 수줍던 그러나 조금 후엔 돌출하는 한 영역에 대한 발견. 천일의 뜨거운 화덕들을 가지고 있는 여성의 몸, 여성이 그 몸으로 하여금──굴레와 검열을 부수며──모든 방향으로 그 몸을 훑고 지나가는 의미들의 범람을 읊조리게 내버려둘 때, 여성의 몸은 오래된 모성적 언어를 울려 퍼지게 할 것이다. 한 개의 밭고랑이 파인 오래된 모성적 언어는 분명 한 가지 이상의 언어로 울려 퍼질 것이다.

우리 여자는 우리 자신의 몸에서 등을 돌렸다. 수치스럽게도 사람들은 우리에게 우리의 몸을 알지 못하도록 가르쳤다. 바보 같은 정숙함으로 그 육체에 매질을 하도록 가르쳤다. 사람들은 우리에게 속임수 거래를 저질렀던 것이다. 각자는 다른 성을 사랑할 것이다라고 그들은 말했다. 나는 육체를 줄 것이다. 그러면 내게 내 육체를 달라. 그러나 여성이 남자에게 맹목적으로 넘겨 주는 육체를 여성에게 주는 남자들은 누구인가? 그렇다면 왜 거기에 대해 이야기하는 텍스트가 그리도 없는 것은 무슨 까닭인가? 육신을 되찾는 여성은 아직도 너무나도 극소수이기 때문이다. 여성은 여성의 육체를 글로 써야 한다. 여성은 난공불락의 언어를 창안해 내야 한다. 칸막이들, 계층들, 그리고 수사법들, 규칙들과 코드들을 무너뜨리는 언어를 만들어 내야 한다. 그 언어는 '침묵'이라는 단어를 말해야 하는 것을 비웃는 담론, 불가능을 겨냥하면서 '불가능'이란 단어 앞에서 단번에 멈추어 서면서 그 단어를 '끝'과 같이 쓰는 담론을 포함해서 궁극적인 저장고를 간직한 담론을 침몰시키고, 꿰뚫고 뛰어 넘어야 한다.

몸으로. 사회적인 성공, 승화에로 초대된 남성들보다도 여성은 더 육신이다. 보다 더 육신이므로, 보다 더 글쓰기이다. 구박에, 길들이기라는 결혼, 가족적 기도(冀圖)에, 여자를 거세하려는 반복된 시도에 오랫동안 여자는 몸으로서 답변해 왔다. 여자는 입 속에서 혀를 천번 만번 움직였다. 그리고 나서도 말하지 않았다. 그렇지 않으면 그 이유로 여자는 죽었다. 아니 여자는 그 어떤 사람보다도 자기 입과 혀를 잘 알고 있다. 지금, 나—여성은 법을 폭파해 버릴 것이다. 이제부터 폭파는 가능하다. 그리고 불가피하다. 폭발이, 지금 당장 언어 속에서 이루어지기를.

그들 문화와 그들 사회의 '억압된 것,' 그것이 되돌아온다면 그것은 폭발적인 회귀일 것이다. **절대적으로** 파괴적인 회귀, 억압들 중 가장 엄청난 억압에 걸맞는 여태껏 한번도 해방된 적이 없는 힘을 지닌, 전복적인 회귀일 것이다. 왜냐하면 팔루스 시대 말기에 여성들은 말소되었거나 아니면 혹은 가장 높은, 그리고 가장 격렬한 작열로 이끌어졌었을 것이기 때문이다. 그들의 귀머거리 역사를 따라오는 동안 여성들은 내내 꿈속에서 입다문 채 몸으로 살아왔다. 침묵 속에서, 벙어리 혁명 속에 살아왔다.

그러나 그들의 연약함 속에 어떤 힘이 깃들어 있던가. 여자들의 비길 데 없는 강렬함에 걸맞는 상처입기 쉬운 '연약함.' 여자들은 승화시키지 않았다. 다행스런 일이다. 승화시키지 않았기에 여자들은 생명, 에너지를 구할 수 있었던 것이다. 여자들은 미래 없는 삶의 막다른 골목을 동력으로 이용하려 애쓰지 않았다. 여자들은 광폭하게 그 화려한 육신 속에 살아왔다. 감탄할 만한 히스테리 여인들. 프로이트의 모세 같은 동상을 육감적이며 열정적인 육체-의-단어로 폭격하면서, 일곱 겹 정숙의 베일을 쓴 것보다도 더 맨몸을 드러낸 채 찬란한, 들리지 않는 벼락치는 듯한 고발로 그의 뇌리를 사로잡은 그녀들은 프로이트에게 고백하지 못할 관능적인 그토록 많은 순간들을 겪게 만들었다. 육체라는 단 한마디 말로 성서적-자본주의적 사회의 역사, 남자들의 역사에서 하나의 화살처럼 분리된 역사의 거대한 현기증을 새겨 놓은 여자들, 그것은 바로 이 여자들이다. 어제 사형에 처해진 이 여자들, 새로운 여성들에 앞장서 온 여자들이다. 그녀들 이후에 오는 그 어떤 주체 상호간의 관계도 이전과 똑같을 수는 없을 것이다. 그것은 그대, 도라이다. 그대는 길들일 수 없는 여자. 시적인 육신, 시니피앙의 진정한 '여주인'이다. 그대의 말이 이제 더 이상 억제되지 않고, 그 뾰족한 창끝이 그대 가슴을 향해 되돌려지지 않으며, 타자와 그들의 문법을 거슬러서 그대의 말이 글로 씌어질 때, 그대의 효율성이 작업하게 되는 것을 우리는 내일 이전에 보게 될 것이다. 그때에는 우리 여자들이 그들의 것이 아닌 것처럼 이제 그들 것이 아닌 자리를 그들에게 내주지 말아야 한다.

　여자는 항상 남자의 담론 '안'에서 기능했다. 그 특수한 에너지를 전멸시키는, 혹은 끌어내리는, 혹은 너무나 다른 소리들을 질식시키는 적대의 시니피앙에 항상 되돌려지는 시니피앙으로 기능했다. 지금은 여자가 이 '안'을 와해시킬 때이다. 그 '안'을 폭발시키고, 그것을 뒤집어, 그것을 점거할 때이다. 여자가 그것을 자기 것으로 만들어, 그것을 이해하고, 그것을 여자들의 입 안에 담을 때이다. 여자가 자기 치아로 그 언어를 깨물 때이다. 그것을 안으로 들어가게 하기 위해 그녀가 하나의 언어를 스스로에게 만들어 주어야 할 때이다. '안'으로부터, 그녀가 졸면서 웅크리고 있었던 그 '안'으로부터 얼마나 편안하게, 새로운 언어가 거품으로 넘쳐 입술에로 방울방울 샘솟아 오를 것인가를 그대는 보게 될 것이다.

　그들의 도구들, 그들의 개념들, 그들의 자리를 우리 것으로 만들자는 것이 아니다. 그들이 점유하고 있던 지배의 지위를 우리가 차지하자는 것도 아니다. 거기에는 동일화의 위험이 있다는 것을 우리는 알아야 한다. 그렇다고 해서 그것이 우리가 굴복하는 결과를 가져오는 것은 아니다. 이런 것은 불안한 자들, 남성적 불안에 맡겨두자. 지배하는 기능, '돌아가게 하기' 위해 '어떻게 돌아가는지'를 알고자 하는 기능과 맺고 있는 남성들의 강박적인 관계에 맡겨두자. 내면화하기 위해, 혹은 조작하기 위해 탈취하는 것이 아니라 오히려 단번에 횡단하기 위해, 그리고 둑을 무너뜨리기 위해서이다.

　이런 것이 여성적 힘이다. 통사 구조를 휩쓸어가고, 남자들에게 늙은 어머니가 언제나 분명히 자기들 뒤에 있다는 것, 팔루스 역할을 하는 것을 보고 있다는 것을 안전하게 보장하는 탯줄의 대치 역할을 하는, 그것 없이는 남자들이 향유하지 못하는 그 터무니없는 끈을 끊으면서 여자는 불가능한 것으로 간다. 거기서 그녀는 타자가 된다. 사랑에 의해, 사랑으로 죽지 않고서.

탈소유화, 탈인격화. 넘쳐나고 무절제하고 모순적이기 때문에 여자는 법, '자연적'질서를 파괴한다. 개인화의 엄격한 법을 부수면서 미래로부터 현재를 갈라 놓는 경계 막대기를 들어올린다. 미래를 점치는 마술적인 힘의 특권이라고 니체는 말했다.(《비극의 탄생》) 쾌활하게 변신을 감행하면서(오랫동안 여자의 세계였던 그 안으로부터, 여자는 모든 존재와 더불어 깊이 안으로 파고드는 욕망의 관계에 있기 때문이다) 여자가 불현듯 앎의, 생산의, 의사 소통의 또 다른 방식을 순환하게 할 때 주체에, 인칭대명사에, 소유대명사에는 어떤 일이 벌어지는가? 이러한 또 다른 방식에서 각자는 언제나 분명 하나 이상이며, 그 동일화의 힘은 같은 것을 혼란에 빠뜨린다──그리고 같은 흩뿌리는 동작으로 타자를 횡단하면서, 그 움직임에 의해 여자는 또 다른 여자가 된다. 그러면서 여자는 설명, 해석, 그리고 지역화의 위치 측정이라는 모든 심급과 결별한다. 여자는 잊는다. 여자는 망각을 통해, 도약을 통해 행동한다.

여자는 난다.

날아간다는 것. 그것은 여자의 동작이다. 언어 속에서 날고, 언어를 날게 한다. 여자는 비상에 대해 많은 기법과 기술을 배웠다. 우리 여자들은 모두 수 세기 전부터 **날면서-훔치면서**밖에는 소유에 접근할 수 없다는 것을 배웠다. 우리는 비상-훔침 속에서 살았다.

날면서 훔치면서, 남몰래 가로지르는 협소한 통로들을 마음껏 발견하면서 살아왔다. '날다(voler)라는 동사'가 두 가지의 의미, 비상-절도 사이에서 장난치는 것은 우연이 아니다. 그 하나의 의미는 다른 하나의 의미를 향유하면서, 의미의 동인(動因)을 난처하게 만든다. 여자는 새와 도둑을 닮았다. 마치 도둑이 여자와 새를 닮은 것처럼. 그 남녀는 지나간다. 도망간다. 즐겁게 공간의 질서를 뒤흔들어 놓고, 공간의 방향을 흐트러뜨려 놓으며, 가구들·사물들·가치들의 위치를 바꾸고, 불법 침입을 하며, 구소들을 비우며, 깨끗한 것을 뒤죽박죽으로 만들어 놓는다.

날아가기를 행하여 보지 않은 여성이 누가 있겠는가? 사회성에 제동을 거는 동작을 느껴 보지 않은 자, 꿈꾸어 보지 않은 자, 실행에 옮겨 보지 않은 자가 누구인가? 분리의 경계 막대기를 흔들어 놓고, 그것을 조롱거리로 만들어 보지 않은 자가 누군가? 자기 몸으로 차이를 새겨 보지 않은 자, 쌍과 대립의 체제에 구멍을 내보지 않은 자가 누가 있겠는가? 연속적인 것, 연쇄 사슬에 묶인 주변의 오해의 벽을 위반으로 땅바닥에 내동댕이쳐 끝장내 보려 하지 않은 자가 누구인가?

여성적 텍스트는 전복적인 것 이상이다. 그렇지 않을 수가 없다. 여성적 텍스트가 씌어진다면, 그것은 오래된 껍질을 화산처럼 들어올리면서 씌어진다. 끊임없는 이동 속에서 씌어져야 한다. 여성적 텍스트는 씌어져야 한다. 그것은 **반란을 일으키는, 새로운** 글쓰기의 창안이기 때문이다. 그 해방의 순간이 오면, 역사에 있어 불가피한 단절들과 변화들의 실행을 가능하게 할 것이다. 그 역사는 불가분의 두 층위로 이루어져 있다. 개인적으로, 여성은 자신을 쓰면서 사람들이 여자에게서 몰수해 버린 그 몸에로 되돌아올 것이다. 사람들은 여자의 몸을 광장의 불안스런 낯선 것, 환자 혹은 죽은 자로 만들어 버렸다. 그리고 그 몸은 너무나 종종 좋지 못한 동반자였고, 금지의 원인이며 장소였다. 몸을 검열하면서 사람들은 동시에 호흡, 말을 검열했다.

글을 쓴다는 것, 그것은 행위이다. 글쓰기라는 행위는 여성에게 자기 자신의 힘에 도달하는 것을 가능하게 함으로써 여성의 성에 대한, 여성 존재에 대한 탈-검열된 관계를 '실현' 하게 될 것이다. 뿐만 아니라 여성에게 여성의 재산, 쾌락, 여성의 신체 기관들, 봉해져 왔던 여성의 거대한 육체 영역들을 되돌려 줄 것이다. 또한 여성을 초자아화된 구조에서 벗어나게 할 것이다. 초자아화된 구조에서 여성에게 마련된 자리는 항상 죄인이라는 똑같은 자리였다(여자는 언제나, 모든 것에 대해 죄인이었다. 욕망이 있어도 죄, 욕망이 없어도 죄, 냉담해도 죄, '너무' 뜨거워도 죄, 동시에 두 가지가 아니라서 죄, 너무 지나친 어머니여서 죄, 충분히 어머니답지 않아서 죄, 자식들을 두어도 죄, 자식들이 없어도 죄, 먹을 것을 주어도 죄, 먹을 것을 주지 않아도 죄……). 스스로를 쓰라. 그대 육체의 소리를 들리게 하라. 그러면 무의식의 무한한 자원이 솟구칠 것이다. 마침내 여성의 무한한 상상력이 펼쳐질 것이다. 미국 달러가 있건 없건, 우리의 석뇌유(石腦油)[21]는 구태의연한 게임의 법칙들을 바꾸게 될 평가되지 않은 가치들을 세상에 퍼뜨릴 것이다.

고유한 것의 제국 안에서, 이동의 존재인 여자는 어떻게 자신을 상실할 곳을 찾을 것인가? 그 일어나지-않음, 그 얽매이지 않은 항구적인 자유 상태를 새길 곳을 어디서 찾을 것인가?

그건 이곳이 아닌 다른 곳이지 않은가?——타자가 더 이상 사형 선고를 받지 않게 될 곳에 이런 다른 곳이 있을 것이다. 그러나 그런 다른 곳, 그런 곳이 존재하기나 했었던가? 지금은 존재하고 있는가? 그곳은 아직 '여기'가 아니다. 그러나 그곳은 벌써 저기에 있다——사회 질서를 교란시키는 곳, 욕망이 허구를 존재하게 만드는 그런 또 다른 곳에. 그렇다고 아무런 허구나 다 그러한 것은 아니다. 제제의 대립성들 속에 사로잡힌 고전적 허구도 물론 존재하기 때문이다. 문학사는 남성 중심적 전통과 일치해 왔다. 그만큼 남성이 스스로를 쳐다보고, 스스로를 반복하는 것을 향유하는 남성 중심주의가 바로 문학사인 것이다.

그러나 나는 오로지 다른 곳에만 존재하는 것 쪽으로 간다. 그리고 글쓰기가 길들일 수 없는 자원들을 갖고 있다고 생각하면서, 나는 추구한다. 글쓰기, 그것은 비-관계와의 관계하에 있는 것이다. 역사가 금지하는 것, 현실이 배제하는 것, 혹은 인정하지 않는 것이 글쓰기 속에 나타날 수 있다. 타자. 타자를 완전히 산 채 보존하고자 하는 욕망. 그러니까 살아 있는 여성적인 것, 차이, 사랑, 예를 들어 여성이 폭발시킬 수 있는 욕망 같은, 끝까지 가는 욕망, 그 어떤 것에도 굴하지 않는 욕망. 문화적 협박, 사회 구조들의 신성화에 겁먹지 않고 자신의 필요성을 가치로 받아들이게 만드는 욕망. 죽음의 위협에 따라 삶의 질서를 잡지 않는 욕망. 왜냐하면 굴복한 삶은 삶이라고 불리울 수 없기 때문에.

그러므로 그곳은 비타협성과 열정의 '장소'이다. 삶을 위해 아무도 존재의 시늉을 하지 않는 명석함의 장소이다. 그곳에서 욕망은 분명하다. 불로 그은 선처럼, 그 욕망은 무언가의 밤을 가로지른다. 번개! 그것을 통해서이다. 삶은 너무나 분명히 여기 있다. 나는 착각하지 않는다. 그후는 죽음이다.

때로 나는 나라는 여러 개의 삶을 사는 존재를 위치시킬 곳을 발견한다. 그곳은 타자의 능력이 있는 남자들, 여자가 될 능력이 있는 남자들에 의해 열린 다른 곳들, 그 안이다. 왜냐하면 수 세기 전부터 자기의 '진실'을 돌리며 반복하는 거대한 기계 속에는 낙오자들이 있었기 때문이다. 그렇지 않았다면 나는 글을 쓰지 않았었을 것이다. 그 어떤 희생을 치르고라도, 전통에 이질적인 무언가를 통과시키려고 한 시인들이 있었다──이들은 사랑할 능력이 있는 남자들이다. 그러므로 이들은 다른 사람들을 사랑하고, 그들을 원하는 자들이다. 억압에 저항하는 여성, 그리고 숭고한 주체, 동등한 주체인 여성, 그러니까 현실의 사회적 틀 안에서는 버틸 수 없는 '불가능한' 주체인 여성을 생각할 능력이 있는 자들이다. 이런 여성에 대한 욕망을 시인이 품을 수 있었던 것은 오로지 그런 여성을 부인하는 코드들을 부수어 버림으로써만 가능했다. 그런 여성의 출현은 필연적으로 혁명이 아니면 고통스런 폭발을 야기시키기 때문이다. 게다가 때로는 지진으로 벌어진 땅 틈 속에서 모든 구조들이 한순간 방향을 잃을 때, 일시적인 야만이 질서를 휩쓸어 가버릴 때, 물질적인 전복을 통해 사물들이 이런 근본적인 변화를 이루는 그 짧은 사이에 시인은 여성을 통과시킨다. 클라이스트가 그러했다. 한번도 고개를 숙인 적이 없는 누이이며 연인들, 어머니 같은 딸들, 어머니이자 누이들이 살기를 원하다가 죽기까지 클라이스트는 그렇게 했다. 그후 사법 관리들의 궁전이 다시 세워지면, 즉시 그 대가를 치러야 한다. 이 통제 불가능한 요소들은 즉각적으로 피비린내나게 처형된다.

(오로지 시인들만이 그렇다. 표상과 연대 관계에 있는 소설가들은 그렇지 않다. 시인들이 그러한 이유는 시는 단지 무의식 속에서 힘을 취하면서 존재하는 것이기 때문이다. 무의식, 경계가 없는 이 또 다른 영역은 억압된 자들, 여성들, 혹은 호프만이 말하듯이 요정들이 살아남아 있는 곳이기 때문이다.)

클라이스트가 있었다. 그때 모든 것은 열정이다. 모든 층위에서 열정, 개인적인 것의 저 너머로 휩쓸고 가는 열정들이 존재한다. 둑은 이제 더 이상 존재하지 않는다. 탄복할 만한 미하엘 콜하스는 도덕적·사회적 세계에 반항하는 전쟁을 치르기 위해 떠났다. 정치적 그리고 종교적 보루에 항거하는 전쟁, 관세의 장벽 때문에 국가에 항거하는 전쟁을 치르기 위해 떠났다. 왜냐하면 관세의 장벽은 굴복당한 인간 저 너머로 자신을 생각하는 모든 삶을 방해하기에 충분하기 때문이다. 클라이스트와 함께 우리는 모든 것을 초월한다. 클라이스트와 더불어 그것은 위반이라 불리우지 않는다. 왜냐하면 단번에 열정은 이런 개념이 존재하지 않는 세계로 자신을 휩쓸어가 버리기 때문이다.

셰익스피어라 불리우는 존재가 있었다. 그는 천의 인물들로 이루어진 사람이다. 나는 셰익스피어의 세계에 나오는 모든 인물들을 체험했다. 왜냐하면 그들은 늘 삶 속에 있거나, 죽음 속에 있기 때문이다. 삶과 죽음이 어떤 시늉으로도 분리되어 있지 않기 때문이다. 거기에는 모든 것의 무에 대한, 부정에 대한 긍정의 섬광 같은 동의가 있기 때문이다. 삶에서 죽음으로, 혹은 죽음에서 삶으로, 그리고 긍정에서 부정으로, 부정에서 긍정으로 가는 사이에 단 한번의 키스만이 있기 때문이다. 그 둘 사이에는 오로지 행복의, 불행의 단하나의 문장이 있기 때문이다. 모든 장소가 거기에서는 심연 혹은 정상이기 때문이다. 평범하고, 무기력하며, 온건한 것은 아무것도 없기 때문이다. 노예가 없는 세계에서 남자는 여자가 되고, 여자는 남자가 된다. 죽음의 권한을 배반하는 자들이 있다. 살아 있는 자는 모두 위대하다. 인간 이상이다.

한계가 없는 그들의 영토에서 타협이란 있을 수 없다. 그곳에서는 누구나 극단적으로 모험할 수밖에 없다. 그렇기 때문에 이 다른 곳들은 광폭하게 정치적인 것을 비난한다. 그곳은 끊임없는 생성의 우주이다. 권력과 그 술책들이 결코 평온하게 들어갈 수 없는 우주이다. 잘못된 사상들, 코드들, '가치들,' 지배권의 추하고도 살인적인 우둔함에 항거하는 끊임없는 비극적 투쟁이 그곳에 풍부히 흐르는 삶들을 통해 이어진다.

클라이스트, 셰익스피어, 그리고 또 다른 이들도 있었다. 그러나 이런 관대함과 견줄 만한 시인을 나는 알지 못한다. 이들의 세계에서, 나는 사랑했다. 그리고 나는 내가 사랑받고 있다고 느꼈다. 그곳으로부터 나는 이제 미래를 위한 몇 가지 지적을 시작하려 한다. 그 어디에도 나—전체를 위한 자리가 없던 시기에(나의 작은 부분들을 위한 자리는 있었다) 내가 살아남을 수 있었던 것은, 삶에 미친 몇몇 사람들 덕분이었다. 그때 나는 글을 쓰지 않았었다. 나는 클라이스트의 펜테질리아였다. 그렇다고 아킬레우스가 아니었던 것은 아니다. 나는 클레오파트라를 위한 안토니우스였고, 안토니우스를 위한 클레오파트라였다. 나는 또한 줄리엣이었다. 로미오 안에서 나는 부친 숭배를 뛰어넘었기 때문이다. 나는 아빌라의 성녀 테레사였다. 모든 남자들보다도 거기에 대해 더 잘 알고 있는, 이 미친 여자였다. 그녀는 너무나 사랑하기에 새가 될 줄 알았던 여자였다.

게다가 나는 늘 새였었다. 약간은 매, 약간은 독수리였다. 나는 정면으로 태양을 보러 갔다. 몇 번이나 태어나고, 몇 번이나 죽고, 그리고 다시 그 잿더미에서 다시 태어난 나는 아라비아의 유일한 나무와 신비로운 관계에 있었다. 나는 늘 비상을 행했었다. 날아가는 여자로서, 나는 대지와 바다로부터 멀리 벗어났다(나는 한번도 기어가지 않았다. 흙을 파지도, 땅속으로 파고 들어가지 않았다. 땅을 동동 구르며 제자리걸음하지도 않았다. 헤엄은 많이 쳤다). 나는 여자로서, 오랫동안 장 주네 속에 살았다.

히스테리 여인들, 그녀들은 나의 자매들이다. 나는 도라였다. 도라가 만드는 모든 인물이었다. 도라를 죽이는 인물, 도라가 횡단하는 그리고 도라가 전율하게 만드는 인물들이었다. 그리고 마지막에 가서 나는 벗어났다. 나는 어느 날은 프로이트였다. 또 다른 날에는 프로이트 부인이었다. 또한 K씨였고, K씨 부인이었다. 이들 각자 속에 도라가 만드는 상처였다. 1900년 나는 입마개로 재갈 물린 욕망이었다. 그 분노, 그 아우성치는 결과였다. 나는 비열한 부르주아적 결혼 생활의 회전목마 기계가 끔찍하게도 삐걱거림 없이 돌아가는 것을 방해했다. 나는 모든 것을 다 보았다. 나는 각각의 '사람'을 내쫓아 각자의 작은 계산으로 돌려보냈고, 각각의 연설을 그 거짓으로, 각각의 비열함을 그 무의식에로 쫓아보냈다. 나는 아무 말도 하지 않았다. 그러나 나는 모든 것을 알게 만들었다. 그들의 작은 투자들, 나는 그것들을 훔쳤다. 그러나 그건 아무것도 아니었다. 나는 그들의 문을 쾅 닫아 버렸다. 그리고 나는 떠났다. 그러나 나는 도라가 살아 있었을 당시, 그때 만약 여성의 역사가 이미 시작되었더라면 도라가 되었을 수 있는 그런 여자였었다.

그때 글쓰기는 또 다른 사랑을 한다. 글쓰기 그 자체가 바로 이 사랑이다. 또 다른 사랑 그것이 글쓰기의 이름이다.

또 다른 사랑. 그 태초에는 차이들이 있다. 새로운 사랑은 타자를 감행한다. 타자를 원한다. 새로운 사랑은 앎과 창안 사이에서 서로를 빼앗아 날아간다.[22] 영원으로부터 도착하는 여자, 그녀는 머물지 않는다. 그녀는 어디로나 간다. 도처로 간다. 그녀는 교환한다. 그녀는 주는 욕망이다. 주고 대신 무언가를 받는 선물의 역설 속에 그녀는 갇혀 있지 않다. 하나가 되는 융합의 환상 속에 갇혀 있지도 않다. 그녀는 들어간다. 그녀, 나, 그리고 너가 들어간다. 또 다른 나, 그곳에서 하나는 늘 무한히 하나 이상이고, 나 이상이다. 한계에 늘 도달할까 두려워하지 않는다. 그녀는 우리의 되어감을 향유하는 여자이다. 우리는 끝없는 것이다! 그녀는 방어적인 사랑들, 모성애로 양육하기와 그 게걸스런 삼킴을 가로질러 간다. 그녀는 탐욕스런 나르시시즘 너머 움직이는, 열린, 중간적 공간으로 간다. 그속에서 그녀는 위협을 무릅쓴다. 교환을 상징한다고 주장하는 사랑-전쟁의 침대에-다시-눕히기 저 너머로 그녀는 간다. 그녀는 증오가 자양을 공급하는 에로스의 역학을 비웃는다. 증오. 이 또한 팔루스에게서 물려받은 유산, 잔재, 종속이다.──타자 속에서 타자를 쳐다보기-생각하기-추구하기. 탈-거울화하기, 탈-사색화하기. 역사가 아직도 죽음의 역사로 돌아가고 있는 곳, 여자는 그곳에 들어가지 않는다. 죽음의 역사가 아직도 현재를 소유하고 있다. 그렇다고 해도 그 사실 때문에 여자가 다른 곳에서 삶의 역사를 시작하는 것이 방해받지는 않는다. 다른 곳에서 그녀는 준다. 그녀가 주는 것, 여자는 그것을 재지 않는다. 오히려 여자는 속이지 않는다. 그녀가 가지지 않은 것을 주지도 않는다. 그녀는 더 많이 준다. 그녀는 살아갈 것, 생각할 것, 변화시킬 것을 준다. 이런 '경제'는 경제용어로 더 이상 말해질 수 없다. 여자가 사랑하는 곳, 그곳에서는 경영의 모든 옛 개념들은 시대에 뒤진 것이 된다. 나는 그대에게 매 순간 아직 한번도 그대가 날 쳐다보지 않은 그런 식으로, 그대가 나를 쳐다보는 순간, 그대가 내가 그러기를 바라는 그런 사람이 된다. 내가 글을 쓸 때 나에 대해서 배제함이 없이, 예측도 없이, 나에 대해 씌어지는 것은, 우리가 될 수 있음을 우리가 알지 못하는 그 모든 자들이다. 우리가 될 그 모든 것들이 우리를 부른다. 지칠 줄 모르는, 도취시키는, 진정시킬 수 없는 사랑의 추구에로 우리를 부른다. 우리는 결코 우리를 놓치고 만나지 못하지 않을 것이다.

남성 중심주의의 새벽

프로이트: "⋯여기서 우리의 연구에 속하지 않는, 게다가 잘 알려지지 않은 외적인 조건들의 영향으로 부계 사회 조직이 모계 사회 조직을 계승하게 되었다. 이는 당연히 그 당시 효력을 발휘하던 법들의 일대 전복을 초래했다. 이러한 혁명의 메아리와 같은 것을 우리는 에쉴의 《오레스테스》에서 엿볼 수 있는 것 같다. 그러나 이러

한 전복, 어머니에게서 아버지에게로의 이러한 이행에는 또 다른 의미가 있다. 그것은 관능성에 대한 정신성의 승리, 그리고 그를 통한 문명의 진보다. 사실 모성성은 감각들에 의해 드러난다. 반면 부성성은 연역과 가설들에 기초한 추측이다. 감각적 지각보다 인지적 과정이 우위를 둔다는 사실은 막중한 결과를 초래했다."(《모세와 일신교》, p.153)

조이스: "의식적인 발생으로서의 부성성이란 남자에게는 존재하지 않는다. 그것은 신비 상태이며, 발생시키는 단 하나의 자에서 단 하나의 발생된 자에 이르는 사도적 전수이다. 이탈리아의 계략이 서구 군중에게 먹이로 던진 것은 마돈나이다. 그러나 교회는 이 마돈나 위에 세워진 것이 아니다. 바로 이 신비 위에, 교회가 세워진 것이다. 이 기초는 흔들림이 없다. 왜냐하면 대우주 그리고 소우주, 이 세계처럼 이것은 공허 위에 세워져 있기 때문이다. 불확신 위에, 있음직하지 않음 위에 세워져 있기 때문이다. Amor matris, 객관적이며 주관적인 제2격(속격)이 이 삶의 유일한 진실한 것인지도 모른다."(《율리시스》, p.204)

아버지란 무엇인가? "부성성은 합법적인 허구이다"라고 조이스는 말했다. 부성성은 허구이다. 그러나 그 허구는 진실로 통한다. 부성성, 그것은 스스로 신이라 명명하는 존재에의 결핍이다. 남자들의 계략은 그러므로 자기를 아버지로 통하게 하는 것, 여자들의 열매들을 자기 것인 것처럼 '본국 송환'시키는 것이었다. 명명의 술책이다. 부재의 마술이다. 신, 그것은 남자들의 비밀이다.

"모세의 법들 중에서 사람들이 우선 부여했던 것보다 더 많은 중요성을 갖고 있는 법이 하나 있다. 그것은 신의 모습을 만들지 말라는 금기, 보이지 않는 신을 경배하라는 의무이다. 나는 모세가 이 점에 있어서 아톤의 종교보다 훨씬 더 엄격했음에 틀림없다고 추정한다. 어쩌면 그는 논리적이려고 애쓴 것인지도 모른다. 그의 신성은 이름도 얼굴도 갖지 말아야 했다. 어쩌면 이것은 불법적인 마술 행위에 대한 새로운 보호 조치였는지도 모른다. 그러나 이 금지 사항은 일단 인정되자마자 분명 중대한 결과들을 초래했다. 다시 말해서 그것은 추상적 사고에 대한 감각적 지각의 이차적인 위치 설정, 감각 혹은 좀더 정확히 말해서 본능의 포기와 더불어 심리적 관점에서 이 포기가 내포하고 있는 모든 것에 대한 정신성의 승리이다."(《모세와 일신교》, p.152)

유대 여인[23]

카프카도 같은 이야기를 한다.[24] 그 이야기 속에서 시골 남자, 알지 못하나 믿는 자가 법 앞에 당도한다. 그런데 법 앞에는 문지기가 서 있다. 순진한 남자는 법 안에 들어가기를 청한다. 문이 열려 있음에도 불구하고 들어가는 사람은 없다. 나중에는 어쩌면 모른다. 그 보잘것없는 남자가 들어가는 것을 막는 것은 아무것도 없다. 단지 문지기가 있고, 문지기의 거동이 있으며, 그의 검은 턱수염이 있고, 문, 문이 열려 있다는 사실이 있을 뿐이다. 이 모든 것이 아니라면 아무것도 그가 법 안에 **들어가는** 것을 방해하지 않는다. 그건 사실이다. '법'이 아니라면, 법이라는 그것이 아니라면, 그 남자가 그런 남자라는 것, 그 사실이 아니라면, 아무것도 그를 막는 것은 없다. 그는 기다린다.

"처음 몇 해 동안, 그는 아무 사정 볼 것 없이 큰 소리로 자신의 불운에 대해 저주를 퍼붓는다. 그러다가 늙어 가면서는 웅얼웅얼 투덜대는 것이 고작이다. 그는 다시 유아적이 된다. 그리고 몇 년 동안은 문지기를 면밀히 살핀다. 그래서 그 문지기가 걸치고 있는 모피에 숨어 사는 벼룩까지 알게 된다. 그는 벼룩에게 간청한다. 자기를 도와 달라고, 그래서 문지기의 기분을 바꾸어 달라고. 마침내 그의 눈도 침침해진다. 자기 주위가 더 어두워진 것인지, 아니면 자기 눈이 그를 속이는 건지도 정말 알지 못하게 된다. 그러나 어둠 속에서도 법의 문에서 영원히 솟아나는 영광스런 섬광만은 잘 보인다. 지금 그에게 남아 있는 살아갈 날들은 많지 않다. 그토록 많은 해 동안의 모든 경험들은 (…) 그가 죽기 전에, 그때까지 그가 아직 문지기에게 한번도 던진 적이 없는 하나의 질문으로 귀결된다. 그는 문지기에게 신호를 보낸다. 왜냐하면 이제 뻣뻣해진 몸을 일으켜 세울 기력도 더 이상 없기 때문이다. 문지기는 몸을 아주 낮게 숙인다. 남자의 키가 문지기와 비교하여 볼 때 완전히 쪼그라들었기 때문이다." "그러니까 또 알고 싶은 게 뭐요?' 문지기가 묻는다. "당신은 정말 만족할 줄을 모르는구먼." 남자는 대답한다. "사람들이 저마다 법을 열망한다면, 어째서 이 수많은 해가 지났는데도 들어가기를 요청하는 자가 나 이외에는 아무도 없었을까요?' 거의 들리지 않게 된 그의 고막에 잘 들리도록 문지기는 남자의 귀에 입을 맞대고 크게 외친다. "이곳에는 당신 아닌 사람은 아무도 들어갈 수가 없어. 이 입구는 당신만을 위해서 만들어진 것이거든. 이젠 난 가네. 문을 닫아야지."(p.155)

남자가 일생을 바쳐 생각하기 시작한 것을 배울 사람은 없다. 평생을 바쳐, 겨우 죽음을 눈앞에 둔 순간에야 얻을 수 있었던 이 발견을 물려받을 사람이 없는 것이다. 결코 열리지 않은 것도, 열린 것도 아니었던 것이 닫히는 순간, 거기에는 아무도 없는 것이다. 법의 문, 문턱, 법. 뭐라고? 어디, 누구? 누구의 법인가?

그러나 현실은 '법 밖'에서 요청하는 자와 문지기 사이의 힘의 관계 속에 너무나도 분명하게 결정화되었다. 문지기, 그는 ㅂ⋯⋯의 일련의 대리인 중 첫번째 가는 사람, 경찰, 천 가지 법을 가진 하나의 권력의 제1단계이다. 법 '밖'이라고? 법 **안**은 무엇이란 말인가? 그러니까 법에 안이 있다는 말인가? 그런 장소가? 어쩌면 어떤 영역이? 어떤 도시, 어떤 왕국이? 남자는 살아 있는 동안 늘 그렇게 믿었던 것이다.

그 남자는 그토록 바라던 그 안에 비해 늘 바깥에 있었던 것일까? 그 안은 모든 남자에게 마련된 것이었는데? 모든 남자에게 마련된 그 장소, 그 ㅂ⋯⋯ 이것이 자기의 재산, 자기의 권리, 자기의 '접근 가능한' 대상이라고 그는 믿었다. 그 **안**에 그는 막 들어가려던 참이었다. 그는 그것을 막 향유할 참이었다.

이렇게 해서 그에게 '삶'을 만들어 준 것, ㅂ⋯⋯ 앞에 영구히 그의 자리를 지정해 준 것은 ㅂ⋯⋯이었는지도 모른다. 그는 움직이지 못하게 되었다. 쪼그라들었다. 마지막 순간 그가 어쩌면 생각하기 시작했을지도 모르는 것을 이 죽어가는 사람, 죽은 자에게서 배울 사람은 거기 아무도 없을 것이다. 마지막 순간 그가 생각했을지도 모르는 것, 그것은 바로 법은 안이 아니라는 것이다. 법 안이라는 장소는 없다는 것이다. 법 앞에 와 썩어가는, 항상 ㅂ⋯⋯ 안에 있었던 순진한 자의 육신 이외에는 다른 장소가 없다는 것이다. 그리고 그 ㅂ……은 그것이 그의 뒤에, 그의 주변에, 그에 앞에 그 안에 있다는 사실을 그는 알지 못했다. 그런 법 앞에 그가 출두하는 한에 있어서만 그 법은 존재한다는 것이다. 법은 그가 없이는 아무것도 아니라는 것, 겉보기에는 절대적인 그 법의 권능은 모세의 신처럼 존재하지 않기에, 비가시적인 것이기에 무한하다는 것이다. 법에는 장소가 없다는 것, 법은 아무것도 가지고 있지 않다는 것. 법은 '존재한다' 고로 법은 그가 지배할 때에만 존재한다. 법은 비가시적인 것의 끔찍한 권능 이외 아무것도 아니다.

법의——법을 대표한다고 추정되는——대리인들은 시선 저 너머의, 이 무(無)로부터 만류하고, 억압하는 권력의 평온하고도 절대적인 폭력을 이끌어 낸다. 그리고 그대는 수많은 대리인들에게 착취당한다.

그대는 넘지 못할 것이다. 그대는 나를 보지 못할 것이다. 한 여자가 법의 문 앞에 있다. 그리고 수염 난 문지기——그의 수염은 너무나도 뾰족하고, 너무나도 위협적이다——가 그녀에게 문턱을 넘지 말라고 충고한다. 가지 말라고, 향유하지 말라고 충고한다. 그래서 그녀는 그 쪽을, 그 안을 들여다보았다. ㅂ……의 시선이 어디서 오는지 보지 않고, 그것이 그녀를 보고 있음을 느끼고 또 느꼈다. 어찌나 오래 그렇게 했는지 이제 그녀는 섬광을 오게 한다. 그녀는 섬광이 발산되는 것이 보인다고 생각한다. 그러나 그 섬광이란 그녀 시선의 끊임없는 물결이 공허, 무 속에 유지시키는 작은 불길이다. 그러나 스스로 보지 않고, 너무나 오랫동안 시선의 대상이 되어 왔기에 이제 그녀는 창백해진다. 그녀는 쪼그라든다. 늙고, 축소된다. 더 이상 보지 못하고, 더 이상 살지 못한다. 이것이 소위 '내면화'라고 불리는 것이다. 그녀는 그녀가 그리는 이 상상의 무(無)로 가득 차 있다. 그리고 그녀는 그것으로 죽어간다. 승화? 그렇다. 그러나 부정적인 승화이다. 그녀는 자신이 권능의 근원이라는 것을 알지 못한다. 그래서 그 권력의 힘이 그녀에게 되돌려져 그녀를 해치는 것이다. 그녀의 무능력, 그녀의 마비, 나약함? 그것은 그녀의 권능, 욕망, 저항, 그들의 ㅂ……에 대한 그녀의 맹목적인 믿음에 비례해서 생기는 것이다. 만약 그녀가 '들어간다'면 어떻게 될까? 왜, 그녀는 첫 발자국일망정 그 한 발자국을 내딛지 않는 것일까? 그녀는 다른 문들을 두려워하는 것일까? 아니면 그녀는 예감하는 것일까? 아니면 무 속에 새겨지는 삶의 시늉에 불과한 두 가지 겉모습들 사이의 선택이다. 그녀는 무를 육화한다. 무는 그녀를 영원히 가장 낮은 층위의 가시적인 것 사이에, 가장 가까운 대화 상대자와의 관계 속에 묶어 놓는다. 가장 가까운 대화 상대자, 그것은 문지기 외투 속에 사는 벼룩이다. 벼룩 그 자체이다.

아니면 ㅂ……이 있기 때문일 것이다. 그리고 법을 만들어 내는 것은 바로 권력에 의해 강화된 비−지식의 무감각화의 결과이기 때문이다.

사람들은 그녀에게 말했었다. 어떤 곳이 있다. 그러나 거기엔 차라리 가지 않는 것이 더 낫다. 그리고 그 장소를 지키는 건 남자들이다. 그리고 그 장소로부터 법이 생긴다. 그 장소는 바로 그녀의 육체라고 사람들은 그녀에게 말했다. 그 안의 법은 검다고, 그리고 점점 더 검다고 사람들은 말했다. 그 너머는 훨씬 더 검다면서 한 문지기는 그녀에게 신중해야 한다고 했다.

그래서 여자는 그녀의 육체, 그 안에 들어가지 않는다. 그녀는 최악의 것을 확인하러 가지 않는다. 그녀의 육체는 그녀의 것조차 아닌 것이다. 그녀는 그 육체를 문지기에게 맡긴다.

이렇게 해서 유대인과 여자 사이는 똑같은 충격의 반향이 인다. 그것은 바로 성막(聖幕) 안에 있다고 은유로 말해지는 자, 아무도 애석하게 여기지 않는 무(無)로 가득 찬 금고로 은유되는 자이다. '전능한' 자라는 충격. "나는—존재한다—라고—말하는—자이다." 나의 이름은 "네가—존재하지—않는—곳에—존재하는—자이다"라고 말하는 목소리. 아버지란 무엇인가? 아버지로 간주되는 자이다. 진짜 아버지로 인정되는 자이다. '진실,' 그것이 부성성의 본질이며, 법의 힘이다. 아버지로 '선택된' 자.

그러던 어느 날 모권제는 끝났다. 프로이트는 그것이 《오레스테스》[25)에 아직도 새겨져 있음을 보았다. 아들들은 더 이상 어머니의 아들이 아니게 되었다. 그들은 아버지의 아들이 된다.

이쪽에서 저쪽으로 혈통 문제가 왔다갔다 흔들리다가 반대쪽으로 이동했다. 어머니란 무엇인가? 우리는 더 이상 자문하지 않는다. 그보다 더 확실한 것이 무엇인가? 그보다 더 강한 것이 무엇인가?

한쪽에는 어머니·배·젖이 있다. 살·피 그리고 젖을 통해, 생명의 빛을 통해 통과하는 끈이 있다. 우리가 어머니에게 빚진 것이 무엇인가? 정자인가? 젖인가? 그 사이에 토론이 벌어진다. 여자는 다만 먹을 것만 공급하는 것인가, 아니면 여자는 배아도 제공하는가? 시작은 누구인가?

오레스테스는 그 과도기에 위치한다. 오레스테스에게는 모든 것이 얼마나 힘겨운가! 자기 자신에 이르기까지 죄악 중의 가장 큰 죄악이었던 행동을 오레스테스는 저지르게 된다. 즉 그가 저지른 모친 살해라는 행동은 어머니들의 종말을 서명하는 행동이며, 숭고한 시대를 여는 행동이 된다. 모친 살해를 어떻게 평가할 것인가? 죄는 어떤 가치를 가지고 있는 것일까? 말은 어떤 가치를 갖고 있는 것일까? 피와 말 사이의 투쟁. 결혼 협약, 말과 의지로 하는 약속은 피의 끈보다 더 강하다고 아폴론은 주장한다. 그렇게 하여 어머니에게 연결된 끈은 느슨해진다. 말에 연결된 끈은 팽팽해진다. 아직도 유기적인 것의 시대이다. 이후에는 법률적인 것이 아버지의 질서를 도우러 올 것이다. 육체와 정의 사이에 새로운 관계가 설립될 것이다.

베일: 《코에포로이》의 연출

아가멤논은 여왕의 그물에 걸려 끔찍한 베일에 덮여 죽었다. 마찬가지로 신의 복수도 실상과 다른 겉모습으로 베일에 싸여 진행되었다. 아버지의 자식들을 보조하는 신은 둘이다. 그 신 중 하나는 록시아스(Loxias), 아폴론 왕이다. 그의 신탁에는 그때까지 거짓이 없었다. 그러나 제우스는 남편인 신이다. 아폴론은 제우스가 주는 충고의 말을 '탈구시키고' 비틀며 간접적으로 지적한다. 또 하나의 신은 아폴론의 동생 헤르메스이다. 헤르메스는 거짓말쟁이, 도둑질쟁이 신이다. 이중적 의미를 지닌 말의 대가이다. 그러나 아폴론과 헤르메스는 서로서로의 반쪽이다. 제우스와 대지는 부성성을 위하여, 그리고 가정이라는 부성성의 요람을 위하여 합세하여 노력한다.

죽은 아버지, 아가멤논(그가 살해되던 날을 제외하고, 그가 죽지 않았던 날이 한번이라도 있었던가? 클리템네스트라는 이런 질문을 던졌었다. 그러나 이 질문에 귀를 기울이는 자는 아무도 없었다)은 가장 강한 자의 자리, 죽은 자의 자리에 놓여진다. 그리고 점령할 수 없는 난공불락의 이 위치에서부터 그는 비밀스럽게 결정적이며 전복적인 혁명을 이끌어 간다.

"이러한 신탁에 복종해야 하지 않는가? 내가 순응하지 않는다 해도 신탁은 틀림없이 이루어질 것이다. 여기에 결집되어 있는 많은 욕망들은 똑같은 목표를 겨냥하고 있다. 신의 명령과 더불어 아버지를 잃은 거대한 슬픔, 게다가 내 가슴을 압박하는 공허함, 마지막으로 인간들 중 가장 빛나는 자들, 그토록 고상한 마음을 지닌 트로이를 함락시킨 자들에게도 이제 더 이상 이렇게 두 여자에게 복종하지 않기를 바라는 욕망이 있다. 왜냐하면 그는 여인의 마음을 지니고 있기 때문이다. 그가 이 사실을 모르고 있다면 머지않아 깨닫게 될 것이다."

모든 것은 모호한 신탁의 신, 간접적인 신, 록시아스의 명령을 거친다. 록시아스의 형인 포이보스는 동생을 도와 이렇게 속삭인다. "……꾀를 써. 혼자서 목을 쳐……." "오레스테스가 죽었다고 그들에게 알리고 맹세로 증언해……." 이용하는 말은 불행을 가져다 줄 수 없을 것이다. 그가 죽었다는 소문을 퍼뜨림으로써 형은 동생의 목숨을 안전하게 한 것이다. '형.'

누이를 돕는 건 헤르메스이다. 헤르메스는 어둠의 신, 땅 밑의 신이다. 안내자, 죽은 자들과 산 자들 사이의 **중개자**, 어두운 바닥의 메신저다. 그는 또한 죽은 자들의 증오를 전달하는 자, 낯선 난폭한 말을 전달하는 전령이다.

포이보스가 꾀를 주어 구해 준 오레스테스. 그의 내면에서는 지옥 (Enfers)에서 온 교활한 신 헤르메스가 속삭인다. 오레스테스 안에는 그의 반쪽인 필라데스, 부재이며-현존인 자가 있다. 필라데스는 불안스런 이름을 지닌 오레스테스의 반쪽이다. 왜냐하면 필라데스는 하데스의 문(Porte-d' Hadès)이라는 의미이기 때문이다. 이방인-추방된 자-메신저-죽은 자들의 저항할 수 없는 욕망에 의해 해방된 유령.

"메신저 속에서 뒤틀린 말이 다시 바로 선다"라고 에쉴은 말한다. 뒤틀림을 통해 오레스테스의 행위는 뒤틀린 잘못들을 바로잡기 시작한다. 오레스테스, 그는 은밀하게 운명을 부르짖는 자,[26] 거짓을 말하는 자이다. 어둠이 깔리는 시각에 오레스테스는 하나 이상의 살인을 저지른다. 경계의 천재, 지하의 신인 헤르메스는 오레스테스 안에서 한 시대 이상에 경계를 긋는다. 이 모호한 동생은 시대의 수레바퀴를 돌리고, 여성적인 핵심을 폭파시킨다. 그러나 그 겉모습은 고전적인(부인의 배신과 근친상간적인 분규와 더불어 이루어진 옛 왕의 제거라는) 남성 중심적 시나리오이다. 복수의 의무가 그 구실이다(정면으로, 개방적으로 싸우는 전사의 윤리와 반대되는 수단의 힘을 빌려 이루어졌기는 하지만 이것은 합법적인 의무이다). 위장과 우회로, 그 자체 속에 인간적인 것보다 더한, 비-인간적인, 한 존재 이상을 감추면서-감추어지고-드러내지는 것이다. 모권제의 황혼, 메데이아 이후 시대의 이 종말 속에 아직도 봉쇄되어 있던 모든 에너지가 이번에야말로 결정적으로 해방된다. 모권제의 광채는 흩어진다. 이 장면은 피로 물들어 있다. 옛날 모권제하에서 모계에 따라 이어지던 혈통의 방향을 바꾸는 데 쏟아진 피이다. 오레스테스는 중성적이다. 남성적이지도, 여성적이지도 않다. 반은 능동적이고, 반은 수동적이다. 그는 범죄인도 아니고, 무죄도 아니다. 이러한 오레스테스의 행위는 어머니들의 위대한 통치의 정지를 각인한다. 남성 중심주의의 새벽을 새긴다.

(남성의 법의 지배를 받는 이 대지 위에 이제 단 하나 남은 마지막 위대한 여인이 있다. 그러나 그녀의 생명도 얼마 남지 않았다. 그녀는 어떤 남자도 '지킬 수' 없었던 여자, 매료시키는 여자, 나이 없는 여자, 이제 겨우 여인이 되어가는 여자, 얼굴 하나로 테세우스를 은퇴시킨 여자, 한번의 시선으로 1천 척의 배를 파멸시킨 여자, 변질되지 않는 여자, 헬레네이다. 또 다른 무대에서는 엘렉트라의 지휘하에 새로운 남성 중심주의자들이 합세한다. 그러나 그러한 노력도 헬레네의 생명을 빼앗는 데 성공하지 못한다. 납치당한 여자 헬레네. 그녀는 마지막 남은 여자, 무한한 여자, 매혹적인 인도자, 영원히 승화된 여자, 완강한 여자, 그러나 세기를 통해 그 이름 속에 격리된 여자이다.)

그러므로 최종적으로 남는 것은 엘렉트라 누이밖에 없다.

이 이야기는 메데이아 이후에 일어난 이야기이다. 때는 위대한 여인의 통치가 헐값이 되고, 테세우스가 아리아드네의 끈을 잘라 버렸을 때이다. 아리아드네의 끈은 남자들을 모계 혈통의 단일선적인 미궁 속에 이끌고 가 붙잡고 있던 것이었다. 그리고 테세우스는 여자들의 사라져 가는 야성적인 힘을 단 한번의 대담한 동작으로 대지 끝으로 밀쳐냈다. 메데이아를 그녀의 마지막 굴에서도 도망치게 만들었던 것이다. 테세우스는 자기 검을 자기 아버지일지도 모르는 자의 탁자 위에 올려 놓는다. 테세우스는 낯선 자, 영원히 불확실한 아들이다. 그리고 그는 뻔뻔하게 권력을 잡는다. 여자의 아들들이 사라진다는 것, 그것은 이제 아버지의 아들들이 존재하는 모든 것 위에 그 흔적을 강요하게 될 것이라는 것을 의미한다.

메데이아 이후 시대 말기 어머니들의 황혼이 죽음의 꿈을 꾸기에 적합한 어둠 속에 파묻혀 있을 때, 엘렉트라-전기[27]가 켜진다. 이는 짧지만, 영매 상태의 시대였다.──그리고 이 짧은 시기가 지나고 얼마 안 가서 부계가장제가 도래하게 된다. 영원히.

엘렉트라의 모호한 힘, 그것은 지독한 리비도이다.──그녀의 목소리를 막을 수 있는 깃은 아무깃도 없다. 정의도, 에너지도 그녀의 목소리가 스며드는 것을 막을 수는 없다.

명석한 신, 아폴론도 그것을 막지 못한다. 그러나 늑대 사냥꾼 아폴론 리케이오스는 막을 수 있다. "왜냐하면 나의 마음은 나의 어머니가 불굴의 것으로 만든 육식동물 늑대와 같기 때문이다."

엘렉트라의 혀

── 모든 별들이 밤중에 반짝이는 것이 보이는 한 절대로 나는 신랄한 탄식도 한탄도 그치지 않을 것이오. 태양의 광채가 내 눈에 보이는 한 새끼를 빼앗긴 나이팅게일처럼, 아버지의 문턱에서 나는 줄곧 울부짖음으로 행인들을 괴롭힐 거요.

나도 어쩔 수 없소. 넘치는 슬픔 속에서, 내 혀가 흥분하오. 영원한 하소연은 헤아릴 수 없이 많을 것이오. 아버지의 고통이 지칠 줄 모르고 다시 시작되는 것이 보이오. 북받쳐 오르는 나의 탄식을 어떻게 억누를 수 있겠소?

합창대: 그녀의 입에서 분노가 발산되는 것이 보이네.

클리템네스트라: 고갈되지 않는 너의 외침, 아, 만약 네가 입을 다물기만 하였더라면, 너는 얼마나 많은 감사를 받았겠느냐.

외침의 분출. 고갈되지 않는 것. 마를 줄 모르는 고통의 샘. 그녀는 고함쳐야 한다. 아버지의 고통으로부터 오는 이 밑바닥 없는 급류 같은 물결을 토해 내야 한다. 흘려진 그 모든 피, 상실된 그 모든 정자가 이 기이한 목구멍을 통해 고갈될 수 없이 흐른다. 바로 이 목구멍을 통해, 아버지는 다시 살아 돌아오고 있는 것이다. 가장 머나먼 매장으로부터 돌아오는 것이다. 모든 것보다 더 강한 아버지가 엘렉트라의 혀를 흥분시킨다. 그 혀는 아버지를 부르고, 아버지를 투사한다. '살무사의 혀.'[28] 클리템네스트라는 그렇게 말했다.

이 독으로 어머니의 귀는 독살된다. 클리템네스트라는 벌써 구멍 난 것이다. 위대한 여인의 귓속으로 급박한 죽음이 스며든다.

처녀는 진로를 바꾸어 여장부가 된다.

여장부, 정자를 가진 여자, 그녀는 바로 거품 이는 혀를 가진 여자이다. 아버지도, 남편도, 자식도 없는 나는 언제나 울면서 간다. 나는 육체도, 배도, 가슴도 없다. 오로지 혀만 있을 뿐이다. 왜 상중의 슬픔으로 인한 작업이 이루어지지 않는가? 혀는 축축하고, 뻣뻣해진다. 뿌리가 박힌다. 아버지의 비-육신을 위해 그녀는 저항한다. 잠에 의지할 곳 없는 고독에 저항한다.

"이 상중의 슬픔은 해소될 수 없는 것. 아버지를 잃은 나의 슬픔에는 휴식도 멈춤도 없다. 영원한 나의 탄식은 헤아릴 수 없이 넘쳐흐른다."

그대 앞에, 금으로 넘쳐흐르는 무케나이가 있다. 그리고 그대 앞에 죄악으로 넘쳐흐르는 궁전이 있다. 그리고 궁전 앞에는 외침으로 넘쳐흐르는 처녀가 있다.

목소리의 진동에 가면이 찢어지지 않도록 그녀의 풍만한 입술은 앞으로 내밀어진다. 가면이 그녀의 얼굴을 대신한다. 그녀는 앞에 있다. 가장자리에 있다. 그녀는 들어가지 않는다. 그녀는 멀리 가지도 않는다. 그녀는 거리를 두고 서 있다. 그러나 그녀의 울부짖음은 사회 집단을 뒤흔들 수 있을 만큼 충분히 가까이 있다. 그녀는 가장자리에 있다. 그녀는 실 같은 이 기관—혀, 이 말단 기관을 통해 사회적인 것, 가족적인 것에 묶여 있다. 그녀는 안과 밖 그 사이에, 극단적으로 팽팽히 긴장해 있다. 그녀는 문턱에 있다. 그리고 그녀 자신이 문턱이다. 다른 사람들은 삶에서 죽음으로, 그리고 죽음에서 삶으로 통과하기 위해 이 문턱을 넘는다. 팽팽히 긴장된 엘렉트라, 그녀는 액체를 내뿜는 여자, 완강한 여자이다. 그녀는 진동하게 한다.

여성적 엘렉트라성

— 노란 호박의 속성을 고대인들은 알고 있다. ambre elektron, 그것은 문지르면 가벼운 물체들을 끌어당기는 것이다. 엘렉트라는 자력성 있는 여자이다.

합창단과 클리템네스트라, 크리조테미스.[29] 가벼운 물질들은 자력성 있는 여자, 엘렉트라에 이끌린다. 끌어당기는 매력이 있는 여자 엘렉트라는 교환 체제, 미립자 상실의 체제를 북돋운다. 엘렉트론들을 이끌어 내기 쉬운 물질, 안정성이 거의 없는 물질이 앞에 있자마자 엘렉트라는 끌어당긴다. 그녀는 심지어 자신의 부정적인 미립자들을 해방시키기도 한다. 그것들을 목소리로, 자기 존재의 예민한 외곽으로 되돌린다. 그녀는 고통스런 살갗을 자극시킴으로써 생살을 드러나게 만들어 해방시킨다. 그녀는 오레스테스 같은 고상한 금속은 끌어당기지 않는다. 그런 금속은 자기 엘렉트론을 주지 않는다. 그리고 자석의 사랑하는 간청에 반응을 보이지 않는다. 그녀가 이끌어당기는 것은 그녀를 보충하는 것, 마찰에 유사하게 반응하는 물질, 그녀가 잃듯이 잃고, 그녀처럼 주고, 왕관을 벗는 여성적 물질들이다. 매우 강력한 전기이다. 이 음전기는 방전되면서, 타자가 오기를 기다리기 위해 양전기가 된다. 이 소리는 물질적인 덫으로 기능한다. 그러나 그녀는 아무것도 받지 않는다——그녀는 이끌어당길 뿐 아무것도 취하지 않는다. 자력의 효과가 제거되어서는 안 된다. 불균형은 유지되어야 한다.

여성의 무기

눈물, 외침, 독, 베일, 그물. 누가 거기서 외치고 있는가?

"뭐라고요, 우리의 사랑도, 그 옛날 우리가 서로서로에게 주었던 이 손도 지금은 당신을 붙잡을 수 없다고요?"

누구인가? 메데이아, 아리아드네, 디도.

"궁전 꼭대기에서 멀리 들끓고 있는 연안을 발견했을 때, 그리고 눈 아래 바다가 온통 이 모든 아우성으로 울려 퍼지는 것을 보았을 때 그대는 어떤 신음소리를 토해 내었던가? 저주받은 사랑이여, 그대는 인간의 마음을 무엇으로든 변형시킨다. 그렇지 않은 것이 있던가? 그녀는 또다시 눈물에 도움을 요청하지 않으면 안 될 처지가 되었다. 또다시 기도하고 애원하면서 사랑에 순응하지 않으면 안 될 처지에 놓였다. 왜냐하면 그녀는 모든 것을 다 시도해 보지 않고서는 죽고 싶지 않기 때문이다. (…) 가라, 나의 누이여, 가서 애원하며 나의 당당한 적에게 말하라. (…) 가혹한 그는 왜 나의 말에 귀기울이기를 거부하는 것인가? 그는 어디로 황급하게 달려가는 것인가? 그의 불행한 연인에게 그가 마지막 호의를 허락해 주기를 기원하자. 순풍을 틈타 힘들지만 도피할 수 있게 그가 허락해 주기를. 나를 위해 아름다운 라티움을 포기하고, 그의 왕국을 버리겠다고 그는 약속했었지. 그가 배신한 옛 언약도 나는 더 이상 내세우지 않겠습니다. 나는 그에게 그의 분노를 유예시켜 줄 것을 요청합니다. 휴전을 요청합니다. 행운이 내게 나의 실패를 견디는 것을 가르쳐 줄 때까지 기다려 주기를 나는 그에게 요청합니다. 지극한 은총을 나는 간청합니다. 그리고 그가 내게 이러한 은혜를 허락한다면, 나는 죽음으로써 백 배로 이 은혜를 되갚을 것입니다."

이것은 아이네아스에게 불행한 그의 누이가 보내고, 또 보냈던 기도이다. 그녀의 눈물이었다. 그러나 그는 이 모든 눈물에 무감동이었다. 그는 모든 말에 '고집스레 귀를 닫고 있다.'《아이네이스》, 제4권)

폭풍.

모든 역사는 그칠 줄 모르는 이런 탄식으로 동요한다. 사람들은 늘 이런 탄식에 귀를 기울이지 않는다. 이러한 탄식은 간청하다가, 잦아들고, 또다시 일어선다. 왜냐하면 그녀에게 이것은 사느냐 죽느냐의 문제이기 때문이다.

오열과 침묵, 히스테리 여인들의 헐떡임과 기침들. 이것들에 의해 불어나는 끝없는 합창.

이것이 오페라의 기원이다. 내가 말하건대 이런 소리를 낼 줄 아는 남자들은 고통받은 남자들이다. 그들 자신의 여성성에 휘어지는 남자들만이 오페라를 사랑할 수 있다.

다른 남자들, 건설자들은 이런 열정을 거부한다.

"알프스 산맥에서 불어오는 북풍이 사방에서 휘몰아치면서, 해묵어 속이 튼튼하고 단단해진 참나무를 마음대로 뒤엎고자 노력할 때, 대기는 윙윙거린다. 나무 둥치를 뒤흔드는 바람이 불어올 때마다 새로 돋아난 나뭇잎들은 뿌리째 뽑혀 멀리 땅바닥에 흩어진다. 나무는 바위를 부여잡는다. 나무뿌리가 땅 밑으로 깊이 박히면 박힐수록 그만큼 나무는 공격을 더 받는다. 그의 위대한 마음도 이와 마찬가지로 고통의 침략을 받는다. 그러나 그의 의지에는 흔들림이 없다. 그러나 헛되이 눈물이 흐른다. 불운의 여인 디도는 자기 운명 앞에서 공포에 떨며, 죽음을 부른다. 분명 하늘을 우러러보기에 지친 것이리라."

베르길리우스는 불쌍히 여긴다. 시인들은 알고 있다.

철학자는 무어라 말하는가? 절도 있는 칸트는 이렇게 말한다. "여자는 가정의 전쟁을 싫어하지 않는다. 가정의 전쟁에서 여자의 무기는 혀이다. 이것을 위해 자연은 여자에게 수다를 선물했다. 남자를 무장 해제시키는 이 열정적인 다변을 선물한 것이다." 누가 남자를 무장 해제시키겠는가? 그것은 남자를 자기 진영으로 '도망치게' 만들고, 남자를 재무장시킬 뿐이다.

혀로 사람을 죽일 수 있을까?

"죽은 자들을 위해 복수하는 자가, 교활한/ 발걸음으로/아버지의 지붕 밑으로 숨어든다./그곳에는 고대의 부가 잠자고 있다."

그의 주먹은 날카롭게 날이 세워진 죽음을 휘두른다. "그리고 잠복해 있는 믿을 수 없는 어둠 속에서/마이아의 아들, 헤르메스가/목표를 향해 그를 안내한다…… 때는 지금이다!"

"우리의 남자들은 착수할 만반의 준비가 되어 있다." 그 남자들의 손은 남성적 무기를 휘두른다. 그리고 마침내 침묵이 찾아든다.

그러나 아직 야성적인 여자였다가 방금 노예가 된 나는 바로 이 순간 내 무기를 칼집에 도로 꽂는다. 내 혀는 휘둘러지지 않는다.

엘렉트라의 혀와 오레스테스의 혀에서 나오는 말들은 대립되는 말이다.

지긋지긋한 여자, 그 여자로부터 흐르는 넘치는 물결, 그것은 어머니에게 보내는 독의 선물이다. 이것은 명백하다. 나는 그대에게 나의 증오, 나의 똥, 나의 진실을 드린다. 그대가 내게 그것을 요구하기 때문이다. 그대가 원하는 것을 나는 그대에게 주는 것이다. 크리조테미스가 그대에게 황금의 침묵을 주기를. 나는 그대에게 그대가 못 받을까 봐 두려워하는 그것을 준다.

— "나라는 사람, 내 말, 내 행동, 이에 대한 그대 이야기는 그칠 줄 모른다.

나는 그대에게 이렇게 말하게 하지는 않는다. 그대의 행위가 내게 내가 할 말을 속삭여 준다고."

나는 그대 과오의 산물이다——그러나 나는 정자의 딸이다. 그 남자에게서부터 그물이 시작된다. 음험한 신탁으로부터 빈 단지를 가로질러 계략이 짜이고, 모호한 말의 체계가 짜인다. 덫을 치는 자는 그물을 펼친다. 그는 거짓말의 거장, 비밀의 거장, 모호한 기호들의 거장이다. 무덤 위에 놓여진 머리타래, 메신저이다. 어떤 말이 사람들을 죽이는가? 위장된 말인가? 칼날 세워진 말인가?

"자유로이 말할 수 있는 권리를 얻기 위해 나는 꽤 비싼 대가를 치렀다!

— 그건 나도 동의한다. 그러니 그 권리를 아껴라."

이렇게 오레스테스는 엘렉트라에게 설교한다. 내가 그대 곁에 있지 않은가. 침묵을 지켜라. "우리가 입다무는 게 낫다. 꼭 말해야 하는 것이 아닌 것은 그냥 내버려두기로 하자. 그러자."

지금은 남자의 때이다. 남성적인 죄악, 치명적인 계산의 시간인 것이다. 경제를 바꾸자. 그대 스스로를 낭비하기를 그만두라.

가부장제는 자기 재산을 극단에서 멀리, 계략 가까이 경영할 줄 알게 된다. 모계 가장제의 남자, 규방의 전사인 아이기스토스의 시대는 끝났다. "제발, 한마디만, 단 한마디만"——그 앞에 우뚝 선 것은 새로운 남자이다. 시간도, 피도, 머리도 낭비하지 않는 자. 그가 미래의 주인이다. 에지스트여, 서둘러 들어가시오. "이것은 토론회가 아니오. 그대의 목숨이 달려 있소." 우리는 이제 더 이상 여자들의 원 안에 있지 않다. 여자들은 서로 공격하면서, 서로 주먹질하면서 서로를 껴안는다. 남자들은 단칼에 자른다.

여자들의 전쟁은 모호하다. 적들 사이에서도 도저히 끊어지지 않는 끈이 있다. 아버지의 딸과 어머니의 딸 사이에, 아버지의 성을 지닌 딸과 낳은 암컷의 이름을 지닌 딸 사이에, 그리고 반대 감정이 양립하는 어머니와 불가분의 딸 사이에도 그런 끈이 있다. 왜냐하면 이러한 낭비적인 싸움 속에 걸려 있는 것, 그것은 역사 속 여자의 운명이기 때문이다. 품행이 단정한 여자 크리조테미스는 두 개의 법, 피의 법과 정자의 법 사이에서 망설인다. 그러나 여자는 쇠락하는 모권제적인 힘에 속한다. 엘렉트라는 길을 비춰 준다. 그녀는 가부장제로 가는 길을 튼다. 양탄자 위에 눕는 여자들, 그 여자들은 이미 시대에 뒤졌다. "땅 밑에 누운 남자들, 그들이 오히려 살아 있는 것이다!"

이러한 전복의 시기에 모든 것은 두 개의 얼굴을 가지고 있다. 한 얼굴은 아직도 구체제 쪽을 쳐다본다. 또 한 얼굴은 새로운 권력을 직면한다. 예고되는 단절이 각자의 신체에 새겨진다. 클리템네스트라는 무시무시한 시체로부터 뒷걸음질치면서 산다. 그녀는 그녀를 식민지화하는 꿈에 사로잡혀 있다. 그녀는 엄청나게 싹이 트는 나뭇가지 하나를 품고 있다.

그녀는 자기가 알게 될 것이 무엇인지 지금 알고 있다. 그녀로부터 분리될 수 없는 엘렉트라, 엘렉트라의 난폭한 선물을 견디면서 그녀는 균열된다. 크리조테미스는 왔다갔다한다. 그러면서 그녀는 심연의 축소를, 가장자리의 접근을 측정한다. 오레스테스, 그는 한 번이 아니라 두 번 산다. 그는 두 개의 운명을 가진 남자이다. 사람들이 거짓으로 상을 치른, 거짓으로 죽은 자이다. 말없는 그의 그림자인 필라데스, 그는 오레스테스의 잔재이며 그의 흔적이다. 오레스테스는 필라데스를 옆에 끼고 다닌다. 다른 종이 교합된 존재, 엘렉트라는 불안을 불러일으키는 여자이다. 모두에게 견딜 수 없는 존재이다. 오레스테스에게조차 참을 수 없는 여자이다. 엘렉트라는 여자 아닌-여자이기도 하고, 동시에 너무-여자이기도 하다. 그녀는 모든 면에서 과잉이다. 과잉 속에서 논리의 과잉, 미친 이성이다.

그것은 끊임없이 가장자리를 범람한다. 약간 지나치게 액체성의 애정이 오레스테스에게 튀긴다. 오레스테스는 수컷으로서, 그녀를 밀쳐내야 한다. 그러나 만약 그녀가 그를 건드린다면? 그것은 위험한 물을 뒤집어쓰는 것이다. 이 규칙을 벗어난 힘, 이 '누이'를 그는 길들여야 할 것이다.

모계 통치의 잔재, 그것은 풍부함·과잉, 죽음과의 혼란스런 관계다. 여자는 생명을 주는 자이다. 그러기에 여자는 죽음을 종말·소멸로 생각하기가 어렵다. 여자는 죽은 자를 매장하지 않는다. 망각하지 않는다. 여자는 죽은 자를 산 채 간직한다. 여자는 내장의 존재, 원시적인 육체이다. 그러나 여자는 또한 기호, 죽음에 연결되어 있는 육체이다.──가족의 설립에 대해 잘 아는 자들은 모두 어떻게 여자-가족이 죽음과 역설적으로 함께 가는지를 말한 바 있다. 가족과 그 자취를 지키는 여자는 자기 가슴속에, 땅속에 묘소를 확보한다. 땅을 통해 여자는 이중의 자연에 도달한다. 여자 자신도 이중의 자연이다. 생명을 주는 자연과 생명의 끝에 그것을 다시 받아들이는 자연. 신비스럽고 야생적이며, 비-인간적인, 신성한 밤의 왕국이다. 낮의 통치와는 대립된다. 낮의 통치를 정치화함으로써 확고히 하는 것은 남자이다. 죽은 자를 간직하는 묘소는 그 자의 추억 또한 새긴다. 이름, 전복적인 힘과 같이 죽지 않는 것은 거기에 의지한다. 죽은 자들은 죽은 자로서, 그리고 동시에 산 자로서 보존되어야 한다. 이런 여성적인 보호 방식은 죽음에 저항하는 하나의 방식이다.

클리템네스트라가 그러했다. 그녀는 죽음이 오는 것을 알고 죽음과 나란히 걸어감으로써 죽음을 회피한다. 그녀는 삶처럼 죽음도 뜻밖의 통로를 통해 도망칠 수 있다는 것을 알고 있는 것이다.

범죄는 남성적인 것이 될 것이다: 과오가 아니라 범죄다. 죄는 여성적인 것이다.[30] 이것은 에쉴 역시 여성의 비하를 명령하는 남성/여성이라는 계급화된 대립성을 참조한다는 것을 의미하는 것일까? 어떤 의미에서는 그렇다. **엘렉트라**는 뒤죽박죽이 된, 주저하는 장소이나. 능동적 힘들과 수동적 힘들, 삶의 힘들과 죽음의 힘들이 엘렉트라 안에는 아직도 성차(性差)에 완전히 귀속되지 않은 채 대치하고 있다. 그러나 가치들은 더욱더 드러난다. 엘렉트라성 전기의 마지막 방전에서 오레스테스가 모든 것을 수확해 가기까지, 엘렉트라의 힘은 아버지에 의해 주입된다. 그러나 그녀의 상처받기 쉬운 면은 어머니를 통해 전수된다.

왜 그녀는 자살하지 않는 것일까? 어머니와 딸 사이에는 살인이 일어나지 않는다. 그것은 명백히 다원적으로 결정된다. 신들과 귀찮은 일을 겪지 않기 위해서 엘렉트라를 죽이지 않았다?──딸 쪽에서도, 어머니 쪽에서도 이러한 자제에 합당한 이유를 찾을 수 없다. 그러나 딸과 어머니, 두 여자는 다른 한 여자가 없이는 움직이지 않는다. 서로 닮은, 악착같은 서로가 서로의 거울.

그래서 능동적인 범죄는 남성에게 국한되어 있다. 오레스테스가 더 이상 존재하지 않는다면? 그리고 엘렉트라가 살해를 할 것이라면? 만약 여자가 남자와 교대하여 왕홀을 빼앗아들고, 단도를 잡는다면? 여자가 그렇게 한다면, 그래서 아가멤논이 두 번 죽게 된다면, 그렇다면 여자 안에 남성적인 힘이 있다는 의미가 된다. 어머니들의 통치가 죽지 않았으며, 권력이 어머니의 가정 쪽으로 되돌아올 수 있다는 것을 의미할 수도 있을까?

희곡의 절정이다. 동전이 앞면으로 떨어질 것인가, 뒷면으로 떨어질 것인가? 로고스와 그 절도가 이겨야 한다. 스승은 입구에서 인도하고 미리 안심시킨다. 모든 여자들이 근본적인 변화를 위해 성숙해 있는 순간, 오레스테스가 앞장서 당도한다. 죽음을 위해, 여자들이 가정적인 순종을 위해 성숙해 있는 바로 그 순간에 그가 도착하는 것이다.

범죄: 능동적인 것은 남성적 도약, 고상한 행위, 프로메테우스적인 행위이다.

죄: 여성적 발걸음으로 오는 발자국, 개미 발자국으로 오는 것, 과오의 연쇄, 이것이 악의 기원이다.

아버지는 오로지 다시 일으켜 세워지기 위해서 죽는다. 가장이 다시 그 자리에 오르기 위해서는 자식들이 애가를 크게 외치는 것으로 족하다.

오레스테스: 아버지, 바로 당신께 말을 거나이다. 당신을 사랑하는 자들을 도우러 오소서.

엘렉트라: 온통 눈물 범벅이 된 채 저 역시 당신을 부르나이다.

합창대: 우리도 똑같은 목소리로 당신을 부릅니다. 창가로 오소서. 우리 말을 들으소서. 그리고 적에 대항하는 우리와 함께 하소서.

그에게는 돌아오는 편이 모든 점에서 유리하다. 상속자인 아들 쪽에서도 그가 돌아오는 편이 유리하다. 아들은 합법화되기 위해 합법적인 자, 아버지에게 간청하는 것이다.

엘렉트라: 아버지, 저 역시 위험에서 벗어나기 위해 아버지가 필

요하나이다.

오레스테스: 우리는 당신을 위해 공식적인 잔치를 만들겠나이다. 그렇지 않으면 당신은 기름진 향연에서 잊혀져 버릴 것이나이다.

엘렉트라: 저 역시 제 몫의 유산에 의거하여, 제 결혼식 날 아버지의 집으로부터 제주를 가져 아버지께 바치겠나이다.

오레스테스: 기억하소서, 아버지시여, 당신으로 하여금 숨을 거두게 한 그 목욕을.

엘렉트라: 그들이 아버지 머리 위로 던진 그물, 그리하여 그들이 새로운 사용법을 만든 그물을 기억하소서.

엘렉트라: 그리고 그들이 상상해 낸, 당신 위에 던져 덮어 놓은 그 수치스런 베일을 기억하소서.

오레스테스: 아버지시여, 이런 모욕을 당하시고도 깨어나지 않으시렵니까?

엘렉트라: 이토록 사랑하는 아버지시여, 고개를 다시 들지 않으시렵니까?

엘렉트라: 나의 아버지시여, 이 마지막 외침을 들으소서. 당신 무덤가에 모인 당신 자식들을 보소서. 아들과 마찬가지로 딸들도 불쌍히 여기소서. 그리고 우리의 혈통인 펠로피다스 가문을 소멸시키지 마소서. 아버지시여, 그렇게 하심으로써 당신께서는 돌아가셨음에도 여전히 살아 계시게 되나이다.

오레스테스: 그렇나이다. 자식들은 죽은 아버지의 성을 구하나이다. 그것은 부표가 그물을 지탱하면서 아마로 짜인 망이 밑바닥으로 가라앉는 것을 막는 것과 같나이다. 저의 말을 들어 주소서. 당신을 위해서 우리가 이렇게 신음하오니, 아버지께서 제 기도를 들어

주소서. 그러한 영광을 베푸신다면, 당신은 당신 자신을 구하게 되실 것이나이다.

사실 그가 구하는 것은 그 자신이다. 가능한 모든 아버지들 가운데 그가 이미 선택되었고, '인정되었다.' 아버지라고 **명명되었다.** 자식들이 그를 아버지로 선택하고 인정하고 명명하는 것이다. 그리하여 그는 구함을 받았던 것이다. 왜냐하면 남자들은 늘 알고 있었듯이 '아버지'란 항상 아버지의 성일 뿐이기 때문이다. 그렇다. 엘렉트라 안에서 아우성치는 것은 리비도이다. 그러나 오레스테스 안에 있는 이드는 협박하면서 협상한다. 교환이라는 조건부인 것이다. 프로이트는 좀더 공손하고, 좀더 교양 있다. 프로이트가 본 체제는 아버지-자식 혹은 신-민족의 '언약' 체제이다. 매우 절도 있는 계략에 찬 '선물'이 이 언약을 봉인한다. 아버지, 그것은 제한이며 선택이다. 아버지를 사랑하는 것, 그것은 첫번째 '정신적인' 일이다. 언제나 불확실한 아버지를 '인정'해야 하는 것이다. 어머니에 의한 혈통은 부인할 수 없다. 그러나 누가 아버지에 대해 확신하는가? 아버지의 부성성을 긍정하는 것은 아들 혹은 딸이다. 언제나 아버지를 인정하느냐 아니면 그를 거부하느냐를 결정하는 것은 자식이며, 그러기에 아버지는 자식에게 종속된다.

아가멤논은 후손들, 자기 피를 물려받은 자식의 부름을 받아 무덤에서 다시 솟아난다. 자식들의 강력한 목소리를 듣고 그는 무덤, 즉 돌로 된 자궁으로부터 꺼내지는 것이다.

어떻게 보면 아버지는 언제나 미지의 존재이다. 바깥에서 오는 존재인, 그는 들어와서 증거를 대어야만 한다. 아버지는 바깥의 존재, 완전히 다른 자들, 이방인들, 다시 돌아오는 자들, 가장 약하게 동시에 가장 강하게 언제나 다시 돌아올 수 있는 자들이다. 그는 땅속에서 나와 어머니 안으로, 궁 안으로 돌아온다. 육체들과 재산들을 다시 자기 것으로 만들기 위해서.

이것이 소위 문명이라 불리우는 것이다.

프로이트는 그것이 진보라고 말했다. 진보의 논리는 이렇게 계산적으로 순환적인 충성과 복종의 맹세를 한다. "아버지시여, 저를 택하소서. 저가 택함을 받았다고 느낌으로써 제 자신에 대한 저의 신뢰감이 증가되어 제가 더욱 강하게 그대를 '아버지'라고 부를 수 있도록." 이것은 참여라고도 불리운다. "나의 위대함은 그대에게 유리하도다. 그리고 그대의 위대함은 내게 유리하도다." 이렇게 해서 위대한 남자에게서 위대한 남자로 '정신성' 안에서 진보한다는 것이다. 이때 무덤―가정의 불씨를 간직하기 위한 엘렉트라 같은 존재의 순환은 더 이상 필요가 없게 된다.

클리템네스트라가 내지르는 한 번의 외마디 소리가 있었다. 그리고 남자 형제의 명령은 마침내 흐름―전기―엘렉트라성을 끊는다. 그녀는 이제 이성을 숨쉰다. 치유된 것이다! 그리고 완전히 백성을 잃는다.

그녀는 더 이상 염탐하지 않을 것이다. 궁에서 등을 돌리고, 놀란 얼굴로, 그녀는 예측된 대로 막대한 무기력 안으로 들어간다. (그대는 그 이후가 알고 싶은가? 그것은 예상했던 대로이다. 여자! 그건 필라데스류의 아버지―남자 형제의 그림자와 결혼한다. 합법적인 아들, 그는 통치하고 축적한다. 그리하여 오레스테스 왕의 행복한 나날을 보게 된다. 유산, 그것은 남자들을 통해 전달된다. 가부장제, 그것은 경제·정치적이며―경제·성적이다. 위대한 아우성치는 여자들이 진압된 이후로 이 모든 것은 결정적으로 확고해진다.)

그리고 나서 온 현재, 그것은 아버지 같은 남자 형제들의 통치이다. 오레스테스는 누이에게 인정받았다. 그랬기에 성차가 항상 촉발시킬 위험이 있는 죽음을 불사하는 투쟁을 겪을 필요가 없었다. 헛소리를 하는 엘렉트라가 불러일으켰을 수도 있는 근친상간적인 뒤얽힘을 오레스테스는 미리 염려하여 퇴치해 버린 것이다. 그런 연후에 오레스테스는 엘렉트라를 진정시키면서 마취적인 법을 부과한다.

아킬레우스는 펜테질리아는 아킬레우스이다

내가 목숨을 부지한 것은 클라이스트 덕분이었다고 나는 말했다. 나는 오랫동안 그가 존재했었다는 것을 안다는 사실 하나만에 의지하여 살았다. 클라이스트 덕분에 나는 살고자 하는 의지를 갖게 되었다. 뿐만 아니라 여러 삶을 사는 것 또한 클라이스트 덕분에 배웠다. 한 여자 그리고 한 남자 이상이 되는 것, 열렬해지는 것, 불태우는 것, 삶으로 죽어가는 것을 배운 것 또한 클라이스트 덕택이었다. 그는 불태웠다. 그는 육신이었으며, 고통스러워했다. 그 때문이다. 그리고 그가 나를 위해 죽었기 때문이다. 삶에 대한 그의 비전. 높이에 있어, 요구에 있어 견줄 데 없는 그의 비전. 그것을 원하는 자를 위해 그가 죽었기 때문이다. "시인이 되기 위해서는 자신을 변모시키는 것으로 충분하다. 다른 육신들, 그리고 다른 영혼들을 통해 말하고자 하는 욕구를 느끼는 것으로 충분하다"라고 니체는 말했다. 사실이다. 그러나 클라이스트는 더 멀리 간다. 그는 이러한 통과를 감행할 수 있는 능력이 있다. 뿐만 아니라 그는 이러한 통과를 가장 긴장된 존재들, 삶의 근원에서 가장 가까운 존재들의 육신과 영혼을 통해 필히 실행에 옮겨야 한다. 그러니까 삶의 근원, 다시 말해 육체·살, 열광하고 성취되는 욕망에 가장 가까운 존재이면서 동시에 삶을 유지시키는 것, 삶의 지속, 죽음에 대한 삶의 저항에도 가장 가까운 존재들을 통해 다시 말해서 이러한 근사법(近似法)은 사랑—총체적인, 제한 없는 사랑, 모든 탄생의 자리인 사랑, 자신이 살아 있음을 아는 한 생명이 타자 속에서 자신을 취하고, 끊임없이 자신을 다시 취하는 그런 사랑을 통해서만 이루어질 수 있다. 현실은 교묘하게 1천 가지 장애물을 앞세운다. 그래서 이러한 근사법 속에서 장애물에 부딪히지 않는 사람은 드물다. 물론 그 장애는 모호하다. 왜냐하면 우리는 장애물, 장애물을 뛰어넘는 힘을 통해 사랑의 자원을 측정하기 때문이다. 사랑의 힘은 그것을 통해 나타나기 때문이다. 그리고 시련 속에서 위협과 고통 속의 무언가가 열광으로 분명히 뒤바뀌어지기 때문이다. 왜 사랑에는 장애물이 있는 것일까? 어쩌면 그건 우연한 사고일지도 모른다. 그러나 어쨌든 첫번째 장애물은 역사 속에서, 항상 이미 거기에 있다. 그리고 또 실존 속에서 장애물이란 이미지들, 전형들, 약호화된 예절바른 행동들의 생산과 재생산이다. 이렇게 하여 사회는 역할들이 결정되어 있는 무대와 같게 된다. 그래서 연인들은 늘 무엇보다도 먼저 꼭두각시 인간들에 의해 함정에 빠지게 되며, 연인들도 꼭두각시 인간들과 합류해야 하는 것이 전제로 되어 있는 것이다. 너는 남자가 아니다. 너는 여자가 아니다. 너는 우선 누구의 아들, 누구의 딸이다. 너는 어떤 계층, 어떤 가족, 어떤 부족 출신이다. 우선 너는 어떤 범주의 익명의 요소이다. 그래서 너의 운명은 미리 결정되어 있다. 만약 네가 여자라면, 너는 이상적인 여인과 닮아야 한다. 그리고 네가 나아가야 할 길, 네가 가져야 할 욕망들을 내가 네게 가르쳐 줄 것이다. 절대적 필요성에 복종하라. 그리하여 너는 절대적 필요성의 물길을 터야 한다. 그것을 마땅한 자에게, 마땅한 곳에 전달해야 한다. 법을 존중하라.

그러나 클라이스트는 《펜테질리아》를 썼다. 그는 사랑한다. 그는 펜테질리아이다. 그는 우선 이 장엄한 자연이다. 아킬레우스를 위한, 대문자 사랑을 위한 열정의 여왕이다. 그리고 나서 그는 다시 아킬레우스이다. 펜테질리아의 공격을 받은 아킬레우스는 실제로 전혀 다른 남자가 된다. 새로운 연인이 된다. 우리는 얼마나 저 높은 곳에 있는가! 평범한 것, 범속한 것, 계산에서 얼마나 멀리 떨어져 있는가!

얼마나 당당한 제왕다운 세계인가. 그러나 이런 세계가 왕들에게만 국한된 것은 아니다. 여기서 제왕답다는 것은 은유이다. 펜테질리아는 분명 아마존의 여왕이다. 그러나 여왕이라고 지칭되는 존재는——클라이스트는 이런 존재를 빛나게 한다——그 존재가 군주이고 유일하며, 동시에 대체 불가능이기 때문에 제왕다운 존재인 것이다. 그래서 그는 모든 사람들 중에서 주목받는 자인 것이다. 높이, 상승의 관계가 그에게 유일한 관계이며 생명과 직결된 관계이기 때문이다. 그러기에 그는 제왕다운 것이다. 어찌나 온통 긴장하고 있는지——마치 항상 위로만 솟아오르는 불길처럼——그의 온몸은 위로——왕, 왕국, 법, 땅 위로——움직이기를 원하기 때문에 그는 제왕다운 것이다. 또한 부름을 받은 영혼, 부르는 영혼에 그 육신은 실제로 답하고, 놀라운 힘으로 존재들에 생기를 불어넣으며, 그들에게 강자들의 우아함을 부여하기 때문에 그는 제왕다운 것이다. 클라이스트에게서 태어난 연인은 모두 한결같다. 부르주아이거나, 영웅이거나, **대장**이거나, 혹은 젊은 여인이거나 지칠 줄 모르는 에너지를 타고났다. 강자들, 맹렬한 자들의 이런 사랑에서부터 태어난 존재는 하나같이 항상 더 원한다. 더 높이 원한다. 그리고 그 육신은 욕망으로 인해 영광스런 빛나는 육신으로 변한다. 정상 쪽으로 빨려가는 육체, **머리를 높이 쳐들고** 정상을 향해 '떠다밀쳐진' 육체로 변모하는 것이다.

번개 같은 승천의 비전. 비상, 자기에 의한 자기 초월. 아직도, 아직도 나는 충분하지 않다. 나의 육신에 또 다른 육신이 덧붙여져야 한다. 펜테질리아의 머리에 날개를 달아 주는 구불구불한 물결, 육신의 주요 부분들에게 빛을 발하게 하는 은유의 물결이 필요하다. 다정스런 이마 위에는 불길이 필요하다. 불길같이 타오르는 머리카락들, 그것을 비추는 빛이 필요하다. 머리 위에는 왕관이 필요하다. 그러나 그 왕관은 권력의 기호가 아니다. 시적인 왕관이다. 식물로 엮은 왕관, 창조와 변모의 힘의 기호로서의 왕관이다.

클라이스트 모든 작품, 그것은 환희 속에 들떠 있는 이륙, 비상의 거대한 활주로이다. 열정, 열광과 고통의 들판이다. 기쁨과 불행이 가려낼 수 없이 뒤엉켜 있다. 월계수와 쐐기풀로 엮은 왕관. 그 왕관을 나는 얼마나 사랑하는가!

홈부르크의 왕자. 머리에는 아무것도 쓰지 않고, 셔츠 맨 위 단추가 풀려 있다. 페르벨린 정원에서 그는 깊이 잠들어 있다. 꿈속에서 그는 열심히 잎사귀를 엮어 왕관을 만들고 있다. 영예의 월계관, '태양이 여럿 달린 승리의 왕관'이다. 꿈속에서 사랑하는 이들이 그에게 왕관을 얹어 주기 위해 다가온다. 바로 코앞에서, 그들은 왕관을 조금 멀리 가져갔다가 그의 이마 위에 놓으려는 듯 왕관을 들어올린다. 그는 왕관을 붙잡으려 두 손을 뻗는다. 그러나 왕관은 너무 높이 둥실 떠 있다. 그리고 사랑하는 이들은 사라진다. 반은 잠들고, 반은 깬 채로 그는 기약된 왕관을 좇아간다. 젊은 그리스 노예들을 위한 장미왕관이다. 그것은 장미의 사슬, 철의 사슬, 욕망을 불러일으키는 사슬이다. 그것은 언제나 거기 있다. 그 언약, 목걸이, 반지. 그것은 똑같은 기호로 이렇게 말한다──넌 이긴 거야. 넌 진 거야. 높이. 영광. 그곳이 너의 장소이다. 네가 평화를 찾을 수 있는 곳, 그 광채가 너를 이끌어 가고 너를 부르는 유일한 곳은 바로 그곳이다. 네가 유일한 것과 합류할 수 있는 유일한 곳이다. "너무나 크고 너무나 더 높은 시도, 남김없이 그것을 완성하지 못할 바에는 차라리, 내 이마 위에 얹어지는 왕관을 두 손으로 움켜잡지 못할 바에는 차라리⋯⋯." 영예의 관?──아니다. 펜테질리아가 향유하고자 하는 것은 이런 상징적인 영예가 아니다. 왕관이 아니다. 영광이 표상하는 것이 아니다. 오히려 영광 그 **자체**이다. 영광의 화신이 되고자 하는 것이다. 영광의 별이 되고자 하는 것이다.

아마존들의 합창: 그녀가 바라는 것은 무엇인가? 그녀가 무엇을 더 바랄 수 있단 말인가? 도대체 무얼 더 바란단 말인가? 그녀는 더욱더 원한다! 그녀가 바라는 것은 바로 "그 남자! 그 남자이다! 그 남자가 아니면, 누구를 원하겠는가! 빛의 동상처럼 그는 언덕 높은 곳에 씌워진 왕관이요, 강철 갑옷을 두른 그와 그의 말은 반사하는

빛 속에 마치 헤엄치는 것 같다. 사파이어, 녹옥수(綠玉髓)도 그처럼 반짝이지는 않을 것이다. 수의 같은 폭풍에 감싸인 주변의 대지, 그것은 유일한 자인 그의 눈부신 찬란함을 반사해 주는 거울의 뒷면에 불과할 뿐이다!"

그러면 그 남자, 그가 바라는 것은 무엇인가? "……아무리 먼 미래라 할지라도──장차 내게 확실히 약속된 유일한 기쁨에 내가 도달하도록──다시 말해서 내가 불멸의 왕관을 엮는 것을 당신은 도와 주겠지……."[31] 그 남자. 클라이스트 혹은 왕자.

모든 형태의 아름다움에 대한 사랑. 자신의 아름다움보다 항상 더 높은 아름다움. 언제나 더욱더 높은 가치를 지닌 소중한 존재들에게 가까이 다가가기 위해 좀더 높고, 좀더 빛나는 존재가 되고자 함, 그 영예. 이것이 그를 심연의 가장자리로 이끌고 간다. 그것이 바로 클라이스트이다. 그리고 클라이스트는 펜테질리아이다. 어떤 존재이든 한 존재의 한계 속에 갇혀 있을 수 없다는 욕구, 자신을 드러내고자 하는 욕구, 자기 자신의 불을 태양에 섞고자 하는 욕구, 그 누구도 자기 품안에 담고 있을 수 없는 빛, 그·빛 자체를 가리고자 하는, 솟구쳐 오르는 위대함을 그들은 똑같이 가지고 있다. 한 번 아름다움을 본 자는 그 아름다움에 대한 욕망을 다시 없앨 수는 없다. 아름다움에 대한 욕구는 그칠 수 없기 때문이다. 이제 오로지 그 아름다움 이외에는 아무것도 욕망할 수 없기 때문이다.

펜테질리아는 강한 인상을 받았다. 아킬레우스에게로 그녀의 존재가 열린 것이다. 그녀의 육신에 영원히 아물지 않을 상처가 뚫린 것이다. 그 상처를 통해 빛과 생명이 철철 흘러 들어온다. 상처가 난 곳은 바로 이곳, 왼쪽 가슴이다. 그곳에 아킬레우스가 있다. 그곳에 펜테질리아가 있다. 육신 그 자체 속에 있는 것이다. **그 남자.** 유일한 그, 계시된 자. 그러나 그는 저기 바람보다 더 빨리 달아난다.

그녀에 대한 그의 욕망은 얼마만한 것인가! 누이에게 보낸 편지에서 썼듯이 그녀를 붙잡기 위해 클라이스트는 '결코 어떤 인간도 가지 않는 장소'로 간다. 그리고 그는 그녀를 오랫동안, 오랫동안 뒤좇는다. 그러나 그녀는 그 안에 있다. 그녀는 처음부터 늘 마치 상처처럼, 그녀는 그 자신의 상처처럼 그의 내면에 있었다. 그는 상처였다. 그리고 상처가 그를 만들었다. 그녀는 그의 내면에 있는 타자의 사랑스럽고 잔인한 분출이다. 그가 품고 있는 **여자,** 그가 만드는 여자가 그의 내면에서 분출하는 것이다. 그는 그 여자의 한 부분이며, 그는 그 여자의 장소이다. 여성——혹은 시——창조의 샘으로서의 여성, 그의 한 부분인 그의 여성성은 남자이고 연인이며 시인인 그에게서 언제나 **달아난다.** 고통스럽게 감미롭게. 그 안에 있는 이 빛나는 상처는 1806년부터 펜테질리아라고 불리우게 되었다. 이 상처는 1805년 이미 클라이스트의 내면에 격렬한 길을 열었다. "1년 전, 드레스트에서였지. 서로의 품안에서 우리는 얼마나 비상했던가! 우리 영혼은 기마 시합을 하고자 하는 욕망으로 온통 들썩거렸었지. 그때 세계는 마치 경기장처럼 우리의 영혼 앞에 펼쳐졌었지. 얼마나 거대한 세계였던가! 그러나 지금 우리는 땅 위에 쓰러져 있네. 우리는 서로 상대방의 몸 위에 누워 목표를 향한 우리의 경주가 완수됨을 눈으로 좇고 있네. 추락의 먼지 속에 휩싸여 있는 지금, 이 시간만큼 그 목표가 우리에게 찬란하게 보인 적은 한번도 없었네." 친구인 푸엘에게 클라이스트는 이렇게 썼다. 펜테질리아는 아킬레우스를 향해 달려간다. 결투와 고통과 춤을 위하여. 그녀가 달려가는 들판이 벌써 여기에 자리잡고 있다.

— 저 들판을 보라. 태양이 비추이는 무대가 아닌가. 그 주변으로는 일련의 부수적인 들판들이 빙 둘러 있고, 거기에 적군이 배치되어 있다. 들판 주변으로는 기지들과 그 배후지들이 펼쳐진다. 또한 그와 더불어 서로 대립하는 두 가지 문화적 선택이 있다. 다시 말해 남자들의 법과 여자들의 법이 펼쳐진다. 그리스인들과 아마존들은 성과 사랑에 관해서 배제/포괄의 관계로 정의된다. 이 두 법으로부터 담론들, 충고들, 숱한 이데올로기적인 개입이 화살처럼 이 들판으로 날아와 꽂힌다. 그러나 이 들판은 이제 전장일 뿐이다. 아니 전장보다 더한 들판이다. 또한 교환의 만남의 들판이다. 에로틱한 들판이다. 사회적인 것 한가운데에 자리한 맞대결의 장소, 힘과 사상의 맞섬이라기보다 사랑하는 육신이 맞서는 신성한 장소이다. 이곳에서 진압된 자들은 점진적으로 탄핵된다. 그 아래, 천천히, 그러다가 불현듯 단숨에──모든 것이 전복된다. 이 전쟁은 이제 더 이상 **여성의** 전쟁[32]이 아니다. 죽음에 이르는 이 투쟁은 더 이상 여성의 투쟁[33]이 아니다. 그들 사이에 가해지는 공격은 이제 더 이상 공격이 아니다.

전쟁이 있기는 있다. 그러나 다른 곳에 있다. 전쟁은 여러 전선에서 전개된다. 그 전쟁은 계속된다. 그러나 죽음이 삶을 쳐부수려고 애쓰는 오래된 영역, 똑같은 진부한 영역에서 전쟁은 계속되고 있다. 처음에는 '진짜' 전쟁, 남성적 전쟁이 있었다. 남성적 전쟁이 그 죽음의 욕망, 시체의 욕망, 그 저속한 기쁨을 계속 퍼뜨린다면, 우리는 그 전쟁의 위협을 망각해 버리지 못할 것이다. 그 전쟁의 목표가 진부하기 때문이다. 만약 남성 진영이 아킬레우스의 불안스런 변신에 항의하지 않았다면 어떻게 되었을까? 아킬레우스는 무엇으로, 누구로 변신했던가? 놀이꾼? 진지하지 않은 전사? 그는 그보다 최악의 것으로 변모했다. 아킬레우스는 여성 진영으로 넘어갔다 ——용감한 군인들의 진영에서 누가 그의 말에 귀를 기울일 수 있겠는가?——아킬레우스는 사랑으로 녹아내린다. 그리고 그는 여자가 자기 몸 위에 올라타도록 내버려둔다. 사랑은 여자와 그를 하나로 뒤섞어 놓는다.

남성들 중에는 아무도 그런 유일한 진정한 힘을 가진 자가 없다. 진정한 힘이란 경계할 필요가 없는 힘, 펼쳐 보일 필요도 증명할 필요도 없는 힘이다. 도구도 무기도 사용하지 않는 힘, 평화의 힘이 되기 위한 충분한 확신을 갖고 있는 힘이다. 그것은 거짓 힘이 아니다. 거짓 힘이란 공포의 또 다른 얼굴에 불과하다. 그것은 스스로 안심하기 위해 단지 죽은 사실들만을 생산한다. 오로지 공격을 생산할 뿐이다. 아킬레우스는 예외이다.

그는 매우 강한 자, 부드러운 자, 무서운 자이다. 그는 무기를 내려놓고, 곧 사랑처럼 펜테질리아에게 올 것이다. 자신을 방어하지 않는 빛나는 사랑처럼 옷을 벗고.

여성 전쟁에 대항하는 남성 전쟁. 벌써 전쟁은 더 이상 똑같은 전쟁이 아니다. 아마존 여인들이 전쟁을 하는 것은 남자들이 이해할 수 있는 이유에서가 아니기 때문이다. 이 젊은 여전사들에게 이것은 환상적인 양가적 작업이다. 그녀들의 어머니들이 만들어 낸 남자 없는 사회, 그 사회 형태가 아마존들에게 그것을 강요하고 있다. 아마존들이 전쟁을 하는 것은 죽이기 위한 것이 아니다. **사로잡기** 위한 것이다. 전쟁을 사랑의 처분에 맡기고, 사랑을 폭력의 처분에 맡기는 놀라운 사랑의 포획이다. 아마존들은 남성의 힘을 포획해야 한다. 아마존 여인들은 잔치에 필요한 장미를 좇아가듯이 남자들을 따라간다. 아마존들은 패자들을 위하여 잔치를 베푼다. 그녀들은 정복한다. 그렇다. 그러나 결혼하기 위해서 정복한다. 그것은 강간이라는 남성적인 포획과 정반대의 결합이다. 아마존들은 적의 영토에서, 즉 남성의 영역에서 남성을 포획한다. 아마존 여인들은 남성 세계와 결별하고, 또 다른 국가를 만들어 냈다. 그렇지만 아마존 여인들은 소수이며, 테미시레(Thémisycre)에서만 통치하였다. 아마존들은 욕망하는 것을 얻어내기 위해 늘 또다시 남자들을 정복해야 했다. 그것을 탈취하러 남자들의 영역으로 가야 했다. 저편으로의 모험을 감행하여야 했고, 교환에 들어가야 했던 것이다. 그 교환의 표현 방식은 남성적 법에 의해, 남자들의 행동과 약호에 의해 계속 강요되고 있다. 자유로운 여인이 남성들과 맺을 수 있는 관계란 전쟁 이외에 다른 것은 있을 수 없다. 하물며 사랑이 문제일 때는 더더욱 그렇다. 점점 더 접근할수록, 점점 더 남성의 내면에 있는 폭력 때문에 격렬해져야 하고, 역설적으로 거기서 멀어져야 하는 것이다. 여전사들인 아마존 여인들에게 중요한 법——금기들——이 생기게 된 연유가 바로 이것이다. 그 금기의 법이란 다름 아닌 보존의 법이다. 다시 말해 여전사들은 자신이 굴복시킨 남자들하고만 결혼한다는 것이다. 아마존 여인이라는 것, 그것은 전복의 법에 충실하라는 것이다. 아마존 여인은 자신이 사로잡힌 것이 아니라는 것, 남성에게 순종하는 것이 아니라는 것을 증명하거나 그것을 상징하는 행위를 반복해야 한다. 그 여인들은 승리를 거두어야 하는 것이다. 그러나 이 승리의 의미는 남성적 승리의 의미와 같지 않다. 남성은 파괴하기 위해 지배한다. 그러나 여성은 지배당하지 않기 위해 지배한다. 여성은 지배 공간을 파괴하기 위해 지배자를 지배한다. 쓰러뜨려진 남자를 다시 일으켜 세우기 때문이다. 그녀는 자기가 '무찌른 남자'를 자기 세계로 데리고 간다. 남자가 결코 상상해 본 적이 없는 세계이다. 그곳에서는 잔치가 남자를 기다리고 있다. 노예가 아닌 여성이 그를 기다리고 있다. 이러한 여왕들의 우주에서 사람들은 생산하고, 축하한다. 이것이 아마존 사회의 법이다. 그 법을 이중화하고 그 법을 지탱해 주는 또 다른 하나의 법이 있다. 그것은 비-선택의 법이다. 아마존 여인은 적을 선택하지 말아야 한다. 어떤 남자건 비-특화된 '한' 남성에 대한 '자연적인' 욕망 이외에 아무것도 전투에 개입시키지 말아야 한다. 왜냐하면 아마존 여인은 어떤 남자에게도 **집착**해서는 안 되기 때문이다. 유일한 자에 대한 사랑은 있어서는 안 된다.

게다가 결합은 일시적으로만 이루어져야 한다. 그리스 남자들은 일단 사랑받고 나서 그리스 남자들의 세계로 되돌려보내져야 한다. 그들은 사랑받고, 이용되는 것이다. 그러나 이것은 클라이스트가 원하던 세계에서는 일어나지 않는다. 일어날 수가 없었다. 단번에 아마존 여인들 군대는 슬그머니 법 아래로 들어간다. 대여사제의 고함에서 벗어나, 아마존 군대의 들끓는 혈기가 애정으로 변모하기를 초조하게 기다릴 뿐이다.

왜냐하면 이 여전사들, 이 가시 돋친 여자들은 장미를 위해 만들어졌기 때문이다. 이 여자들이 설사 '순종한다'고 해도, 사실 그녀들이 순종하는 대상은 삶이다. 설사 이 여자들이 '선택하지'않는다 해도, 그녀들은 무의식을 통해 선택하고 벌써 사랑한다──벌써 프로토에는 자신의 왕자를 '선택한다'——사후에? 누가 그걸 말할 수 있으랴?——아니면 사랑이 연인들을 선택하는 것인지도 모른다.

그러나 펜테질리아의 본질은 순수한 욕망이다. 즉각적으로 모든 법 밖에 있는 맹렬한 욕망이다. 그녀에게는 절대 브레이크가 없다. 그녀는 경계 없는 도약이다. 경계의 어렴풋한 기미만 보여도 그녀는 미칠 듯한 상태가 된다. 이런 순수한 욕망에 불확신이란 결코 없다. 자기 대상에 도달하고자 하는 필연성, 그 이외에 다른 법이란 없다. 그녀는 자기가 원하는 남자를 보았다. 전광석화처럼 그녀는 그임을 알아보았다. 그리고 그 남자 또한 번개이다.

"사랑하는 나의 남자여. 마침내 그대를 보았을 때 내가 느낀 것. 그것을 누가 그대에게 말할 수 있을까?-스카만데르 계곡 안, 종족의 영웅들 틈에서 우뚝 솟아 있던 그대. 그대는 마치 창백한 별들 한가운데 빛나는 태양. 그대는 마치 흰 말들이 속보로 질주하고 천둥이 울부짖는 가운데, 약혼녀에게 인사하기 위해 올림포스 산에서 내려온 전쟁의 신 마르스 같았소. 그리고 그대는 사라졌소. 난 눈이 먼 채 그대로 못박혀 있었소——어두운 밤, 벼락이 떨어져 여행자들의 두 발 바로 아래의 땅이 갈라진 것 같았소. 엘리제의 문이 행복한 영혼을 맞아들이기 위해——빛나는 번개가 번득이는 순간 잠시 열렸다가 다시 닫힌 것 같았소. 바로 그 순간 펠리드여, 방금 전 내 심장을 관통한 그 충격이 어디에서부터 온 것인지 알았소."

"그 남자, 당신이 바로 나의 그대, 유일한 그대요. 나는 그대를 내 것으로 만들지 않을 수 없소." 한 여자가 그 열정으로 인해 남성들의 전장으로 뛰어들어 이렇게 말하는 것을 상상할 수 있겠는가?

물론 전통적인 사회에서는 상상이 불가능한 이야기이다. 여인의 욕망은 전통적 사회에서 이렇게 단도직입적으로 목표를 향해 화살을 쏘아보낼 수 없다. 여성의 욕망은 1천 가지 우회로를 택해서 표현된다. 또 너무나 흔히 여성은 자신의 욕망을 침묵으로 말해야 하는 희극으로 귀착되고 만다. 보통 여인은 자신의 욕망을 알리지도 않고, 시작하지도 않기 때문이다. 여자는 자기 욕망의 대상을 찾으러 가지 않는다. 그것이 암묵리에 통하는 약속이다. 기사도적인 사랑의 이중적인 이면이 바로 이것이다. 기사도적인 사랑에서 여자는 숭배되고, 신격화되며, 찬사를 받는 우상과 동일화된다. 여자는 성모의 신분과 그에 합당한 경의의 표시를 받게 된다. 그러나 이를 뒤집어 보면 여자는 똑같은 자리에서, 자신의 무능력 속에서, 타자의 욕망의 처분에 맡겨진 자이다. 대상, 매춘부인 것이다. 이런 조건에서 여성의 욕망은 어떤 것인가? 여성의 욕망에서 남는 것은 무엇인가? 여성의 욕망은 어떻게 전개되는가? 여성의 욕망 중 어떤 충동은 죄가 있는 것이어서 차단되는 것인가?

그녀는 그가 자기 것임을, 그녀의 빛나는 목표임을 알아보았다. "오 펠리드여, 꿈속에서 내가 끝없이 꿈꾸던 자, 그것이 바로 그대였소. 뜬눈으로 지새운 밤, 가슴 저미듯 내 마음이 가던 곳도 그대였소." 그는 그녀가 기다리던 자, 기다림을 실망시키지 않은 자, 기다림을 가득 채운 자이다. 기다림을 만족시켜 주는 자. 그녀의 모든 것에 대한 필요에 대답을 가져다 줄 수 있는 유일한 자. 나는 이 사랑을 위해 태어났다. 또 지금 태어나고 있다고 그는 그녀에게 느끼게 하는 자이다. 다른 아마존 여인들은 그는 그녀의 '운명'이라고 보았다. 왜냐하면 그것은 드러난 진실의 영역에 속하기 때문이다. 그리고 실수란 없다.

그녀는 그를 예견했었다. 이제 그녀는 그를 본 것이다. 그가 존재하는 것이다. 이제 남은 것은 그를 사로잡는 일뿐이다. 신중함이 필요하다——이것 또한 그녀의 한계이다. 얼마 안 가 그녀는 신중함을 초월할 것이다. 그녀는 그와 싸워서 이기려 시도해야 한다. 그렇다면 여전사 아마존 여인은 그녀 속의 연인에 봉사해야 한다. 사랑의 첫번째 싸움이 바로 경기이다. 강철을 갖고 싸우는가? 그러나 그것은 강철을 가지고 그를 껴안는 것이다——강철로 만들어진 쇠사슬. 그러나 그것은 꽃이다. 엄청난 육박전이 일어난다. 충돌이 있을 때마다 사랑의 눈부신 빛이 분출한다. 게다가 연인들 사이에는 모든 것이 전장의 소란스런 이 침상에서 벌어진다. 육신, 사지, 피 속에서 모든 것이 벌어진다. 그리고 즉시 사냥, 도망, 그 이름들을 말하지 않는 교환 속에서 이루어진다. 그녀는 짐승 한 마리를 공격한다. 그 짐승을 끌고 가서 여전사의 단단한 허벅지로 껴안는다. 남자는 여자가 자신을 뒤쫓아오도록 유인하는 것을 즐기다가 여성화된다. 그는 꾀를 쓴다. 그녀는 정면으로 맞선다. 서로 상대의 역할을 훔친다. 모든 것이 접근이다. 순진무구하며 꾀 많은 유혹이다. 모든 것이 서로가 서로를 변모시키고자 하는 작업이다. 타자 안에서, 그리고 도취경이 된 폭력으로부터 "그들은 두 개의 별처럼 각자 상대방 위에 기초를 둔다." 그러나 교환 속에서 조금씩 조금씩 사랑은 자신을 내맡긴다. 그들은 서로서로 황홀해진다. 매순간은 가능한 최고조의 강렬함, 최대 속도의 층위에서 체험된다. 찬란한 달리기의 장면들. 너무나 빨리 달려 그들은 달린다는 생각의 속도조차 초월한다. 높은 곳에서는 속도의 개념조차 분쇄된다. 그들은 사람들 눈에 더 이상 보이지 않는다——감각조차 사라진다. 연인들은 평범한 눈에 보이지 않게 감추어진다. 구름, 또한 신비주의의 은유들. 그들은 무엇이 되는가. 단지 육체의 눈에는 보여지지 않는다. 열정의 눈이 뜨여야 한다. 열정의 시선은 빛보다 빨리 간다.

투쟁 속에서 기호들도 바뀐다. 아킬레우스는 보통 언어로 말해지지 않는 것을 깨닫는 것이다. 이 뒤쫓음, "여신 같은 여자, 그녀가 내게 바라는 것이 무엇인지 나는 너무나 잘 알고 있다. 그녀는 대기를 가로질러 내게 깃털 같은 애무를 보낸다. 그 애무는 내게 다가와서, 그 죽음의 목소리——그리고 그녀의 욕망——를 귓가에 속삭인다."

그들은 서로에게 달려들어 서로에게 상처를 낸다. 그들은 서로 피를 흘리며, 기력을 잃는다. 그러나 결코 그들의 욕망은 잃지 않는다. 가장 가슴 아픈 교환 속에, 둘이서 함께 다른 곳에 도달하기 위해 무언가를 파괴했어야 하는 것과 같다——이것이 그들의 비극이다. 서로 타자의 평화 속에 잠길 수 있기 위해서는 그에 앞서 서로 자기 안에 있는 전사를, 사회가 그들의 기억 속에 새겨 놓은 적을 쓰러뜨려야 하는 것이다. 사랑의 힘을 해방시키기 위해서는 그들 자신이 가진 전사의 힘을 죽여야 하는 것이다. 기적적으로 그들은 거기에 도달한다. 그들은 영원한 삶의 태양을 가졌기 때문이다. 그들은 그걸 향유한다. 그들은 거기에 다다른 것이다.

(클라이스트가 그린 아킬레우스와 펜테질리아는 저주받은 다른 유사한 연인의 경우와는 정반대이다. 호메로스가 그린 펜테질리아와 아킬레우스를 보자. 아킬레우스는 펜테질리아를 죽이고 난 직후 그녀에게 반한다. 탕크레드와 클로랭드를 보자. 전사의 모습을 한 클로랭드, 그녀를 죽이는 바로 그 순간 탕크레드는 열정 속에서 그녀와 하나가 된

다. 이때 합류란 없다. 사랑은 미리 죽음 속에서만 일어나도록 이미 그
렇게 선고받은 것이다. 상징적으로, 똑같은 절망을 이렇게 상기하고 있
는 것이다. 여전사, 여자가 아니다. 그건 자기 안에 있는 여자를 죽인
여자이다. 그녀는 죽음을 통해서만 여성성으로 돌아오는 것이다. 성차
로 돌아오는 것이다.)

이런 산꼭대기가 있다고 생각해 보자. 그 정상에서는 사랑이 행해
진다. 잠시, 그러나 실제로 그곳에서 사랑이 행해진다. 클라이스트
의 텍스트 속이나, 아니면 꿈속에서밖에는 일어날 수 없는 일이 일
어나는 것이다. 그곳, 혹은 시처럼 희귀한 또 다른 사랑의 장소. 거
기에서 폭력의 정점에 시간이 열리는 것이다. 아킬레우스와 펜테질
리아가 또 다른 곳을 만들어 낼 때까지 모든 감정은 가속화되고, 욕
망은 고조된다. 그리고 펜테질리아가 평화롭게 있기 위해서는 아킬
레우스가 그녀 쪽으로 이동해야 한다. 그리고 아킬레우스는 그렇게
한다. 그는 꽃이 된다. 그녀는 태양이다.

펜테질리아: 감미로운 자여. 이제 오라. 오라. 내 발치에 앉으라.
어서 가까이 오라. 좀더 가까이… 내게 아주 가까이. 그대는 내가
두렵지 않은가? 그대는 나를 증오하지 않는가. 그대를 무찌른 나
를? 내게 말하라. 그대를 먼지 속에 던진 이 여인을 그대는 두려워
하지 않는가?

아킬레우스 (그녀의 발치에서): 꽃들이 태양 광선을 두려워하지 않
는 것같이, 나는 그대를 두려워하지 않소.

펜테질리아: 아주 잘 말했소. 이렇게, 지금부터 그대는 나를 그대
만의 태양으로 쳐다보라. 다이아나, 나의 여신이여. 그가 상처를 입
었나이다.

아킬레우스: 그대가 보듯이 팔을 긁힌 것일 뿐이오. 그 이상 아무 것도 아니오.

펜테질리아: 펠리드. 제발 간청하오. 내가 당신의 목숨을 노렸던 것이라고는 절대 생각하지 마오. 앞으로도 그렇게 생각하지 마오. 그렇소. 내 이 팔을 뻗쳐 그대에게 도달할 수 있었다는 것이 자랑스럽소. 그렇지만 그대가 떨어졌을 때, 내 마음은 그대의 몸을 받은 먼지를 질투했다오.

아킬레우스: 당신이 나를 사랑한다면 더 이상 말하지 마오. 보시오. 벌써 나았소.

펜테질리아: 그럼 나를 용서하는 거요?

아킬레우스: 마음으로부터.

무시무시하던 아킬레우스는 어린아이가 목에 리본을 매달아 준 새끼 암비둘기만큼이나 얌전히 있다. 그는 자신을 내어준다. 그녀는 그를 안고 싶어한다. 그는 가만히 안긴다. 그녀는 군림한다. 그는 지배당하도록 자신을 내맡긴다——그러나 이곳은 더 이상 지배의 공간이 아니다. 새로운 역사를 향한 상승이다. 모든 불안은 고갈되고, 모든 전쟁은 쓸모없는 것이 된다. 여왕과 왕 사이에는 이제 더 이상 아름다움을 알고 인정하는 것 이외에 다른 목표가 없을 것이다. 육신의 만족할 줄 모르는 욕망 이외에는 다른 법이 없을 것이다.

아킬레우스: 한데 그대는 누구인가? 영광 속에 마치 낮의 왕국들이 빠끔히 열리듯 나를 향해 내려온 그대여! 내 영혼이 나 스스로에게 "그대는 누구에게 속하는가?"라고 자문할 때, 내가 어떻게 그대를 불러야 하겠소?

펜테질리아: 그대의 영혼이 그렇게 그대에게 묻거든, 단지 이 얼

굴을 기억하시오. 이 눈과 이 뺨이 그대가 나를 생각하는 달콤한 이름이기를 바라오……. 그대에게 이 금반지를 주겠소. 이 반지에 새겨진 기호가 그대를 모든 악으로부터 보호할 것이오. 단지 이 반지를 보여 주기만 하시오. 그러면 사람들이 그대를 항상 내게 데려다 줄 것이오. 그러나 반지란 잃어버리는 법이고, 이름은 잊혀지는 법이오. 만약 그대가 내 이름이 기억나지 않는다면, 만약 그대가 내 반지를 잃어버린다면 그때 당신은 영원히 내 얼굴을 기억해 낼 수 있겠소? 눈을 감고 내 얼굴을 떠올릴 수 있겠소?

아킬레우스: 다이아몬드로 그은 선처럼 그대의 얼굴은 내 기억 속에 새겨져 있소.

그러나 모든 것은 먼지 속에 끝나고 만다. 클라이스트에게 있어 펜테질리아, 그것은 동시에 '모든 고통, 내 영혼의 모든 광채'이다. 왜냐하면 끔찍하게도 문득 평화는 찢겨지고, 무기들이 휘둘러지기 때문이다. 사랑은 심연에까지 떠밀려간다. 결코 그렇게 빛난 적이 없었던 목표를 향한 그들의 경주를 눈으로 좇아 완수하면서, "이제 그들은 땅에 서로 상대방의 몸 위에 쓰러져 있다." 끊임없이 이런 위협이 있었다. 욕망의 대상인 남자, 그를 어떻게 살려둘 수 있을 것인가? 항상 욕망을 증오해 왔던 모든 것이 서로 연합하여 그 남자에게 불리하게 반대하게 될 때, 사랑은 어떻게 해야 사랑을 산 채로 간직할 수 있을 것인가?

한편으로는 두 진영의 군대가 법과 책임을 갖고 되돌아온다. 그리스 남자들과 아마존 여인들이 몰려온다. 그들은 사랑의 무대 위로 올라와 사랑을 산산조각내 버린다. 사랑의 힘이 명쾌한 대립성을 흐리게 만들기 시작해서는 안 된다. 두 연인은 강제로 떼내어진다. 그리고 서로 다시는 만나지 못한다. 그들은 그들의 높이로 다시 되돌아오지 못한다. 또 다른 곳은 여기 이곳에서 **너무나** 나약하고, 너무나 기적적이다. 욕망의 신 자신도, 혹은 클라이스트 자신도 이런 또다른 곳의 존재는 믿기 힘들다. 사랑을 처형하지 않기에는 세계가 너무나 질투에 차 있다. 너무나. 이것은 클라이스트에게 있어 고통의 이름이다. 넘쳐나는 것, 모든 끈에서 떨어져 나가는 것, 이미 알려져 있는 것과 아무 관계도 없는 것, 비상해서 시야에서 사라지는 것만이 아름답다. 아름다운 것은 항상 가까스로 보고 숭배하여, 너무나 아름다운 것이 된 것이다. 그것이 그대인가? 그렇다. 그것이 그대이다. 전광석화같이 그대를 알아봄. 그대가 하나의 이름을 얻게 되는 순간. 이 두 순간 사이의 간격에서, 아무리 깨끗하다 하더라도 그 누가 그대를 인간들 사이로 다시 데려올 것인가. 그 비-장소(non-lieu) 속으로 벌써 심연이 열린다. 잃어버린 곳, 아니면 적어도 언제나 필연적으로 더 멀고 더 높은 곳일 뿐인 것이 삼켜져 버릴 것이다.

아킬레우스는 사랑하는 여자의 발치에서 예감한다. "그대는 나도 떠날 것이오? 그것을 그대는 꿈꾸는 것이오?" "나도 내 사랑을 알지 못한다오. 내게 묻지 마오."

클라이스트: "오 예수여. 내가 이 작품을 끝낼 수만 있다면.(《펜테질리아》) 신께서는 나의 유일한 소망을 내게 허락하셔야만 한다. 그 후에는 하늘이 원하는 대로 하시라지." 가슴 찢어지는 역설이다. 내 작품이 살기 위해, 내 작품을 내가 끝낼 수 있기만 하다면 얼마나 좋을까. 그러나 작품이 끝나고 **완성되면**, 그것은 내게서 떠난다. 나는 살아 있는, 생명 있는 작품을 잃는다. 그것은 내게서 떨어져 나

간다. 그러나 내 작품이 나를 떠나지 않으면, 그 작품은 미완성이며 불충분한 상태로 남아 있는다. 나는 그것을 반쯤 죽은 채로 간직하는 것이다. 아킬레우스나 펜테질리아도 이와 같다. "오 신들이시여, 그대들은 내게 이 기쁨을 허락하여야만 하오." 이토록 열렬히 욕망하는 영웅을 먼지 속 내 발 아래로 던져 버리는——이 기쁨. 오로지 그만을——그러면 내 평생을 위해 마련된 행복을 모두 다 가져가도 좋소——한순간만이라도 그를 소유하기 위해서 그녀는 이 한순간에 평생을, 삶을 송두리째 건다. 클라이스트 속에서의 《펜테질리아》는 펜테질리아 속에서의 아킬레우스이다. 자신에게서 억지로 떼어내야 하는 작품이다. 작품이 살지 않으면 우리는 그로 인해 죽는다. 작품이 살면, 우리는 그 작품으로부터 분리되어 죽는다. 이것이 가장 약한 부분, 가장 아름다운, 가장 욕망되어지는 부분이다.

그러자 펜테질리아는 기절한다. 아킬레우스도 그에 못지않는다. 오래된 고뇌, 클라이스트의 고뇌가 그의 마음에 독을 퍼뜨리는 것이다.

아킬레우스는 동족들을 배반하고, 그녀에게로 온다. 그녀에게 와서 굴복하고, 다시 자신을 그녀에게 주려 한다. 그는 이별을 없애고, 죽음의 위협을 극복하고, 그리고 그녀가 요구하는 평화의 대가를 역사에 지불하려 마음먹고 온다. 모든 것을 벗어 버리고, 그녀가 될 수 없는 그런 펜테질리아를 맞을 마음의 채비를 하고서 온다. 이때 그는 벌써 시야에서 사라진다. 신뢰에서 사라진다. 그러나 겉모습만으로 확신한 그녀가 이번에는 사랑의 메시지를 듣지 못한다. 너무 멀리 있었던 것이 그녀는 두려운 것이다. 너무나 여성이었던 것이 그녀는 두려운 것이다. 그녀는 공포가 된다. 광기가 된다. 그녀는 사나운 개떼들로 복수화된다——바로 이런 상태에서 그녀는 너무나 아름다운 자, 아킬레우스의 목숨을 '끝내는' 것이다. 단지 짧은 순간 동안 떠난 것이었건만 그가 영원히 떠난 것이라고 그녀는 생각했었던 것이다. 즉 정상은 공포의 심연으로 역전된다. 아킬레우스를 맹렬하게 죽이는 행위는 찬란함을 참을 수 없는 고통으로 변화시킨다. 벌써 사랑은 죽음에 대항하여 발버둥친다. 개들이 그를 물어뜯는다. 펜테질리아 그녀 자신도 탐욕스런 개가 된다. 아킬레우스는 증오 없는 펜테질리아가 되어 죽는다. 실수를 깨닫고, 사랑을 한탄하며 죽는 것이다. "그는 자기가 흘린 붉은 피 웅덩이를 기어간다. 그녀의 뺨을 다정하게 만지며 그는 그녀를 부른다. 펜테질리아 나의 약혼자여! 무슨 짓을 하는 거요, 그대가 내게 약속하던 장미 축제——그것이 그러니까 이것이었소?"

그러자 그녀. 그녀는 갑옷을 열어젖히고 그를 만진다. 그리고 마침내 그를, 빛나는 그녀의 새를 껴안는다. 그녀는 그를 죽도록 사랑한다. 맨손으로 그녀에게 온 그. 그는 남자가 아니다. 그는 남자 이상이다. 사랑의 육신 그 자체이다. 사랑의 목소리이다. 그녀는 그 사랑의 육신, 사랑의 목소리를 잔인하게 자기 것으로 만든다. 그녀는 자기 치아를 그의 흰 가슴속에 박는다. 옥수스와 스핑크스는 오른쪽, 그녀는 왼쪽. 그렇다. 이건 그들의 잔치이다. 미친 잔치이다. 그들은 서로서로 미친 듯이 이 미친 잔치에 몸을 내맡긴다. 그 또한 이 미친 잔치를 거부하지 않는다.

광기 속에서 그녀는 사랑의 끝을 향해 도약한다. 아킬레우스를 삼키는 것, 그것은 그를 자기 몸속에 넣는 것이다. 그를 입맞춤으로 삼키는 것이다. 은유의 공간은 붕괴되고, 환상이 실현된다. 그러지 못할 게 뭔가? 더 멀리, 더 멀리 그녀는 이제 불가능을 정면으로 직시할 수 있다. "애인의 목을 끌어안고서 난 당신을 너무나――오, 너무나 사랑해요. 그래서 난 당신을 먹어 버릴 테요라고 말하는 여자들은 너무도 많소. 그 여자들은 이런 말을 하자마자 미친 듯이, 머릿속에 그런 장면을 그려 보고는 혐오스러워하오. 그러나 나는 그렇게 하지 않았소. 사랑하는 이여. 내가 그대의 목에 매달렸을 때, 그건 내 약속을 말 그대로 지키기 위해서였소――그렇소――그리고 보다시피 나는 겉으로 보이듯 그렇게 미치지 않았소." 좀더 먼 곳에서는 다른 혼인들이 축하 속에 맺어진다. 그곳에는 또 다른 승리가 기다리고 있다. 그곳에는 더 이상 무기도 없고, 고뇌도 법도 없다. 어떤 법도, 어떤 위협도, 어떤 예속적인 의무도 없다. 나는 더 이상 법을 따르지 않는다. 나는 여기 있는 이자와 함께 간다. 그것이 가능한 일일까? 폭력 없이? 서로 죽이지 않고, 그녀가 아킬레우스를 떠나지 않을 수 있을까, 여기 있는 이 남자가 될 수 있을까?

이제 화살은 필요치 않다. 그녀는 화살을 던져 버린다. 단도도 더 이상 필요하지 않다. 그녀는 허리띠에서 단도를 꺼낸다. 이제 더 이상 전쟁은 필요치 않다. 왜냐하면 이제 그녀는 사랑이 더 이상 약점에의 굴복이 아닌 곳, 이별이 이제 더 이상 연인들을 갈라 놓지 않는 곳, 맹목이 더 이상 눈을 멀게 하지 않는 곳에 있기 때문이다.

그녀는 자기 자신의 가슴으로 내려온다. 그곳에 갈기갈기 찢겨진 아킬레우스가 있다. "나는 내 가슴으로 내려온다." 그녀의 말은 진실이다. 그녀는 그를 좇는다. 아무것도 멈추게 하지 못하는 사랑이 갈 수 있는 그곳으로 그녀는 간다. 그녀의 육신은 그를 위해, 그녀를 위해 무너진다. 그녀는 온통 상처투성이의 대지가 되어 버린 자기 가슴에서 순수한 금속을 끄집어 낸다. "그리고 나는 그를 희망의 영원한 쇠도마 위에 올려 놓는다. 나는 그를 간다. 갈아서 단도로 만든다. 그리고 그 단도로 마침내 내 가슴을 겨냥한다. 여기. 여기. 여기. 그리고 또다시 한 번……." 그리고 모든 것이 좋다.

그렇다. **역사** 너머에는 모든 것이 좋다. 그곳에는 아킬레우스가 펜테질리아 속에서 이해된다. 아킬레우스는 모든 계산을 넘어서 펜테질리아를 이해한다.

그리고 클라이스트——역시——펜테질리아가 되어 죽는다. 죽지 않고서는 펜테질리아가 될 수 없기에 그는 죽는다.[34] 아직도 법의 그림자에 너무나 가까웠기에 펜테질리아는 죽어야 했던 것과 마찬가지로. 펜테질리아는 아직도 낡은 유령들에게 겁먹고 있었기에 죽어야 했던 것과 마찬가지로. 손을 뻗으면 닿는 곳, 시선이 미치는 곳에서 삶 자체가 지나가는 것을 보았기에, 그것을 스쳤기에 그녀가 죽어야 했던 것과 마찬가지로 클라이스트도 죽는다. 그의 불길 같은 머리카락의 애무를 받았기에, 그 애무를 붙들지 못했기에 펜테질리아가 죽어야 했듯이 클라이스트도 죽는다.

죽음의 방해를 받지 않고, 어떻게 한 여인을 사랑할 수 있을까? 인형도 아니고, 죽은 여자도 아니며, 벙어리 여자도 아니고, 나약한 여인도 아닌 한 여자를, 아름답고 고고하며 강력하고 눈부신 여자를 어떻게 사랑할 수 있을까?

역사가 그 증오의 법을 느끼게 하지 않고서 어떻게 사랑할 수 있을까? 그러므로 이 두 약혼자는 다시 먼지 속에 쓰러진다. 거세의 복수는 여전히 작용하고 있으며, 슬픔에 빠진 시인은 그 복수를 오로지 허구 속에서만 극복할 수 있다.

그러나 또 다른 무대에서는 질투의 기계가 고장난다. 내가 그것을 여기서 너무나 성급히 환기시키는 것은, 강자들의 이유를 변호하기 위해서이다. 이기기 위해서이다. 역사에는 실제로 사랑의 승리가 있었다. 남자도 여자도 아니었던 자, 천의 얼굴을 가진 셰익스피어는 이 '모방할 수 없는 삶'의 광채를 영원히 전달한다. 찬란한《안토니우스의 생애》를 썼던 플루타르코스 또한 마찬가지이다. 하나의 메아리만 울려 보자. 안토니우스와 클레오파트라의 **쾌활함**, 그 천재적인 독창성이 이 텍스트들 속에 완벽하게 노래되어 있다. 우리는 이 텍스트를 다시 읽어야 한다.

클레오파트라와 함께 한 안토니우스의 삶. 클레오파트라를 한 번 보고 나서 안토니우스가 내뱉은 몇몇 단어는 그 규모를 강렬한 섬광 속에 엿보게 해준다.

클레오파트라: "나는 안토니우스라 불리우는 황제를 꿈꾸었네. 오! 또다시 잠들어 그와 견줄 만한 자를 한 번만 볼 수 있다면.

그의 얼굴은 흡사 하늘 같았네. 그 하늘에는 태양이 빛났고, 달은 작고 조그만 이 지구를 비추었네.

그가 대양을 성큼성큼 걸어가며 팔을 뻗으면 세상에 그늘이 졌네. 친구에게 말하는 그의 목소리는 천상의 음악을 상기시켰네. 그 목소리는 천둥처럼 위협적으로 대지를 뒤흔들었네. 그의 너그러움에는 겨울이 없었소. 그것은 줌으로써 풍요해지는 지속적인 가을이었네. 그의 감미로운 유희는 파도를 등 위에 업고 노는 돌고래들의 유희와 같았네. 왕관들과 월계관들이 그의 수행원으로 몰려들었네. 그의 어깨에 드리워진 긴 토가의 주름자락은 마치 금화들처럼 섬과 대륙이 되어 떨어졌소.

내가 꿈꾼 남자는 이런 남자였소. 이와 비슷한 남자가 존재할 수 있겠소? 말해 보시오.

그런 남자가 존재하면 좋겠소. 그런 남자가 존재할 수 있다면 좋겠소. 그건 꿈 이상의 것이오. 상상력을 초월하는 것이오. 자연은 창조하기 위해 고갈되지 않는 꿈의 소재를 시샘하오. 안토니우스 같은 사람을 잉태하면서, 자연은 꿈에 자리를 내어주고 패자가 되어 무릎을 꿇은 것이오.

안토니우스: "로마여, 테베레 강 속에 파멸하거라! 정돈된 제국의 거대한 궁륭이여, 무너지거라! 나의 공간은 여기이도다. 진흙으로 이루어진 왕국이로다. 우리의 진흙투성이 대지는 인간과 짐승을 무심히 먹여 살리도다. 우리와 같은 연인, 이렇게 완벽하게 어울리는 두 존재가 사랑할 때, 삶은 고귀하여라(그는 그녀를 포옹한다)!"

......

한 사람이 다른 한 사람과 동등하고, 한 사람이 다른 한 사람이 짝지어 견줄 바 없는 연인. 그들은 그런 연인이다. 그들은 **또다시**의 비밀을 발견한다. **결코 충분치 않음**이 시간을 파멸시킨다. 1분의 품 안에서 1백 일을 산 것 같은 경험을 이끌어 낸다. 그러나 그래도 여전히 그것은 아무것도 아닌 시간. 충분치 않은 시간이다.

호령하고, 크게 웃으며, 눈물 흘리고, 모든 것이 다 잘 어울리는 싸움 잘하는 여왕, 매초 다른 얼굴이 되고, 숨을 들이쉴 때마다 매번 열정이 솟는 여왕, 그 육신 속에서는 매순간 더 많은 사랑, 더 많은 삶, 더 많은 쾌락에 대한 또 다른 욕망이 투쟁한다. 10개의 언어를 구사하는 여왕. 그녀는 10개 언어를 모두 말했다……. "그녀의 아름다움은, 사람들이 말하는 바에 따르면 도저히 견줄 곳이 없었다. 그녀만큼 아름다운 미모란 있을 수가 없었다. 쳐다보는 자들의 넋을 즉시 빼앗는 그런 여자란 있을 수 없었다. 그러나 자주 대하다 보면, 그녀와의 대화는 너무나 유쾌하여 그 매력에 사로잡히지 않을 수 없었다. 그리고 아름다움과 더불어 이야기를 나누면서 보여주는 그 우아함, 천성에서 우러나오는 부드러움과 친절함은 그녀가 말하거나 행하는 모든 것에 짜릿한 매력을 더해 주었다. 게다가 그녀의 목소리만 들어도, 그녀의 발음만 들어도 큰 기쁨을 느낄 수 있었다. 그녀의 혀는 여러 가지 놀이를 할 수 있는, 그리고 여러 가지 음역을 넘나드는 악기와 같았다. 악기를 쉽게 바꾸듯 그녀는 자기 마음에 드는 어떤 다른 언어로 바꾸어 말했다. 어찌나 자유자재로 언어를 바꾸어 구사했는지 그녀가 통역인을 두고서 대화를 나눈 나라는 거의 없었다. 그녀는 몸소 그들에게 답변했다. 적어도 대부분의 나라에게. 에티오피아인, 아랍인, 트로글로디트인,[35] 히브리인, 시리아인, 메디아인,[36] 그리고 파르티아인에게 그녀는 직접 답변했다. 그리고 이외의 많은 나라들의 언어를 그녀는 배웠다. 그녀 이전의 많은 이집트 왕들은 겨우 이집트어만을 배웠다. 마케도니아어를 망각한 왕은 하나도 없었다. 그러기에 그녀의 사랑은 안토니우스를 그토록 놀라게 했던 것이다."(플루타르코스)

그녀는 또한 신체의 모든 부분들로 하여금 온갖 언어를 말하게 했다. 그녀는 모든 피의 노래 역시 알고 있었다. 예술과 자연은 그녀 안에서 고갈되지 않는 무엇을 이루고 있었다. 그래서 그녀는 학식이 많으면서도 순진무구하였다. 모든 사람들의 눈에, 민중·왕들·적들 혹은 친구들의 눈에도 그녀는 수수께끼였다. 그러한 여자는 아름다움의 샘이며, 충만 이상의 것, 넘침이었다. 그녀는 질리지 않게 할 줄 알았다. 그녀는 만족시키자마자 또 다른 욕망할 것을 주었다. 그리고 그 또 다른 욕망에 또 다른 만족을 다시 만들어 내었다.

그녀는 항상 더 많은 것을 할 수 있었다. 그녀 자체가 움직임이고, 소비며, 풍요이다.

로마 남자들과 이집트 남자들은 이렇게 말했다. 다른 여인들 같으면 여인을 소유하는 즉시 남자의 욕망은 정지된다고. "그러나 그녀는 그녀가 만족시켜 주는 곳에서 더욱 허기지게 만든다(But she makes hungry where most she satisfies)." 이 보기 드문 이집트 여인은 사랑하는 남자를 먹이면서 동시에 배고픔에 허덕이게 하는 것이다. 어디에도 견줄 데 없는 여자. 그녀를 맛본 자는 영원히 그녀에 대한 배고픔에 사로잡힌다. 그녀는 기적처럼 거느리고 잔치를 베푼다. 나날이 능가 불가능한 것을 능가한다. 그녀 인생에 회한을 위한 자리는 없다. 모든 것이 도래해야 한다. 열망도, 충동도. 더 많이 가지고 있을수록 그대는 더 많이 주고, 더 많이 존재한다. 더 많이 줄수록 더 많이 가지게 된다. 삶은 무한으로 열리고, 펼쳐진다. 그러나 안토니우스도 빚지고 살지는 않는다. 창조의 영역에서 안토니우스가 클레오파트라의 높이를 유지하기는 힘들다. 그러나 또 다른 영역, 관대함의 영역에 있어서 안토니우스는 그녀를 능가한다. 남자로서 영광과 권력을 감히 집어던지고, 한 여자와 열정의 경쟁을 벌이는 것을 즐겁게 뽐낼 만큼 그 여자를 충분히 사랑하고 찬미하는 데 있어 그는 그녀를 능가하는 것이다.

"그들은 그들 사이에 동맹을 맺었고, 그것을 Amime to bion, 유례 **없는 삶**이라 불렀다. 다른 사람들이 모방할 수 없는 삶이었다. 그들은 번갈아 가며 서로에게 축제를 베풀었고, 그러는 과정에서 모든 이성적 경계선과 모든 절도를 넘쳐 지출했다."

게다가 단번에, 그들은 서로서로를 보통 인간의 시간 너머에 위치시켰다. 이는 보통 인간에게는 너무나 무거운 연령이라는 문제와 그들이 맺고 있는 놀라운 관계 속에서 드러난다. 왜냐하면 두 사람 다 젊은 시절이 지난 연령이었기 때문이다. 둘 다 오래 살았기 때문이다. 여러 시대를 겪고, 다른 여러 사랑을 겪었기 때문이다. 그리고 그들은 서로서로 이를 알고서, 대부분의 존재들이 자신의 역사를 마감하는 때에, 새로운 역사를 시작하면서 서로 웃으면서 새로운 출발을 했던 것이다. 그의 검은 곱슬머리에는 흰 머리카락이 섞여 있었고, 그녀의 건조해진 피부에는 주름이 있었다. 그들은 서로를 있는 모습 그대로 보았다. 그들은 영원한 불이며 숨결이었다.

"오 그대여, 이 세상의 빛이여, 철갑을 두른 내 목에 그대 팔로 사슬을 묶어 주오. 찬란하게 치장하고서 내게로 오소서. 승리에 차서 펄떡이는 내 심장 소리는 내 갑옷을 뚫고 그대를 흥분시킬 것이오.

클레오파트라: 왕 중 왕이시여! 오, 끝없는 영웅주의여. 미소를 머금은 그대의 귀환은 그 어떤 복병(伏兵)도 피할 것이오?

안토니우스: 나의 나이팅게일이여. 우리는 그들을 잠자리로까지 내쫓아 버렸다오. 오 나의 딸이여(그는 투구를 벗고 머리카락을 보여 준다). 비록 우리의 갈색머리에는 잿빛 몇 가닥이 섞여 있지만, 우리에게는 아직 신경줄과 근육을 팽팽하게 긴장시키기에 충분한 이 머리, 젊은이들을 이기기에 충분한 이 두뇌가 있소.(셰익스피어)

그녀는 이 세상의 태양이다. 빛이며, 눈에 보이는 것의 근원이다. 그리고 그는 남자들 중 가장 고귀한 자, 우주의 왕관, 우주의 의미이다.

이런 다이아몬드 같은 순간들. 그 각 결정면이 발산하는 불빛에 비추어 역사상 유례없는 이들 사랑이 발견한 모든 것을 셰익스피어는 빛나게 한다. 그들은 서로 상대방의 근원이다. 실제로 그들은 서로 상대방을 만들고, 허문다.

"머리를 아래로 수그리고, 곱슬머리로 공기를 쓸면서, 두 발은 어떤 보이지 않는 힘에 떠받쳐져서 날개 없이 날아가는 이 작은 소녀. 이것이 나인가? 이 작은 소녀가 이시스 여신 복장을 하고 세 개의 왕관을 쓴 여왕인 나란 말인가? 이것이? 옥타비아를 생각할 때 흐르는 저 오래된 나일 강의 물 한 방울, 이것이 바로 나란 말인가? 내가 되고자 했던 것이 이것인가? 모든 정부들과 모든 왕좌들은 그대를 우리의 침상에서 멀리 붙잡아둔다는 이유로 내 발치에 내동댕이쳐졌으리라. 내가 몸을 누이기 위해서 이집트에 아시아 전체를 덧붙이던 내가 가졌던 여왕의 모든 이름들이 내게서 달아났다──수행원도, 국민도, 왕국도 없이, 바깥도 없이 세계의 가슴속에서 뛰는 이것이 나란 말인가? 오 나의 어머니 신랑이여, 그대의 품안에서 나는 얼마나 행복한가? 나는 예전의 나를 더 이상 알아볼 수 없도다! 그러나 이제 나는 나를 안다.

나는 기억하노라. 왕들은 마치 어린아이들처럼 서로 밀치며 그대에게 달려와 이렇게 물었다. 어떤 명령을 내리시렵니까? 그러기 위해서는 그대의 이름만으로 족하였느니. 그대의 부재시, 그대를 위한 승리를 거두기에는 그대의 이름, 이 마술적인 전쟁의 외침만으로 충분했다. 그러나 이 모든 것은 아무것도 아니었다. 제국들은 흙으로 되돌아갔다──그대는 얼마나 나를 사랑하는가? 계산하는 사랑이 사랑이라 불리울 수 있는가?──그대는 파르티아 땅을 원하는가?

그대가 원하면, 나는 메디아 땅을 주겠노라. 그리고 다른 1백 개 민족과 그들의 땅도 주리라. 그러나 그건 아무것도 아니다——그대 입가에 떠오르는 한 번의 미소를 보기 위해서라면, 나는 세 번이라도 내 생명을 내어주리라. 그리고 한 번의 삶에 세 번의 다른 목숨을 내어주리라, 내게 미소를 지어 주오! 나는 경계선까지 가고 싶소. 그대에게서 내 것은 어느것이오? 내게 속하지 않은 것은 어떤 것이오? 그대 세 개의 침상 중에서, 그리고 그대 세 개의 역사 중에서 어느 몫을 그대는 내게 주겠소?——나는 이런 생각을 할 수 있었소. 왕들에 둘러싸여 여러 민족의 수행을 받으면서도, 그들의 눈동자가 내게 나의 찬란함을 반사함에도 불구하고 나는 울었소. 이집트로서, 나는 저 오래된 나일 강의 품안에 안겨 사라지는 물 한 방울을 부러워했소. 그대는 기억하오? 그렇지만 그건 아무것도 아니오. 나는 이집트로서, 그대는 안토니우스로서 우리는 역사라는 생각을 뒤흔들어 놓았고, 세계의 질서를 뒤엎어 놓았소. 우리가 한 번의 포옹으로 또 다른 나일 강을 탄생시켰을 때는, 온 동방이 우리 손가락 사이로 흘러내렸소. 경계선까지!——넘어갑시다!——우리의 입술 사이로 벌어지는 입맞춤의 공간, 영원의 혀. 우리의 육신 아래 제국이 파멸한다오. 이 점에 있어 우리는 역사에 하나의 교훈을 준 것이오. 역사는 이 교훈에서 회복되려 하지 않을 것이오! 그대는 이 모든 것을 알고 있소. 마치 셰익스피어 연극에서처럼 30년을 3분에 사는 것. 자, 이것이 우리가 역사에 준 일거리요. 시간이 헛된 싸구려 장식으로 과장되어 있을 때, 시간을 무엇으로 만들어야 하는가를 우리가 일러 준 것이오. 우리의 육신이 체험한 3분을 말하기 위해서는, 30년 시를 써도 충분치 않을 거요. 이집트 국가로서,

나는 이것도 이미 알고 있었소. 그리고 벌써 우리가 누린 영원의 기념물들을 생각하고 있었소. 그리고 그대, 그대도 역시 그것을 알고 있었소. 나는 끝까지 가고 싶소. 경계를 알고 싶소——나는 이렇게 말할 수 있었소. 나는 고통스럽게 그것을 기억하오——자! 찾아보시오. 그리고 그대의 눈에 땅이 보인다고 생각될 때, 아직 태어나지 않은 하늘 아래 또 다른 땅을 나는 그대에게 열어 주겠소!"(H.C.)

그녀는 그렇게도 고고하고, 그렇게도 자유로웠다. 그토록 그녀는 자기 자신의 주인이었다. 그리고 그 동시대인들로부터 그렇게 **인정받았다**. 그러기 위해서 그녀는 동방 출신의 여인이어야 했다. 외국인이어야 했다. 지구 서쪽의 역사, 혹은 그 역사적 상상력을 가로지르는 '위대한 여인들'은 다른 곳 출신일 수밖에 없다. 우리는 항상 다른 곳은 좋건 나쁘건 놀라운 일을 마련하고 있으리라 기대하는 것이다. 온통 빛나는 여왕, 빛나는 여인이기 위해서 그녀는 이 세상 반대쪽에서 통치하는 여왕이어야 하는 것이다. 로마에서라면 그토록 높은 여인은 일반 대중보다 높은 수준일지라도 존경할 만한 남자 앞에서 머리를 숙인다. 여자는——왕, 대장, 주인인 누구의 아내 혹은 누구의 누이이다. 여자는 질투심이 많거나, 혹은 현모로서 남자를 따르고 섬긴다. 이렇게 하여 안토니우스의 탁월한 누이이며, 안토니우스에 걸맞은 숙달된 충성스런 존경받는 아내인 완벽한 여인 옥타비아는 '남편'을 만든다——그러나 자기에게 종속된 아랫사람인 여자의 절대적인 복종에 의해서 우리는 얼마나 '다시 만들어'지는가.

그러나 동방에서는 불가능한 것이 탄생된다. 이해할 수 없는 여자, 상상을 초월하는 여자, 가장 강력한 남자들의 가장 강력한 욕망에 핸디캡을 주는 여자, 모든 것을 다 가진 여자, 모든 것 이상인 여자, 그 누구도 간직할 수 없는 여자, 찬란함에 있어, 격정의 지속에 있어, 열정에 있어 어떤 남자도 겨룰 대상이 될 수 없는 여자, 그럼에도 불구하고 가장 위대한 남자들이 숭배하고 접근했던 여자. 그럴 때 피하지 않았던 여자. 몸소, 직접 나서서 그 남자들을 맞아들이고, 부재의 마력적 힘을 빌리지 않고 친히 모습을 나타내던 여자. 베일을 벗고, 만지고, 맛보도록 자신을 내주던 여자. 그럼에도 불구하고 그녀와 어깨를 겨룰 수 있는 남자는 아무도 없었다. 단 하나의 예외, 그것은 그녀의 인생 끝 무렵 만난 안토니우스였다.

그녀는 유일한 여자, 그 어떤 남자보다 더 위대한 여자이다. 왜냐하면 그녀는 아름다움일 뿐만 아니라——이건 아무것도 아니다——그녀는 삶을 만들고, 사랑하며, 몰두하는 무한한 지성이기 때문이다. 창안해 내고, 창조하며, 하나의 감동에서 1만 가지 아름다움의 형태를 이끌어 내고, 하나의 기쁨에서 1천 가지 유희를 이끌어 내며, 하나의 고통에서 무한한 열정의 증대를 이끌어 내는 데 골몰하는 무한한 지성이기 때문이다. 그녀는 삶이다. 여성이 된 삶이다. 그녀는 예술이 된 여성이다. 안토니우스와 함께한 그녀의 역사 한순간 한순간은 불타오르도록 창조되었고, 동시에 그렇게 체험되었다. 또한 그 순간들은 즉각적으로 끊임없는 긴장들, 변화들, 오락들로 복수화되었다. 또한 이는 사랑이 무한에 대한 욕구를 무한히 새길 수 있는 수천의 장면들을 열고, 반향한다.

안토니우스 눈앞에 나타날 때, 그녀는 모든 예술을 동원하여 그 장면을 연출한다. 그녀의 이러한 입장 장면은 몇 세기를 거치면서 끝없이 되풀이되었다. (플루타르코스, 셰익스피어, T. S. 엘리엇, 그들의 텍스트들이 아직도 그 반영을 비추고 있다.)

그녀는 시선에 자신을 **내맡길 줄 알았다.** 잊을 수 없는, 아름다움을 상연하듯 자신을 내보일 줄 알았다. 아름다움의 상연에서 각 순간은 욕망의 끓어오름, 욕망의 만개, 그 행복한 성취의 리듬이 된다. 클레오파트라의 지성과 힘은 기이하게도 거리, 떨어져 있음, 이별에 대해 그녀가 행하는 작업——사랑의 작업——속에서 나타난다. 그녀는 떨어져 있음을 오로지 그것을 가득 채우기 위해 만들어 낸다. 이별이 사랑에 빠진 육신에 아픔을 줄 때에만 그녀는 이별을 허용한다.

이렇게 하여 그녀는 매혹을 유인한다. 자기 자신을 자기 작품처럼, 자기의 그림처럼, 내맡겨진 움직이지 않는 우상처럼, 그러나 감탄할 만큼 위장된 동작으로 그녀는 자신을 만들어 낸다. 묘사에——촉각에——접근 불가능한 우상처럼 그녀는 자기 자신을 액자에 넣어 내보인다. 그녀는 표류 속에 미끄러진다. 시작도 없이 아름다움처럼 불쑥 솟아난다. 강가에 군집해 있는 백성들 앞에, 대중 앞에 그녀는 꿈처럼 지나간다. 그녀는 시선을 자극한다. 그들의 시선이 돌진한다. 그러나 그녀와 경계를 짓고 있는 강물이라는 간격을 뛰어넘지는 못한다. 그들은 놀라 그 자리에 못박히듯 멈추어 선다.

"내 당신들에게 이야기해 주겠소. 그녀가 누워 있는 옥좌처럼 찬란한 배가 물에 불을 지르고 있었소. 뱃머리는 망치로 두드려 만든 금덩이였소. 자줏빛 돌들은 향수에 적셔져서 바람도 사랑에 빠져 그 돛 위에서 기절할 정도였소. 은으로 만든 노가 플루트 소리에 맞추어 물결을 리드미컬하게 저었소. 노젓기의 감미로운 쾌락 아래 물결도 몰려들었소. 그녀의 모습은 모든 묘사를 당황하게 만들었소. 금시트로 덮인 정자 아래에 그녀는 상상이 현실을 부끄럽게 하는 아프로디테의 이미지보다 훨씬 더 아름답게 쉬고 있었소. 그녀 옆에는 미소짓는 꼬마 에로스와 흡사한, 통통하게 살찐 귀여운 소년들이 알록달록한 부채를 살랑살랑 흔들고 있었소. 그 부채에서 나온 바람결에 그녀의 고운 뺨 위에는 연분홍빛이 선명해지는 듯했소. 마치 그 부채들이 뜨거운 바람과 시원한 바람을 동시에 퍼뜨리기나 하듯 말이오.

네레이스들처럼, 수많은 시녀들은 물의 요정들같이 장식처럼 고개를 살짝 기울인 채 그녀가 시선으로 명령을 내리기만을 기다리고 있었소. 뒤쪽에는 인어 요정 같은 여자가 막대기를 들고 서 있었소. 그 막대기 끝에 달린 실크로 꼬아진 가는 끈들이 팽팽해지더니, 온통 보이지 않는 향기로운 김이 그 배에서 퍼져 나왔소. 가장 가까운 부두는 도시에서 쏟아져 나온 백성들로 진동했고, 그들은 그 향기에 취했소. 모든 사람들은 안토니우스가 군림하는 광장을 버리고 이 배 쪽으로 몰려들었소. 그는 불렀소. 그러나 그는 목소리가 나오지 않았소. 만약 진공 상태가 가능했다면 공기조차도 달아났었을 것이오. 공기마저도 자연 속에 구멍을 남기고 클레오파트라를 보러 떠났었을 것이오.

배가 부두에 가까이 다가왔소……."

일련의 방향 전환과 우회와 근사법들이 단계적으로 시선의 움직임을 조직하며, 영혼들을 흥분시키고, 정지시키며, 불 주위를 맴돌게 한다.

강가에는 세부 사항들, 장신구들이 넘쳐나는 배가 있고, 그 뱃전 위에는 전설적인 불이 타오르고 있다. 장식들은 긴장을 고조시키며 열기를 신(神)에게까지 솟아오르게 한다.

그녀는 부동의 자세로 있다. 겉보기에는 무관심하다. 겉보기에는 그녀가 수동적이다. 그녀는 자기가 불러들이는 사람들의 시선에 자신을 내맡기고 있다. 그러나 그녀는 그 시선을 잡고 있다.

이별은 회복이다. 그녀가 안토니우스에게로 온다. 그녀는 그를 강가에 내버려두지 않는다. 그녀는 뭍으로 내려와 그와 결혼한다. 그녀는 그를 이렇게 욕망에로 열리게 한다. 그리고 나서 그에게 보답한다. 그녀는 그에게 주연을 베푼다. 그를 먹인다. 그녀는 끊임없이 다시 창조하기 위해서 욕구를 생겨나게 한다.

풍부한 판타즘과 은유. 이 욕망의 변증법은 천상의 고기들, 생선들, 포도주들 등 음식으로 상징되어 새겨진다. 두 거대한 연인 사이에 교환되는 모든 것은 마치 어린아이가 모유를 빨아들이듯이 받아들여진다. 안토니우스의 말 한마디로 클레오파트라의 귀는 점심을 든다. 분명 그렇다. 우리는 오브제 a로부터 멀리 떨어져 있다. 오브제 a의 숙명적인 부재로부터, 오로지 결핍으로서 욕망을 지탱해 주는 도피로부터도 멀리 떨어져 있다.

풍부함이다. 에너지이다. 그리고 넘쳐흐름이다. 물론 물질적인 비축이 그녀에게 있다. 그녀의 관대함은 거기서 성대함을 길어올릴 수 있다. 여러 나라의 절대적 여왕으로서, 그녀는 그 누구보다도 더 많이 줄 수 있다. 그러나 안토니우스와 클레오파트라가 서로서로에게 만들어 주는 삶의 그 모든 찬란함은 그들의 물질적인, 육체적인, 상상적인, 정신적인 투자의 전설적인 막대함과 균형을 맞추는 것이기도 하다. 그들은 모든 것, 힘, 권력——거의 절대적인——을 갖고 있다. 뿐만 아니다. 그들이 가진 그 모든 것 또한 아무것도 아니다. 이 모든 것을 그들은 대단한 것으로 여기지 않는다. 그들은 단 한번의 입맞춤으로 이 모든 것을 허망함으로 만들어 버린다. 사실 그 모든 것은 사랑에 대해서 아무것도 모르는 자들, 그러니까 다른 모든 사람들의 눈에만 그렇지 않았을 뿐, 허망한 것이 아닌 적이 결코 없었다. 이 모든 영광들, 이 모든 보물들은 남자들로 하여금 서로서로 백성들을 죽이게 만든다. 그러나 어느 한순간에도 이 모든 영광, 이 모든 보물들은 이들 두 사람에게 윙크 한번 던지지 못하였다.

안토니우스는 클레오파트라가 자기 쪽으로 오는 것을 보았다. 그 순간부터 그들은 너무나도 작은 옛 세상, 지구라는 행성을 버렸다. 조개껍질 같은 그곳의 왕좌들과 그 하찮은 즐거움들, 그 음모들과 전쟁, 경쟁, 너무나도 그로테스크하게 장기놀이로 표상되는 팔루스의 시합들, 집정관의 제국주의적 초강대 권력들은 쩨쩨하게도 심각하게 페니스놀이를 한다. 또 그것이 역사를 만든다. 단숨에 그들은 완전히 다른 삶을 찾으러 새로운 대지를 향해 간다. 거기에서 그들은 온갖 힘을 행사한다. 그러나 그들이 온 힘을 사용하는 곳은 외교도, 정치도 아니다. (그들에게 비극적으로 강요된 관계 아닌 다른 정치와의 관계를 그들은 이제 더 이상 맺지 않는다. 왜냐하면 그들은 그렇게 쉽게 잊혀지지 않는 옛 역사 한복판에서 그들의 영원한 역사를 시작하기 때문이다.) 오히려 죽음의 힘과 맞서 싸우는 데 힘을 쏟는다. 삶을 가두고, 삶의 속도를 늦추며, 삶을 약화시키려 위협할지도 모르는, 삶을 생각하는 모든 옛 축소적인 방식들을 바꾸는 데 그들의 온 힘을 쏟는다.

상처를 어떻게 아물게 할 것인가? 이토록 폭풍우같이 휘몰아치는 삶 속에 시간과 역사가 패어 놓는 심연들을 어떻게 없앨 수 있을까?

벌어진 틈, 이별, 단장의 괴로움을 어떻게 자기 것으로 할 수 있을까? 세상과 세상의 일들이 나를 그대의 품에서 억지로 떼어 놓을 때, 어떻게 그 떼어 놓여진 상처에 붕대를 감아야 하는가? 현모인 옥타비아는 부재의 시간 동안 안토니우스를 위해 '기도하리라.' 그러나 클레오파트라는 사랑에 빠진 의지력을 발동하여 공간화를 제어한다. 자기 육신, 자기의 긴장한 감각들로 사랑의 빈 구멍을 메운다. 그가 아무리 멀리 있다 해도, 여전히 그는 그녀 안에 있다. 그는 그녀 안에서 그를 느끼게 만든다.

"오 샤미온, 넌 그분이 지금 어디에 있다고 생각하느냐? 서 계실까? ……아니면 누워 계실까…… 아냐. 걷고 계실 거야…… 아니면 말을 타고 계실까? 오, 안토니우스의 몸무게를 느끼는 그 말은 얼마나 행복하랴! 약해지지 말거라! 대담한 말이여! 그대가 누구를 떠받들고 있는지 아느냐? 아틀라스의 어깨처럼 그분의 어깨 위에 이 세상 절반의 무게가 실려 있노라. 이제 그분이 말하고, 속삭이는 소리가 들린다. '아니, 나의 나일강 뱀은 어디 있단 말인가?' 그분은 나를 그렇게 부른단다…… 아! 너무나 감미로운 독약에 나는 취하도다……."

사실 그들이 함께 발견한 것은 성스러움이라는 놀라운 수단이다. 그들이 성인이며, 겸손하고 순종적이라서가 아니다. 오히려 그 반대이다. 그들은 인간적이다. 과오를 범하기 쉬우며, 번민하고, 종종 고민에 빠지며, 낙담하고, 질투에 휩싸이며, 격렬하고, 극단적인 존재들이다. 그들이 한바탕 서로에게 퍼부어대는 싸움, 비난, 절망, 나약함의 신호들이 없지 않다. 그러나 이런 것들은 밀려오는 항상 좀 더 높은 파도 속 공허한 시간이다. 그건 얼마나 높은가? 현기증이

여! 나는 떨어진다! 떨어진들 무슨 상관이랴, 그대가 나를 일으켜
주는 것을. 그녀가 꺾이면, 그가 그녀를 다시 일으켜 세울 것이다.
그가 휘면, 조금 후에 그녀가 그를 다시 위대함에로 돌아오게 할 것
이다. 그들은 서로서로 묶여, 서로를 상승으로 이끈다. 그 상승은 힘
겹고, 파란 많은 길이다. 그러나 승리에 찬 길이다. 그렇다. 안토니
우스가 그녀에게 연결되어 있기에, 클레오파트라의 해상 도주는 안
토니우스로 하여금 돛 방향을 틀어 도망가게 한다. 그로 인해 그는
거의 죽을 뻔한다. 자기 자신을 상실하고, 그녀를 잃을 뻔하며, 그
녀를 증오하고 싶어하고, 더 이상 자기 자신을 볼 수 없을 뻔하게
만드는 것이다.

안토니우스: "에로스여! 그대는 아직도 나를 볼 수 있는가?

......

때로 우리는 구름이 용·사자 혹은 곰의 모습을 띠는 것을 본다.
때로는 떠도는 수증기가 탑과 성, 뾰족뾰족한 바위, 가파른 산, 혹
은 나무들로 뒤덮인 푸른 곶 모양을 띤다. 그러면 우리의 눈은 거기
에 속아 그것들이 공중에서 흔들리고 있는 것이라고 생각한다. 그
대는 가끔씩 이런 황혼의 유령들을 관찰해 본 적이 있는가?

......

조금 전에는 말이었던 그것이 우리의 생각처럼 쏜살같이 달아나,
이제는 아무것도 아닌 형체가 된다. 이젠 녹아서 물처럼 물속에 흡
수된다.

......

사랑스런 용감한 아이, 에로스여! 너의 주인도 구름의 이런 겉모
습보다 더 현실성이 있는 것은 아니다. 여기서 나는 아직 안토니우

스이다. 그러나 이런 가시적인 형태를 이제 더 이상 나는 오래 유지할 수 없도다. 나는 이집트를 위하여, 이집트의 여왕을 위하여 싸웠도다. 그녀가 내 마음을 소유했기에 나는 그녀의 마음을 소유했다고 생각했었다. 내 마음을 내 마음대로 할 수 있었을 때, 그때 이 내 마음은 백만 이상의 마음들을 내 것으로 만들었다. 그러나 그 마음들은 쓸모없는, 무용(無用)의 것들인 것을…… 에로스여, 그녀, 그녀가 카이사르놀이를 했던 것이라니. 속임수를 썼다니. 이제 나의 영광이 적에게 승리의 수단으로 이용당하였도다. ……아니다! 눈물을 흘려서는 안 된다! 아니다. 달콤한 에로스여. 자기 자신을 끝장내려할 때, 우리는 아직 자기 자신이도다."

자기 자신의 이미지에 장례를 치르려는 찰나. 이때 클레오파트라는 이제 단지 반(反)-여왕이다. 그녀는 이집트 여인, 마술을 거는 여인에 불과하다. "이 지경까지 이르다니…… 내게서 먹이를 얻고자 내 발목에서 떠들어대고 안절부절하던 그 모든 인간들. 이제 그들은 카이사르의 발을 핥으러 갈 것이다. 모든 사람이 카이사르의 출현에 향을 갖다 바친다. 예전에는 그들 모두에게 그늘을 드리워 주던 이 늙은 서양삼나무는 나무껍질까지 잃는도다. 나는 배신당했다. 이집트 여인의 기만적인 영혼이여. 치명적인 매혹으로 혼을 빼앗는 여인이여. 그 여인의 시선은 내 팔을 무장시키기도 하고, 무장해제시키기도 했도다. 나의 왕관, 나의 하늘은 그녀의 가슴이었노라." 그녀는 끈으로 인형을 조종하듯 그를 조종한 마녀일 뿐이다. 진짜 '집시'일 뿐이다. 'at fast and loose she has beguiled me to the heart of loss.' '매듭이 묶여 있는지 풀려 있는지——맞춰 봐'라는 게임에서 그녀는 그를 속여 패배의 핵심에까지 이끌고 간 것이다.

이것이 끝인가? 안토니우스의 첫마디가 예고했듯이, 사랑이 유일한 가치인 곳에서 승리의 계기로 전복되지 않는 패배란 없다. 더 비극적으로, 더욱더 낮은 곳으로 내려가는 것, 그것은 가장 깊은 곳으로부터 생명을 정상으로 뒤엎기 위해서이다. 죽음이 가까우면 가까울수록 삶은 더욱더 강렬하고, 고통이 크면 클수록 거기서 나오는 기쁨도 더욱 찬란히 빛난다. 아무것도, 심지어 죽음조차도 서로 상대방에게서 자신을 쳐다보고, 자신을 추구하는 두 천재들을 갈라놓지는 못한다. 죽음조차도? 만약 죽음이 있다면. 그러나 그들에게 죽음이란 없다. 이때 마치 반사하는 덮개 아래서처럼 셰익스피어는 호사스런 감동적인 언어로 미묘하고 영예로운 에로틱한 임종의 고통을 전개시킨다. 안토니우스는 거짓을 말하지 않는다. "나는 내 죽음의 젊은 신랑이고 싶다. 연인의 침상으로 가듯 나는 죽음에로 달려가고 싶다." 왜냐하면 이 두 연인의 기적, 그것은 마지막에 가서 죽음을 사로잡았다는 것, 적을 제 것으로 만들었다는 것, 죽음을 그들의 매혹의 침상에 오르게 했다는 것이다. 클레오파트라와 안토니우스, 그들은 서로 따로따로 죽으러 간다. 그러나 그들이 찾아가는 죽음의 침상에서 기다리고 있는 것이 누구인지를 그들은 알고 있다. 이 두 연인의 기적, 그것은 또한 서로 상대방이 없다면 살 수 없는 상태인 부재를 영원히 절대적인 포옹으로 대체시켰다는 것이다. 클레오파트라가 죽음의 자리에 있다면, 죽음은 또 다른 장소로 열리는 문턱일 뿐이다. "나의 예배당이여. 내가 간다오!——에로스여! ——날 기다려 주오! 수선화 핀 초원 위로 손에 손을 잡고 우리는 가리라. 우리의 열정적인 몸짓에 유령들의 시선도 고정될 것이다. 그들은 모든 것을 다 버리고 우리를 좇아오리라. 디도와 그의 연인

아이네아스도 우리의 행렬을 질투하리라."

죽음? 아니다. 그것은 결혼이다. 맞은편에서는 피라미드 속에 피신한 클레오파트라가 있다. 그 무덤 속에서 그녀는 아직 살아 있는 채로 숭고한 결혼을 향한 출발을 준비한다. 그것은 그들의 마지막 축제. 아름다운 축제이다. 이토록 달콤하게, 이토록 열렬하게, 축제를 글로 쓰고, 체험하며, 완수한 사람은 아무도 없을 것이다. 그것은 고통 속에 펼쳐지는 축제, 마지막이며 최초의 열렬한 숭배 속에 전개되는 축제이다.

안토니우스는 벌써 클레오파트라가 유령들 쪽에 서서 그를 기다리고 있을 것이라 생각하며, 연인 같은 죽음으로 달려가기 위해 최후의 일격을 자신에게 가한다. 그러나 클레오파트라는 아직도 시간이 지배하는 쪽에 있다. 그녀는 이 피라미드 꼭대기 팔루스의 뾰족한 끝에 올라앉아 있다. 그녀는 팔루스 안에 있다. 이렇게 그녀는 영원히 머무를 것이다. 기력이 다한 안토니우스는 피라미드 발치에로 옮겨진다. 그 기념물에서 마지막으로 연인이 그를 부른다. 그녀는 멀리서 그를 소리쳐 부른다. 그를 오게 만든다. 그리고 한숨 한숨 가쁜 숨을 헐떡이며, 그 헐떡임에 맞추어 그들은 그 속에 그들이 가졌던 모든 사랑의 밤을 농축시켜 포옹한다. 그렇게 그녀는 그를 일으켜 세운다——오라, 오라, 오라——오 빨리, 빨리, 더 이상 나는 나를 억제할 수가 없소——그의 영혼이 달아난다——이 얼마나 이상한 사랑의 쾌락인가. 이 얼마나 미친 듯한 사랑의 방식이란 말인가. 나의 주인, 그분은 얼마나 무거운가. 여인들이 그를 끌어당긴다. 오소서. 한번만 더 노력을. 오, 오소서, 오소서, 오소서! 여인들이 그를 그녀에게까지 데리고 온다. 오, 잘 오셨소. 잘 오셨소! 그대가 살았던 곳에서 죽으시오. 나의 키스가 그대를 소생시키리라. 나는 죽는다. 나, 이집트가 죽는다——이제 내 입술 아래서 그의 숨결이 그에게서 떠나가는구나. 그를 떠나지 말아라——나는 더 이상 참을 수가 없다——그녀의 입술 아래서, 그는 사랑에 항복한다. 그리고 사랑은 이제 더 이상 그를 떠나지 않는다. 그는 그렇게 꼭대기에서 죽는다. 그가 그녀를 잃었던 것은 오로지 그녀의 품안으로 되돌아오기 위해서였다. 그는 숨결을 잃었다. 그러나 그것은 그녀가 그 숨결을 거두어들이기 위해서였다.

이제 그녀에게 남은 것은 오로지 그와 합류하는 것뿐이다. 사랑에 빠진 그들 육신의 기호로 뒤덮인 여전히 똑같은 길을 통해서 그와 합류하는 것. 그가 찬란한 일어섬 속에 죽었듯이, 그녀는 혼인의 침상을 향해 서둘러 간다. 그녀의 몸짓은 이 연인들의 이름이 에로스라는 것을 말해 준다. 살무사에게 젖가슴을 내맡기면서 그녀는 이렇게 말한다——"평화! 평화! 그대는 내 젖가슴을 빠는 내 아기, 젖을 빨면서 젖을 주는 여인을 잠재우는 나의 아기가 보이지 않는가? ——향유처럼 달콤하고 공기처럼 부드러운 때로는 매혹적인…… 오 안토니우스! 기다려 주오. 나도 가오, 당신을 껴안으러 내가 가오……(그녀는 또 다른 살무사를 갖다댄다)."

죽으면서까지, 그녀는 젖먹이는 여자이다. 젖을 먹이면서 그녀는 사랑의 젖을 먹는다.

왕국들에서 멀리, 수많은 카이사르들에게서 멀리, 싸움판에서 멀리, 페니스와 검의 선망에서부터 멀리, 이 세상의 수많은 '재산'에서부터 멀리, 번드르르한 겉치레와 자존심에서부터 멀리 그들은 서로서로에게 조율된 채 아직도 살아 있다.

원 주

메두사의 웃음

1) 남자들은 그들의 성에 대해 아직도 해야 할 말이 많고, 써야 할 것이 많다. 남성들이 남성의 성에 대해 진술해 놓은 것은 대부분 적극성/수동성이라는 대립에, 힘의 관계에 속한다. 이러한 힘의 관계에서 남성은 스스로를 의무적인 남성성, 침범하고 식민지화하는 남성성이라는 판타즘을 통해 파악하고, 여자란 뚫고 들어가야 할 그리고 '평정해야' 할 '검은 대륙'이라는 판타즘을 가지고 있다. (우리는 평정한다는 것이 무엇을 의미하는지를 알고 있다. 그것은 타인을 무의식적으로 배제하는 작업과 자기 자신의 몰이해 같은 것이다.) 정복하면 사람은 금세 자기 나라에서 멀어지고, 자신을 보는 시각을 상실하게 되며, 자신의 육신을 상실하게 된다. 남성은 여성을 타자로 여기는 것이 아니라 자기 것이라고 여긴다. 그런 여성 속에 틈입하기 위해 남성이 자기 자신으로부터 나오는 방식 때문에 남성은 자기 고유의 육체 영토를 박탈당한다. 그는 자신을 페니스라고 혼동하는 것이다. 이렇게 공격하듯이 여성에게 달려드는 남성을 보면 남성에게는 여성에게 사로잡히면 어쩌나 하는 두려움, 여성 속에 자신을 잃고 흡수되면 어쩌나, 아니면 홀로 여성 속에 남으면 어쩌나 하는 두려움과 원한이 있다는 것을 깨닫게 된다.

2) 아파르테이드(Apartheid)는 원래 남아프리카 연방에서의 인종차별과 그 정책을 가리키는 말로서, 여기서는 여성에 대한 차별과 그 정책을 의미한다. 〔역주〕

3) 나는 여기서 단지 서구 세계가 여성에게 '마련해 준' 자리에 대해서만 이야기할 뿐이다.

4) 그렇다면 '여성적'이라고 말할 수 있는 글쓰기는 **어떤 것**일까? 나는 여기서 실례만을 가리키고자 한다. 여성적 글쓰기에 대한 읽기를 생산하여야 한다. 그리하여 여성적 글쓰기에서 번져 나오는 여성적인 것을 그 의미화 과정에서 솟아나게 만들어야 한다. 프랑스에서(이 분야에 있어서 프랑스의 무한한 빈곤성을 지적했던가? 앵글로-색슨족의 국가들에는 프랑스에서보다 현저하게

자원이 있다) 20세기가 허용한 여성적 글쓰기를 훑어보자. 정말 여성적 글쓰기는 거의 없다. 나는 콜레트, 마르그리트 뒤라스…… 그리고 장 주네의 글쓰기에서만 여성성이 기입된 것을 보았을 뿐이다.

5) dé-pense, 소비하다라는 뜻의 동사가 해체로 인해 탈사고하다라는 뜻으로 이중화됨. 〔역주〕

6) 그러나 이러한 운동은 경제적-형이상학적 폐쇄성 내부에서 일어나고 있다. 이러한 움직임의 한계는, 분석되지 않고, 이론화되지 않은 채로 남아 있기 때문에 금세 이 운동의 영향력(지금 현재로서는 예측하기 불가능한 변화가 일어나지 않는 한)을 멈추게 하고 방해할 것이다.

7) sciences-humaines는 인문과학이라는 뜻이지만 여기서는 'humaines'가 따옴표 속에 넣어진 만큼 인간을 다루는, '인간에 관한'으로 번역한다. 인간이라는 뜻이 양성을 다 포괄해야 하지만, 남성만을 표상한다는 뜻에서 남성적인 것을 '재생산한다'라고 저자는 말하고 있다. 〔역주〕

8) 몰리(Molly)는 제임스 조이스의 《율리시스》에 나오는 여성 주인공이다. 〔역주〕

9) sexte는 성무일도(聖務日禱)의 6시과(정오에 해당)를 나타내는 말로서, 여기서는 그 속에 동음이의어로 혼합되어 있는 sexe와 textes라는 의미가 둘 다 함께 의미에 참여한다고 보여진다. 즉 '여성의 성-여성이 만든 텍스트-여성의 정오'라는 복합적인 뜻으로 이해해야 할 것이다. 〔역주〕

10) 《장례식 Pompes furèbres》, pp.185-186.

11) voler라는 프랑스 동사에는 '날아가다'라는 뜻과 '훔치다'라는 두 가지 뜻이 있다. vol이라는 프랑스어 명사에도 '비상'이라는 뜻과 '절도'라는 두 가지 뜻이 있다. 〔역주〕

12) 남녀란 illes을 번역한 것으로 프랑스어의 3인칭 남성 대명사 il과 3인칭 여성 대명사 elle이 합성된 단어다. illes은 여성성과 남성성이 공존하는 주체를 나타낸다. 〔역주〕

13) circonfusion은 신조어로서 cir는 원주·주변이라는 뜻이며, confusion은 혼동·오해·혼란의 뜻이다. 이 둘의 의미를 합쳐 주변의 오해라고 번역하였다. 〔역주〕

14) chaosmose: 카오스모제는 chaos와 cosmos라는 두 단어를 합성하여 만들

어진 신조어로서, 정연한 질서로 창조된 개념의 우주인 코스모스와 대립되는 혼돈(chaos)이라는 뜻의 카오스라는 두 가지 뜻이 공존하는 단어이다. 〔역주〕

15) gynocide: 여성의라는 뜻의 gyne와 살해라는 뜻의 cide가 합쳐져 만들어진 신조어. 〔역주〕

16) bassein: 대야(bassin)와 유사한 음으로 이루어져 있는 신조어로 bas는 낮은, sein은 가슴을 나타내기에 가슴-대야로 번역한다. 〔역주〕

17) Pharces: 등대(phare)와 농담·익살극(farce)이라는 두 단어가 합성된 farce와 동음이의어. 신조어로 팔루스의 위협이 농담이라는 의미. 〔역주〕

출 구

1) 철학사를 관통-탐지하는 데리다의 모든 작업은 이를 드러내고자 애쓰고 있다. 플라톤·헤겔·니체에서도 여성의 억압과 배제와 격리라는 똑같은 작업이 계속되고 있다. 이러한 여성 살해는 남성 권력의 표명과 그 표상으로서의 역사와 하나로 뒤섞인다.

2) 〈아나톨의 무덤을 위하여〉(쇠이유 출판사, 138쪽) 이 무덤 속에 말라르메는 자기 아들을 보존하고 죽음으로부터 보호한다. 말라르메 자신이 아들의 어머니인 것이다.

3) "사랑의 접촉이 있고 나서야 그녀는 깨어난다. 그 이전에 그녀는 꿈에 불과하다. 그러나 이 꿈의 실존 속에서 우리는 두 단계를 구별할 수 있다. 첫 번째는 사랑이 그녀를 꿈꾸는 단계이고, 그 다음은 그녀가 사랑을 꿈꾸는 단계이다." 이렇게 꿈꾼 자는 키에르케고르의 《유혹자》다.

4) 쾌락은 예비적인 것이라고 프로이트는 말했다. 이는 '진실'이다. 그러나 부분적인 진실이다. 이는 사실 그것을 알리는 것이 거세의 위협이라는 점에서 남성적 상상력으로부터 지탱되는 관점이다.

5) 나의 아버지는 세파라드였다. 다시 말해 스페인에서 모로코로, 다시 알제리로 가서 살던 유대인이었고, 나의 어머니는 아슈케나지였다. 오스트리아에서 헝가리로, 다시 체코슬로바키아로 가서 살던 유대인이었던 외할아버지와 독일에 살던 외할머니 사이에서 태어나셨다. 우연히 아버지와 어머니는 파리를 지나가다가 만나게 되었다……〔세파라드(sépharade)는 지중해 부근에 사는 유대인을, 아슈케나지(askhenage)는 그외 유럽 지역에 사는 유대인을 말한다:

역주]

6) 여인들: 그 당시에 나는 여인들을 생각하지 않았었다. 내가 보기에 너무나 명백하게 무대를 차지하고 있던 목숨을 건 사투는 무엇보다도 먼저 식민 지배 세력과 그 희생자인 피지배자들이 대립하고 있는 그것이었다. 그것 너머로 나는 식민지 지배 권력과 피지배자들 사이의 사투는 자본주의적 구조의 제국주의적 결과이며, 그것은 계급 투쟁에 살을 붙이고, 계급 투쟁을 더욱 기괴하고 비인간적인 것으로 만들어 계급 투쟁을 한층 더 심화시킨다는 것을 깨달았다. 착취당하는 자는 '노동자' 조차도 아니다. 그보다 더 낮은, 인간 이하의 존재이다. 게다가 여기에 인종차별주의가 가세한다. 세계는 '자연'의 법칙에 순응하는 척할 수도 있다. 전쟁은 부분적으로는 대개 감추어져 있다. 나는 프랑스에 없었기 때문이다. 나는 내 두 눈으로 변절과 대독 협력을 목격하지는 않았다. 우리는 비시 정부하에 살고 있었다. 나는 그 원인은 알 수 없었지만, 그 효과는 포착하고 있었다. 나는 미루어 짐작해 보고, 의심을 품고서 추적해 보아야 했다. 나의 아버지가 왜 일을 할 수 없는 건지, 왜 나는 학교에 갈 수 없는 건지, 등등. 왜 백인 소녀가 내게 가르쳐 주었듯이 왜 '유대인들은 모두 거짓말쟁이' 인지.

7) 1871년 3월 18일 이후 파리와 프랑스 지방 몇몇 도시에서 형성된 혁명 정부를 말함. 프러시아와의 전쟁에서 프랑스 군대가 몇 차례나 연속해서 패배하고, 파리가 공략당했던 이때, 군사적·경제적·정치적 상황을 통제할 정부의 국가 방어 능력 부재로 인하여 프러시아에의 항복을 반대하며 반란적인 정부 설립을 희망하는 혁명적 세력이 발전하게 되는 요인이 되었다. 〔역주〕

8) nostos는 회귀, 귀향이라는 의미의 그리스어. 〔역주〕

9) 《아이네이스》I, 4, 320-365행.

10) 프로이트의 명제는 다음과 같다. 오이디푸스 콤플렉스가 사라질 때 **초자아**가 그 자리를 물려받는다. 소년이 거세의 위협을 느끼기 시작하는 순간, 소년은 매우 엄격한 초자아의 도움을 받아 오이디푸스를 극복하기 시작한다. 소년에게 있어서 오이디푸스는 일차적인 형성이다. 소년의 첫번째 사랑의 대상은 소녀에게서와 마찬가지로 어머니이다. 그러나 소녀의 역사는 숙명적으로 엄격성이 덜한 초자아의 압력 아래 형성된다. 소녀는 자신이 거세되었음을 알게 된다. 그 때문에 소녀의 초자아는 덜 활기차다. 소녀는 결코 완전하

게 오이디푸스를 초월하지 못한다. 여성의 오이디푸스는 일차적인 형성물이 아니다. 어머니에 대한 전오이디푸스적인 애착은 소녀에게 힘든 문제를 야기시킨다. 프로이트가 말했듯이, 여자는 이 문제에서 영원히 벗어나지 못한다. 그 곤란한 문제란 성장 과정에서 사랑의 대상을 바꾸어야 한다는(아버지를 사랑해야 한다는) 것이다――이것은 사실 힘든 전환이며, 여기에는 보충적인 포기가 동반된다. 그것은 전오이디푸스적인 성에서 '정상적인' 성으로의 이동인데, 이는 질로 이동하면서 클리토리스를 포기한다는 것이 전제이다. 이러한 '운명'의 끄트머리에, 여성들은 매우 축소된 상징적 활동을 하게 된다. 여자들은 잃을 것이 하나도 없기에 얻는 것도 없고, 방어해야 할 것도 없다는 것이다.

11) J. J. Bachofen(1815-1887): 바흐오펜은 여성 주권 정체를 연구한 역사가이며, '비역사'의 '역사학자'이다. 그의 프로젝트는 민족들(그리스, 로마, 히브리)이 남성 주권 정체에 다다르기 전에 어머니의 통치인 '여성 주권 정체' 시대를 거쳤다는 것을 증명하는 것이다. 이러한 시대는 추론된 것일 수밖에 없다. 왜냐하면 그 시대는 역사 없는 시대이기 때문이다. 바흐오펜은 남자들에게 모욕적인 이런 상태가 역사적인 망각에 의해 억압되고 은폐되었을 것이라는 주장을 편다. 그는 또한 (특히 1861년《모성의 권리》에서) 모권제 체제의 고고학을 시도하고 있다. 이 저서는 상당히 아름다운 글로서, 초기 역사적인 텍스트들을 증후의 층위에서 읽어내는, 그 텍스트들에서 말해지지 않은 것을 읽어내는 것으로부터 출발한다. 여성 주권 정체란 정돈된 물질주의라고 그는 말한다.

12) 반복된 만장일치라는 증후를 보이는 현대 사회. 그 현대 사회가 본 남자/여자 로봇 커플을 투사하는 약호화된 패러다임이 있다. 국제 여성의 해를 기념하여 1975년에 유네스코에서 나온 특별호를 보기 바란다.

13)《그 어느 누구의 것도 아닌 이름》(식수 저, 쇠이유 출판사 간행) 속에 있는 〈호프만의 계산〉(10112. seq)을 볼 것.

14)《정신분석 신잡지 Nouvelle Rovue de Psychanalyse》, 1973년 봄 7호에 실린 〈양성성과 성차〉를 참조할 것.

15) rapport 프랑스어에 있어 이 단어는 관계라는 의미 이외에 수익·이익·이윤이라는 뜻이 있다. 〔역주〕

16) 영어의 'husband'가 의미하듯 가정의 관리인, '남편'이라 명명되는 '집 안의 봉사자'를 말한다.

17) 니체, 《유쾌한 지식》, 아포리즘, 315-10118.

18) 여성, 나/자아를 괴롭히는 여성적 해체가 발레리에 의해 젊은 파르크에 서 분할된, 무한히 분할되어 결코 완전히 재구성되지 않는 자신을 뒤쫓음으로서만이 존재하고/태어난다는 것은 우연인가.

19) 대문자 Visitation에는 성모 방문의 뜻이 있기. 여기서는 소문자 visitation. 〔역주〕

20) '불분명한 목소리'는 équivoix를 옮긴 것이다. équivoque는 라틴어로 동등한이라는 의미의 àequus와 말이라는 의미의 vox에서 온 불분명한, 모호한이라는 형용사이다. équivoix는 저자가 만든 신조어로서 équivoque에서 파생시킨 명사로 보인다. 〔역주〕

21) 석뇌유(naphte), 석유를 증류하여 얻은 기름. 〔역주〕

22) Le nouvel amour(⋯) s'emble en vole entre connaissance et invention: embler 동사는 빼앗다·강탈하다라는 의미이지만 대명동사로 새로이 합성되어 sembler동사와 동음이의어를 이루고 있으며, 이어서 voler 동사를 써서 두 개의 동사를 연속해서 쓰는 문법상의 이탈 구조를 보이고 있다. 〔역주〕

23) Juifemme, 유대인(Juif)이라는 단어와 여성(femme)이라는 단어를 합성한 단어로 작가는 여성의 조건을 유대인의 조건에 비유한다. 〔역주〕

24) 〈법 앞에서〉. 갈리마르사에서 출판된 《변신》 번역본. 〈법 앞에서〉는 〈소송〉의 마지막 순간의 열쇠다. 그 작품의 수수께끼는 '끝없는' 주석을 불러일으킨다. 이 작품 속에 K의 죽음의 필연성이 새겨져 있다.

25) 그리고 엥겔스(Engels)는 《가족, 사유권, 그리고 국가의 기원》에서 이러한 '혁명'의 단계들을 재구성하고 있다.

26) clamedestin: 이 단어는 프랑스어에 존재하지 않는다. 단지 동음이의어로 clandestin이란 단어가 있을 뿐이다. 이는 clamer(부르짖다·주장하다) 동사와 destin(운명)의 의미와 clandestin(은밀한·불법적인)의 의미를 합성한 신조어이다. 〔역주〕

27) Électricité: 엘렉트라(Electre)의 이름과 전기(électricité)라는 단어의 음성적 유사성을 통한 의미의 연상 작용을 강조하는 단어. 〔역주〕

28) vipère: 프랑스어에서 vipère는 살무사라는 뜻이나 동음이의어로 'vit-père, 아버지는 살아 있다'라는 의미가 중첩된다. 〔역주〕

29) 크리조테미스(Chrysothémis)는 엘렉트라, 이피게네이아와 함께 클리템네스트라와 아가멤논 사이의 딸이며 오레스테스의 누이이다. 〔역주〕

30) 니체가 이렇게 지적했다. 《비극의 기원》

31) 그의 누이 율리크(Ulrike)에게 보낸 편지.

32) 전쟁 *la guerre*는 프랑스어에 있어 여성형이다. 〔역주〕

33) une lutte. 투쟁도 여성형이다. 〔역주〕

34) 1811년, 사실 그 자신도 "그의 가슴으로 내려온다." 그의 가슴속에는 그의 사랑으로 간직된 너무나 아름다운 이 민족이 살아 있었다. 《펜테질리아》는 그가 1806년에서 1808년까지 쓴 작품이다. 그 당시 그의 나이는 34세였다.

35) Troglodytes: 동굴 속에 사는 인간들을 말함. 튀니지 남부의 트로글로디트인들. 〔역주〕

36) Médois: Médie 사람들. Médie는 현재 이란의 북서쪽에 옛 아시아 지역을 말함. 〔역주〕

작품 해설 및 역자 후기

《출구》와 《메두사의 웃음》:
여성적 글쓰기를 통한 변화의 씨앗뿌리기

《출구》는 원래 엘렌 식수가 1975년 《새로 태어난 여성》이라는 제목으로 카트린 클레망과 함께 쓴 수필이다. 이 1부는 카트린 클레망이, 2부는 식수가 썼는데, 《출구》는 바로 그 2부의 제목이다.

《메두사의 웃음》은 1975년 《라르크》지 시몬 드 보부아르 특집인 61호에 실렸던 수필인데, 이는 《출구》의 요약본이라 볼 수 있을 정도로 같은 내용을 압축해서 전달하고 있으며, 똑같은 표현들도 간간이 반복된다.

우리말 번역이 너무 늦은 감이 있지만, 여성 문제를 사회·문화·정치와 연관시켜 이야기하는 데 있어 항상 거론되는 꼭 필요한 글이기에 소개한다.

《출구》와 《메두사의 웃음》에서 엘렌 식수는 해체주의 철학자 자크 데리다와 같이 서구 문화는 이분법적 가치 체계가 지배하는 문화이지만, 이성/감정, 로고스/파토스, 능동성/수동성, 문화/자연 등의 이분법적 가치 체계 속에서 대립된 두 항은 결코 동등하지 않아서, 그 중의 한쪽에 우위가 주어져 위계적 관계가 성립되고 있음을 지적한다. 그리하여 서구 사회는 이분법적 대립 속에서 이성−로고스−능동성을 중시하는 이성 중심주의라는 것이다. 식수는 여기에 덧붙여 서구의 이성 중심주의는 바로 남성/여성이라는 이분법적 대립에서 남성은 이성적이며 능동적이므로 여자에 비해 우월한 존재라고 주장하는 남성 중심주의와 불가분의 관계라는 서구 문화의 또 하나의 전제를 지적한다. 그리하여 서구 문화에서 여성은 우위에 있는 이성적 존재인 남성에 의해 감정적이며 수동적인 열등한 존재로 타자화되고, 여성적 가치는 부정되고 억압됨을 지적한다. 남성성과 여성성이 차이로서 동등하게 인정받는 새로운 문화 형태의 도래를 위해서는 남성이 정의하는 부정적인 여성성, 남성이 여성에게 바라는 강요된 여성성이 아니라 여성이 체험하고 살아가는 여성성, 여성적 가치를 글로 새겨서 문화 속에 남성적 가치와는 다른 또 하나의 긍정적인 가치로 당당히 자리잡게 하여야 한다는 요지를 담고 있다.

《출구》라는 제목은 바로 이성-남성 중심주의 문화로부터의 '나옴,' 남성 중심 사회가 여성을 가두고 있는 가정, 남성에 의해 정의된 부정적인 여성성으로부터 '나옴'을 의미하고 있다. 반면 《메두사의 웃음》은 이성-남성 중심주의 문화에 대한 '코웃음'을 의미한다.

식수는 메두사의 신화를 남성 중심주의 문화에서 이루어지는 여성의 타자화의 본보기로 제목에 내걸고 있다. 식수는 데리다처럼 해체적 다시 읽기를 통해 그리이스 신화의 메두사를 재해석한다. 그리스 신화에서 메두사는 머리카락 가닥가닥이 뱀이며, 자기를 정면으로 바라보는 남자들을 화석으로 굳어 버리게 만드는 여성 괴물로서 두려움과 공포의 대상이다.

식수는 이 메두사의 신화가 아름다운 여성에 대해 남성이 느끼는 매혹과 두려움을 표현하고 있음을 간파해야 한다고 말한다. 남성은 자신과는 다른 존재인 남성을 낳는 여성, 남성이 이해할 수도 통제할 수 없는 그 여성성 안에 침몰해 버릴 것 같은 두려움 때문에 여성을 남자에게 죽음의 위험을 가져다 주는 괴물로 만들어 버렸다는 것이다. 남성은 자신이 매혹을 느끼는 여성, 남자의 이성을 마비시키는 여성을 치명적인 위험으로 공표함으로써 남성들에게 여성에 대한 매혹에 맹목적으로 빠지지 말 것을 경고하는 것이 남성 중심주의의 책략임을 식수는 지적한다.

'메두사의 웃음'이라는 제목은 식수가 식수의 글쓰기가 해체적 다시 읽기를 거쳐 남성 중심주의적 시각에서 이루어진 여성 왜곡을 거두어 내고, 이를 통해 남성 중심주의 문화에 대한 비판을 가하고 있음을 보여 준다.

'메두사의 웃음'이란 제목 속에는 메두사는 괴물처럼 으르렁거리는 것이 아니라 아름답게 웃고 있는 것이며, 동시에 여성을 무시무시한 괴물로 만들어 그 아름다움과 차이를 두려워하는 남성들의 감추어진 심리와 남성 중심주의 문화의 정치적 억압과 허점을 꿰뚫어보는 여성이 이에 대해 던지는 '코웃음' 혹은 '비웃음'이라는 의미가 담겨 있는 것이다.

줄리아 크리스테바, 뤼스 이리가레이와 더불어 엘렌 식수는 1970년대에 등장한 프랑스 페미니즘 이론의 핵심 축이다. 이들은 프로이트와 라캉 및 후기 구조주의자들의 이론을 적용하여 페미니즘 이론을 새롭게 발전시켰으며, 이후 여러 언어로 번역된 이들의 이론은 세계의 여성 학자들에게 많은 영향을 주었다

특히 식수가 주목받는 것은 그녀가 주창한 **'여성적 글쓰기'**를 통해서이다. 식수의 페미니즘 이론은 글쓰기와 불가분의 관계에 있다. 이성-남성 중심적인 현재 통용되고 있는 글쓰기가 아닌 새로운 글쓰기를 통해서만이 이성-남성 중심적 문화에서 타자화되어 침묵이 강요된 여성성을 새길 수 있다고 식수는 주장한다. 그리고 이러한 새로운 글쓰기를 **'여성적 글쓰기'**라고 명명한다.

그렇다면 식수는 왜 새로운 여성성의 정립이라는 작업을 왜 글쓰기를 통해서 하고자 하는 것일까?

우리는 항상 현실 속에서 말하고 행동하면서 산다. 우리가 현실 속에 발을 붙이고 있는 한 우리는 우리가 살고 있는 시대, 사회의 지배적인 체제 가치를 따르지 않을 수 없다. 그러나 글쓰기 속에서는 현실적인 것에서 벗어나 우리의 억압된 욕망을 실현할 수 있는 곳을 꿈꿀 수 있다. 우리의 욕망이 실현되어 있는 새로운 세계들을 글쓰기 속에 그려낼 수 있기 때문이다. 식수는 《메두사의 웃음》 서두에서, 그리고 《출구》에서도 이렇게 말한다.

"나는 여성적 글쓰기에 대해, 여성적 글쓰기가 무엇을 할 것인가에 대해 말하고자 한다. 여성은 여성 자신을 글로 써야 한다. 그리하여 여성들이 글쓰기로 오도록 만들어야 한다 (…) 그대는 왜 글을 쓰지 않는가? 글을 쓰라!

글쓰기는 그대를 위한 것이다 (…) 글을 쓰라. 아무도 그대를 만류하지 못하리라 (…) 나는 여성을 쓴다. 여성이 여성을 써야 한다.”

식수가 “여성이여 글을 쓰라”고 말하는 것은 남성들이 꿈꾸고 남성들이 남성적 글쓰기를 통해 새기고 유포시키고 여성에게 강요하는 여성성이 아니라, 여성 자신이 스스로를 파악하고 그것을 표현하자는 것이다. 타자로서의 여성성이 아닌 진정한 주체로서의 여성성, 타자로서 부정적으로 정의된 여성성에서 벗어나 주체로서 당당하게 긍정적으로 여성이 남성과 다른 차이가 무엇인가를 정립하고 상징으로 새기는 작업을 하자는 것이다.

여성적 글쓰기는 남성적 상징계에서 아직 언어가 없는 주변화된 것, 침묵당하고 억압당한 것을 위한 글쓰기이다. 이성-남성 중심적 가치를 전달하는 글쓰기 안에 담겨지지도, 그것을 통해 전달될 수도 없는 또 다른 여성적 가치를 말하기 위한 새로운 여성적 글쓰기의 일례로 끊임없이 가장 빈번히 인용되는 작품이 바로 식수의 《메두사의 웃음》과 《출구》다.

이 여성적 글쓰기는 지금까지 인정받지 못해 왔던 새로운 가치 정립을 위한 새로운 실험적 글쓰기, 아방가르드적 글쓰기인 만큼 독자들에게 익숙하게 쉽게 읽혀지는 글은 아니다.

이분법적 가치 체계가 지배하는 로고스 중심주의를 비판하는 데리다의 철학과 어깨를 나란히 하는 식수의 이러한 주장은 여성 문제뿐만 아니라 미국·영국 등 현대 서양 문화권에서 일어난 이성-남성 중심적 문화에서 주변화되고 억압되고 침묵을 강요당한 것, 타자화된 것에 대한 전반적인 회복 운동, 문화의 암묵적인 전제 조건에 대한 반성 및 비평의 단초가 되었다.

식수는 《출구》와 《메두사의 웃음》에서 데리다처럼 기존의 텍스트에 대한 비판적 해체와 다시 쓰기 작업을 한다. 이를 통해 남성 중심적인 문화 속에서 여성에 대한 표상, 남성들이 여성에 대해 품고 있는 여성의 이미지를 비판, 해체하고 새로운 여성성을 새겨넣고자 한다. 이러한 새로운 여성적 글쓰기를 접하면서 사회 속의 여성, 남성들은 여성을 새로운 표상, 이미지를 통해 인지하게 될 것이며, 그렇게 되면 자연히 남성 중심적인 사회 가치는 무너지고 남성과 여성이 서로 다른 차이를 가진 동등한 존재로 자리매김하는 새로운 가치관을 가진 사회가 오는 변화가 시작될 것이라고 그녀는 믿는다.

영국의 여성학자 엘리자베스 길드는 식수를 이렇게 소개한다.

"식수는 아마도 가장 유혹적이고 도전적인 여성적 글쓰기의 실천가라고 말할 수 있다. 그녀는 여성적 글쓰기라는 용어에 대한 규정이나 이론화는 불가능하다고 생각한다. 그녀가 이론화를 거부하는 것은 이론이 여성적 글쓰기가 도전하고 있는 남성 우월적이며, 지배적이고, 배타적인 이성을 부과하고, 차이를 부인하려는 엄청난 욕망을 나타낸다고 생각하기 때문이다. 그녀는 또한 여성적 글쓰기의 정치적 잠재력을 주장한다. 그것은 '바로 변화의 가능성'이고, 그것은 분명 전복 이상의 능력을 지녔기 때문이다."

《페미니즘과 정신분석학 사전》

여성적 글쓰기를 통해 식수는 남성 중심적이며, 배타적인 이성 중심적인 현실을 무너뜨리고 변화시키고자 한다. 그러나 식수는 이를 위해 사회 전복을 꾀하는 혁명가와 같이 거리로 나서 사람들을 모으지도, 그들의 힘을 결집하지도 않는다. 그녀는 여성적 글쓰기를 통해 새로운 세상에 대한 꿈을 유포시키고, 현재의 기만적인 현실을 꿰뚫어 보여 주면서 그것을 풍자하여 우리에게 비판적인 통쾌한 웃음을 터뜨리게 한다. 바로 **메두사의 웃음**을.

이렇게 식수는 의식의 변화를 통한 평화롭고 점진적이며 확고한 전복과 혁명을 글쓰기를 통해 이루고자 하는 것이다. 여성적 글쓰기를 통해 의식의 변화를 위한 씨앗을 뿌려 그것이 자연스레 사회 구조의 변화라는 열매로 거두어질 것이라는 믿음을 가지고 있기 때문이다. 그러기에 《메두사의 웃음》에서 식수는 이렇게 말한다.

"글쓰기는 변화의 가능성 자체이다. 사회 그리고 문화적인 구조들의 변형을 예고하는 움직임, 전복적인 사상의 도약대가 될 수 있는 공간이다."

내가 만난 엘렌 식수

내가 엘렌 식수를 처음 만난 것은 1997년 초겨울이었다.

내가 그녀에게 전화를 걸었을 때 모든 감정이 금방이라도 묻어나올 듯한 감수성이 예민한 소녀의 그것 같은 그녀의 목소리에 나는 매우 놀랐다. 그녀의 나이를 대충 짐작하고 있었던 터였기 때문이다. 그녀는 나를 파리 14구에 있는 자기 집으로 초대했다. 우울하고 칙칙한 파리의 어느 겨울날 나는 그녀의 아파트를 찾았다. 7년 남짓한 유학 시절 내가 즐겨 산책하던 몽수리 공원과 꽤 가까운 곳이었다.

그녀는 키가 크고 날씬했다. 소년처럼 짧게 자른 헤어스타일에 주름은 있지만 소녀다운 상큼함과 귀여움이 남아 있는 얼굴이었다. 전화 통화 때의 그 섬세한 고운 목소리로 그녀는 반갑게 나를 맞아 주었다. 그곳에 함께 있던 칼그뤼버 교수도 그녀와 마찬가지로 너무나 당황스러울 정도의 여성적인 다정함으로 나의 방문을 반겨 주었다. 그날 내가 받은 식수의 첫인상 중에서 가장 잊을 수 없는 것은 클레오파트라 같은 꼬리끝이 치켜 올려진 검고 짙은 눈썹 화장이었다.

식수의 안내로, 파리 8대학 여성학 박사과정 식수의 세미나에 참석했다가 그녀의 지도를 받는 모든 학생들과 함께 다시 그녀의 집에 가게 되었다. 향기로운 바닐라차와 케이크를 학생들에게 나누어 주며 세미나에서 못다한 토론과 보고를 하는 자리에서, 그녀는 소녀 같은 모습은 온데간데 없고 카리스마 넘치는 매우 위엄 있고 단호한 모습이었다.

그 자리에 있던 어떤 분에게서 식수의 글을 한번 번역해 보지 않겠느냐는 제안을 받고 나는 흔쾌히 응했고, 며칠 후 그녀의 저서들을 한아름 사들고 왔다. 그녀의 저서 목록을 훑어보다가 나는 왠지 그녀의 초기 글, 희곡보다는 이론적인 글에 이끌렸다. 절판이 되어 구입할 수 없었던 《새로 태어난 여성》 중에서 《출구》의 복사본을 식수에게서 박사과정 지도를 받고 있던 나의 제자 유정애를 통해 구할 수 있었다. 이 복사본을 맨 먼저 읽기 시작한 나는 그 강렬하고 매혹적인 문체에 빨려들었다.

나는 이렇게 해서 그때까지 전혀 관심 밖의 분야였던 페미니즘, 여성적 글쓰기에 흥미를 갖게 되었다. 그리고 번역하면서 그 분야 연구에 관심을 갖게 되었다.

그후에도 나는 파리에 가면 기회가 될 때마다 식수를 만나곤 했다. 2000년 여름이던가. 그녀는 《둑 위의 북》을 준비하고 있는 '태양 극단'의 연습 장면을 보러 가자고 했다. 가상적인 아시아의 어느 나라를 무대로 한 연극이기는 하나, 한국의 사물놀이패를 파리로 초청하여 직접 장고 치기 등을 배워 연극 무대에 삽입한 작품으로, 파리 공연을 앞두고 있다는 것이었다. 그때 같이 파리에 갔던 홍상희 교수와 함께 나는 식수를 따라 태양 극장으로 가서 단원들과 점심식사를 나누고, 그들이 무대 의상 제작을 위해 모은 한국에 관한 많은 자료들도 보고, 연습장도 방문했었다. 수많은 단원들이 파리의 한모퉁이에서 한국에서 온 사물놀이패 단원에게 장고치는 법을 한국말로 흥을 돋우며 배우고 있는 것을 보니 정말 가슴이 뿌듯했었다. 이 작품은 2001년 가을 우리 나라에 초청되어 공연된 바 있다.

식수의 《출구》와 《메두사의 웃음》은 그 리드미컬한 문체의 아름다움과 넘쳐흐르는 농축된 은유의 강력한 감동을 통해 나를 여성 문제에 눈뜨게 했고, 마음을 열게 했다. 그리고 때로는 논리적이며, 때로는 노래처럼 흘러넘치는 그 문체의 아름다움과 압축된 은유의 감동을 우리말로 전달하고 싶게 되었다.

그러나 프랑스 독자들에게도 난해한 작가인 식수의 《출구》 번역은 쉽지 않았다.

내가 처음 《출구》를 대했을 때 그 당혹감이란 참으로 묘했다. 고등학교 때부터 프랑스어를 배우기 시작해, 대학에서 4년간 프랑스어와 문학 작품을 원서로 대했고 7년에 걸친 유학 생활, 그후 계속 대학교에서 불문과 학생들을 가르치고, 책을 읽고 논문을 쓰고, 번역도 많이 했건만 《출구》처럼 종잡을 수 없는 작품은 처음이었다. 이론적인 성찰인지, 자전적인 회고인지, 시적인 글인지 알 수 없는 처음 대하는 형식의 글이었다. 또한 그녀의 글은 매력적인 문체에 끌리기는 하지만 그 의미가 첫눈에 잡히는 단순한 글이 아니었다. 그녀의 글 속에서는 철학, 정신분석 이론, 문학 작품, 신화, 역사 등이 인용되어 있으나, 그것들이 그녀의 글 속에 삽입되어 있는 것이 아니라 모든 것이 해체되어 하나의 주제를 향해 새롭게 용해되어 있다.

문장의 호흡도 독특해서 복합 문장들이 많고, 게다가 문장들은 문법적으로 완성되지 않은 듯, 문법을 벗어난 듯, 계속 이어지는 것들도 있고, 끝이 아직 나지 않은 문장이 마침표도 없이 연속되거나, 문득 중단된 문장도 있다. 게다가 아는 단어 같지만 자세히 보면 사전에도 없는 기존의 단어의 어미나 어근들을 합성해 놓은 신조어들도 많다.

이 두 텍스트가 처음엔 이해가 잘 안 되는 것이 이상하고 기분이 언짢아서 읽다가 한참을 방치해 두기도 하고, 번역중에도 한참을 제쳐두기도 했었다.

그럼에도 불구하고 나로 하여금 《출구》를 끝까지 포기하지 않고 읽게 하고, 몇 년에 걸쳐 끝까지 참을성 있게 번역하고 정성을 다해 옮기고 몇 번씩 교정을 보게 한 것은, 그 난해한 문장들 사이사이에서 간간이 들려오는 고도로 농축된 은유들의 시적인 아름다움과 그 감동 속에 강렬하게 전해지는 압축된 현실 체험이었다.

그녀의 글에서 내가 느낀 낯섦이 새로운 글쓰기──즉 그녀가 주장하는 여성적 글쓰기──의 실천에서 오는 것임을 알고 난 후에는 그 글의 묘미를 음미하게 되었고, 그것을 독자에게 전달하려 했으나 번역이라는 작업의 한계상 기존 단어의 어근과 어미들의 음성적 특성에서 출발하는 신조어들의 다의적 의미 파생을 전달할 수 없음이 안타까웠다.

몇 번이나 우리말 교정을 보면서, 몇 년에 걸친 번역을 마무리하다가, 문득 나는 《출구》의 마지막 부분에 이상적인 주체적 여성상으로 그려지는 클레오파트라의 묘사와 내가 받은 식수의 첫인상이 포개지는 것을 느꼈다. 소녀 같은 부드러움, 섬세함과 강렬한 인상을 풍기는 짙은 눈썹 화장, 다정함과 위엄, 단호함, 지성과 카리스마……

돌이켜 생각해 보면 《메두사의 웃음》과 《출구》에서 받은 복합적이며 양성적인 다양한 느낌을 이미 나는 그녀의 얼굴과 온몸, 행동과 말에서 배어나오는 인상으로 느끼고 있었던 것 같다. 식수 그녀는 자신이 이상적으로 그리는 여성의 인상을 풍기는 작가였다.

엘렌 식수의 생애

프랑스에서 못지않게 미국에서도 유명한 식수는 왕성한 연구, 교육 활동, 창작 활동, 그리고 적극적인 현실 참여가 두드러지는 작가이다. 지적이면서 열정적이고, 몽상적이면서도 누구보다도 현실 참여에 주저하지 않는 그녀의 삶의 궤적 또한 그녀의 복합적이며 다양한 주체성을 유감없이 보여 주고 있다.

1937년 6월 5일 알제리의 오랑에서 태어난 식수는 알제에서 학업을 시작한다. 1955년 18세의 나이에 기 베르제와 결혼한 그녀는 파리로 가서 그랑제콜 준비반 카뉴에 들어간다. 기 베르제는 철학 카페스(중등교육자격증)에 합격하여 보르도에 발령받는다. 1956년 식수는 영어 아그레가시옹(교수자격증 시험)을 준비하기 시작한다. 1958년에 첫딸 안느가 태어나고(안느는 지금 코넬대학교와 파리 8대학에서 프랑스 문학을 가르치고 있다) 1959년에 식수는 22세의 나이로 영어 교수자격 시험에 합격하여 남편이 알제리 전쟁으로 군복무를 간 사이 아르카숑고등학교에서 수업하기 시작한다.

1960년 식수는 쟝 쟈크 아이유 교수를 만나 조이스에 대한 논문을 시작한다. 1961년 둘째인 스테판을 낳았으나 사망하고, 같은 해 아들 피에르 프랑수아가 태어난다. 그녀는 1964년말 기 베르제와 이혼한다.

1962년부터 1965년까지 식수는 보르도대학교에서, 1967년에서 68년에는 낭테르대학교에서 가르쳤다. 1968년 낭떼르와 소르본대학교의 모든 사건에 아주 가까이 참여했던 식수는 총장의 제안으로 파리 8대학 창설 임무를 받고 다른 창립 멤버들과 함께 새로운 비전을 갖고 글쓰기의 세계와도 밀접한 연관성을 가진 문학과 인문과학의 학자들로 교수진을 구성한다. 그 중에는 미셸 뷔토르, 미셸 드 기, 뤼세트 피나스, 제라르 주네트, 장 피에르 리샤르, 츠베탕 토도로프, 미셸 세르, 미셸 푸코, 질 들레즈 같은 20세기 후반 프랑스 문학과 인문과학의 거장들이 있다.

1968년 그녀는 주네트, 토도로프와 함께 《포에틱》 잡지를 창설한다.

1969년 식수는 프랑스에서 최연소자로 박사 논문을 발표하고 박사학위를 취득한다. 〈제임스 조이스의 유배 혹은 대치의 예술〉이라는 박사 논문에서 그녀는 제임스 조이스가 왜 그리고 어떻게 '책'이 살 수 있도록 유배자로 살다가 죽기를 선택했는가를 증명한다.

1969년 파리 8대학의 영문과 교수직에 임명된 후 지금까지 식수는 파리 8대학 교수로 있다. 1974년에는 8대학 내에 여성학연구소를 세워 지금까지 박사과정의 책임자로서 연구·지도하면서 왕성한 창작 활동을 펼치고 있다.

식수가 창작 활동을 시작한 것은 박사학위 논문을 발표한 이후부터이다. 식수의 창작은 근본적으로 '여성적' 글쓰기이고자 하며, 여성의 해방을 끊임없이 찬양한다. 픽션·수필·희곡 등 그녀의 수많은 저서들은 영어·독일어·브라질어·덴마크어·네덜란드어·노르웨이어·스웨덴어·스페인어·이탈리아어·폴란드어·루마니아어·슬로바키아어·일어 등 전 세계어로 번역되었다. 한국어 번역이 꽤나 늦게 이루어진 편이다.

소설의 길로 들어선 그녀는 보장된 길을 걸어가기보다는 자기만의 독창적인 길을 개척해 나간다. 첫 소설은 1967년에 나온 《신의 이름》으로, 이 책은 니체의 "신은 죽었다"라는 생각으로부터 출발하여 죽은 신이라는 개념을 여러 가지 다른 방식으로 발전시키고 예증하면서 부정적인 신학을 형성한다. 이 책의 마지막은 이렇게 끝난다. "오래전부터 이 모든 것은 이미 말해졌었다."

1969년에 발표된 《안》은 아버지의 죽음을 받아들이기 거부하는 어린 소녀가 주인공이다. 이 작품으로 식수는 메디시스 상을 받았다. 《제3의 육신》(1970), 《태초들》(1970)에서는 가족 관계의 수많은 유희들이 그려진다. 그러나 식수의 글에서 가장 자주 등장하는 주제는 한편으로는 여성성에 관한 것이고 또 다른 한편으로는 기원에 관한 것이다.

1975년 《도라의 초상》을 시작으로 식수는 왕성하게 희곡 작품을 써내고 있다.

식수의 적극적인 현실 참여는 그녀만의 특별한 태생적 조건과 무관하다고 볼 수 없다.

식수의 부모는 모두 유태인이었다. 아버지는 북아프리카 출신의 유태인이었고 어머니는 독일 출신 유태인이었다. 유태인 혈통으로 알제리에서 태어난 식수는 어린 시절부터 인종 차별을 직접 목격하고 체험했다. 유태인에 대한 인종 차별과 프랑스 식민지였던 알제리에서 태어나 알제리인에 대한 프랑스의 인종 차별까지 이중의 인종 차별 체험을 어려서부터 보고 자란 그녀는 한 인종이 타인종을 어떻게 타자화하는지를 너무나도 사무치게 잘 알고 있었다.

게다가 그녀의 가족이 직접 겪은 이 차별의 역사는 그녀의 삶에 깊이 각인되어 있다.

식수가 결혼 후 파리에 간 사이 1956년에서 1962년까지 어머니와 함께 알제리에 머무르고 있었던 남동생은 알제리 독립을 옹호하다가 OAS에게 사형 선고를 받은 후에야 가까스로 보르도로 피신하게 된다. 학업을 마친 그는 다시 알제리 국적을 취득한다. 알제리가 독립하던 1962년 식수의 어머니는 알제리인에 의해 체포된다. 급히 귀국한 남동생 역시 체포된다. 식수는 변호사를 통해 그 둘을 구해 낸다. 남동생은 보르도로 와서 소아과 의사로 일하고 알제리에 남아 있던 어머니는 결국 알제리에서 빈손으로 추방당해 파리로 와서 1971년 할머니인 오미와 함께 엘렌 식수 가까이에 정착한다.

　식수의 현실 참여는 인종 차별, 남녀의 성차별뿐만 아니라, 모든 차별에 대한 이의 제기로 확대된다. 식수는 미셸 푸코와 함께 1971년, 1972년 GIP(Groupe information Prison)에 적극적으로 참여했다. 그리고 푸코에게 아리안 므누슈킨의 태양 극단과 GIP를 연합할 것을 제안하였다. 그들은 함께 형무소 앞에서 번개 공연을 벌이곤 했는데, 이는 매번 경찰에 의해 해산되곤 했었다. 이런 공연 때 식수는 낭 시에서 경찰의 곤봉을 맞기도 했다고 한다.

　식수는 남성 중심주의 사회 속에서 여성의 타자화를 자신이 직접 체험한 바 있는 식민지 지배 민족에 의한 피지배 민족의 타자화에 비유한다. 일본의 식민지 압제하에 일본이 우리 한국 사람에게 우리말을 쓰지 못하게 하고, 우리의 성과 이름을 박탈하고, 강제로 일본 성과 이름을 강요하며, 어떻게 우리 문화를 말살하려는 정책을 폈는지, 거기서 한걸음 더 나아가 한국인은 이래서 안 된다, 저래서 안 된다는 등 한국인의 정체성에 대한 부정적인 시각을 어떻게 고의적으로 유포시켰는지 우리는 너무나 잘 알고 있다. 남성 중심주의 문화 속에서 여성은 이와 같은 상황이다. 여성은 타자로서 남성에 의해 억압되고 여자는 이래서 안 된다, 저래서 안 된다는 등 부정적으로 정의되어 열등한 존재로 규정된다. 식수의 강렬한 현실 참여적 지성은 이렇게 남성 중심적 문화 속에서 남성적 시각이 만들어 낸 왜곡된 여성성의 실체를 해체하고, 여성 스스로 주체적인 새로운 긍정적인 여성성을 새기는 글쓰기에 전념하고 있다. 다른 여성들에게 여성적 글쓰기를 적극 권유하면서 그녀는 변화를 위한 씨앗 뿌리기를 계속해 오고 있는 것이다.

작품 연보

픽 션

1967 《신의 이름 *Prénom de Dieu*》

1969 《안 *Dedans*》

1970 《제3의 육신 *Le Troisième Corps*》

《태초 *Commencements*》

1971 《진짜 정원 *Un Vrai Jardin*》

1972 《중성 *Neutre*》

1973 《무덤 *Tombe*》

《태양의 초상 *Portrait de Soleil*》

1975 《하나 이상의 파우스트를 위한 혁명 *Révolutions pour plus d'un Faust*》

《숨결 *Souffles*》

1976 《라 *La*》

《내기 *Partie*》

1977 《앙스트 *Angst*》

1978 《심연 저 너머 결혼을 위한 준비 *Préparatifs de noces au-delà de l'abîme*》

1979 《오랑주 살기 *Vivre l'Orange*》

《아낭케 *Ananké*》

1980 《일라 *Illa*》

1981 《With 혹은 순진무구의 기술 *With ou l'art de l'innocence*》

1982 《레모네이드 모든 것은 너무나 무한했었다 *Limonade Tout était si infini*》

1983 《프로메테아의 책 *Le Livre de Prométhéa*》

1986 《아르카숑 전투 *La Bataille d'Arcachon*》

1988 《만델스탐에서 만델라에서 만나 *Manne aux Mandelstams, aux Mandélas*》

1990 《새해 첫날들 *Jours de l'An*》

1991 《독방 천사 *L'Ange au secret*》

1992 《대홍수 *Déluge* 》

1993 《베토벤이여 영원히 *Beethoven à jamais*》

1995 《유태인 약혼녀 *La Fiancée juive*》

1996 《메시아 *Messie*》

1997 《오르 내 아버지의 편지 *OR les lettres de mon père*》

1998 《베일 *Voiles*》(자크 데리다와 공저)

1999 《오스나브뤼크 *Osnabrück*》

2000 《야성적 여인의 몽상 *Les Rêveries de la femme sauvage*》

2001 《몽테뉴까지 벤자맹 *Benjamin à Montaigne*》

연 극

1971 《동공 *La Pupille*》

1976 《도라의 초상 *Portait de Dora*》

1978 《오이디푸스의 성 *Le nom d'Oedipe*》

1984 《마두바이 학교의 점거 *La Prise de l'école de Madhubaï*》

1985 《캄보디아의 왕, 노로동 시아누크의 끔찍한 그러나 완성되지 않은 이야기 *L'Histoire terrible mais inachevée de Norodom Siha-nouk, roi du Cambodge*》

1986 《연극 *Théâtre*》

1987 《앵디아드, 혹은 그들 꿈의 인도 그리고 연극에 관한 몇몇 글들 *L'Indiade, ou l'Inde de leurs rêves et quelques écrits sur le théâtre*》

1991 《사람들은 떠나지 않는다 돌아오지 않는다 *On ne part pas on ne revient pas*》

1992 《위메니드 *Les Euménides*》

1994 《(사람들이 영원히 알지 못할) 이야기 *L'Histoire(qu'on ne connaî-tra jamais)*》

　　　《흰 돛 검은 돛 *Voile noire voile blanche*》

1999 《둑 위의 북 *Tambours sur la digue*》

2001 《루앙, 31년 5월의 서른번째 밤 Rouen, La Trentième nuit de Mai 31〉.

수 필

1969 《제임스 조이스의 유배 혹은 대치의 기술 *L'Exil de James Joyce ou l'art du remplacement*》

1974 《어느 누구의 것도 아닌 이름 *Prénom de personne*》

1975 《이해할 수 없는 어느 *K. Un K. incompréhensible*》

1975 《새로 태어난 여성 *La Jeune née*》

1977 《글쓰기에로 옴 *La Venue à l'écriture*》

1986 《글쓰기 사이 *Entre l'écriture*》

1989 《클라리스 리스펙토르의 시간 *L'heure de Clarice Lispector*》

1994 《뿌리의 사진들 *Photos de Racines*》

박혜영

연세대학교 불어불문학과 졸업
프랑스 파리 4대학 석사 및 박사
덕성여자대학교 불어불문학과 교수 재직
역서:《문학의 공간》《빨간 난장이》《노년》(공역)
《보들레르의 마지막 나날들》《심리학과 정신병》
논문:〈라캉의 이론을 통해 본 주체 형성에 있어서
언어의 역할과 은유, 환유의 기능〉
〈식수의 출구에 나타난 프로이트 뒤집어 읽기〉
〈식수의 출구에 나타난 여성 신화 다시 읽기/뒤집어 읽기〉

문예신서
222

메두사의 웃음 / 출구

초판발행 : 2004년 2월 20일

지은이 : 엘렌 식수
옮긴이 : 박혜영
총편집 : 韓仁淑
펴낸곳 : 東文選

제10-64호, 78. 12. 16 등록
110-300 서울 종로구 관훈동 74
전화 : 737-2795

편집 설계 : 朴月 · 李惠允

ISBN 89-8038-283-9 94160
ISBN 89-8038-000-3 (세트)

【東文選 現代新書】

1 21세기를 위한 새로운 엘리트   FORESEEN 연구소 / 김경현   7,000원
2 의지, 의무, 자유 — 주제별 논술   L. 밀러 / 이대희   6,000원
3 사유의 패배   A. 핑켈크로트 / 주태환   7,000원
4 문학이론   J. 컬러 / 이은경 · 임옥희   7,000원
5 불교란 무엇인가   D. 키언 / 고길환   6,000원
6 유대교란 무엇인가   N. 솔로몬 / 최창모   6,000원
7 20세기 프랑스철학   E. 매슈스 / 김종갑   8,000원
8 강의에 대한 강의   P. 부르디외 / 현택수   6,000원
9 텔레비전에 대하여   P. 부르디외 / 현택수   7,000원
10 고고학이란 무엇인가   P. 반 / 박범수   8,000원
11 우리는 무엇을 아는가   T. 나겔 / 오영미   5,000원
12 에쁘롱 — 니체의 문체들   J. 데리다 / 김다은   7,000원
13 히스테리 사례분석   S. 프로이트 / 태혜숙   7,000원
14 사랑의 지혜   A. 핑켈크로트 / 권유현   6,000원
15 일반미학   R. 카이유와 / 이경자   6,000원
16 본다는 것의 의미   J. 버거 / 박범수   10,000원
17 일본영화사   M. 테시에 / 최은미   7,000원
18 청소년을 위한 철학교실   A. 자카르 / 장혜영   7,000원
19 미술사학 입문   M. 포인턴 / 박범수   8,000원
20 클래식   M. 비어드 · J. 헨더슨 / 박범수   6,000원
21 정치란 무엇인가   K. 미노그 / 이정철   6,000원
22 이미지의 폭력   O. 몽젱 / 이은민   8,000원
23 청소년을 위한 경제학교실   J. C. 드루엥 / 조은미   6,000원
24 순진함의 유혹 〔메디시스賞 수상작〕   P. 브뤼크네르 / 김웅권   9,000원
25 청소년을 위한 이야기 경제학   A. 푸르상 / 이은민   8,000원
26 부르디외 사회학 입문   P. 보네위츠 / 문경자   7,000원
27 돈은 하늘에서 떨어지지 않는다   K. 아른트 / 유영미   6,000원
28 상상력의 세계사   R. 보이아 / 김웅권   9,000원
29 지식을 교환하는 새로운 기술   A. 벵토릴라 外 / 김혜경   6,000원
30 니체 읽기   R. 비어즈워스 / 김웅권   6,000원
31 노동, 교환, 기술 — 주제별 논술   B. 데코사 / 신은영   6,000원
32 미국만들기   R. 로티 / 임옥희   10,000원
33 연극의 이해   A. 쿠프리 / 장혜영   8,000원
34 라틴문학의 이해   J. 가야르 / 김교신   8,000원
35 여성적 가치의 선택   FORESEEN연구소 / 문신원   7,000원
36 동양과 서양 사이   L. 이리가라이 / 이은민   7,000원
37 영화와 문학   R. 리처드슨 / 이형식   8,000원
38 분류하기의 유혹 — 생각하기와 조직하기   G. 비뇨 / 임기대   7,000원
39 사실주의 문학의 이해   G. 라루 / 조성애   8,000원
40 윤리학 — 악에 대한 의식에 관하여   A. 바디우 / 이종영   7,000원
41 흙과 재 〔소설〕   A. 라히미 / 김주경   6,000원

【東文選 文藝新書】

【기 타】

【조병화 작품집】

■ 공존의 이유	제11시점	5,000원
■ 그리운 사람이 있다는 것은	제45시집	5,000원
■ 길	애송시모음집	10,000원
■ 개구리의 명상	제40시집	3,000원
■ 그리움	애송시화집	8,000원
■ 꿈	고희기념자선시집	10,000원
■ 따뜻한 슬픔	제49시집	5,000원
■ 버리고 싶은 유산	제 1시집	3,000원
■ 사랑의 노숙	애송시집	4,000원
■ 사랑의 여백	애송시화집	5,000원
■ 사랑이 가기 전에	제 5시집	4,000원
■ 남은 세월의 이삭	제 52시집	6,000원
■ 시와 그림	애장본시화집	30,000원
■ 아내의 방	제44시집	4,000원
■ 잠 잃은 밤에	제39시집	3,400원
■ 패각의 침실	제 3시집	3,000원
■ 하루만의 위안	제 2시집	3,000원

【세르 작품집】

■ 동물학	C. 세르	14,000원
■ 먹기	C. 세르	근간
■ 바캉스	C. 세르	근간
■ 블랙 유머와 흰 가운의 의료인들	C. 세르	14,000원
■ 비스 콩프리	C. 세르	14,000원
■ 사냥과 낚시	C. 세르	근간
■ 삶의 방법	C. 세르	근간
■ 세르(평전)	Y. 프레미옹 / 서민원	16,000원
■ 스포츠	C. 세르	근간
■ 악의 사전	C. 세르	근간
■ 올림픽	C. 세르	근간
■ 음악들	C. 세르	근간
■ 자가 수리공	C. 세르	14,000원
■ 자동차	C. 세르	근간
■ 작은 천사들	C. 세르	근간
■ 재발	C. 세르	근간

東文選 文藝新書 242

문학은 무슨
생각을 하는가?

피에르 마슈레

서민원 옮김

문학과 철학은 어쩔 도리 없이 '엉켜' 있다. 적어도 역사가 그들 사이를 공식적으로 갈라 놓기 전까지는 말이다. 이 순간은 18세기 말엽이었고, 이때부터 '문학'이라는 용어는 그 현대적인 의미에서 사용되기 시작하였다.

문학이 독자들에게 제공하는 즐거움과는 우선 분리시켜 생각하더라도 과연 문학은 철학적 가르침과는 전연 상관이 없는 것일까? 사드·스탈 부인·조르주 상드·위고·플로베르·바타유·러셀·셀린·크노와 같은 작가들의, 문학 장르와 시대를 가로지르는 작품 분석을 통해 이 책은 위의 질문에 긍정적인 대답을 하고 있다. 왜냐하면 문학은 그 기능상 단순히 미학적인 내기에만 부응하지 않는 명상적인 기능, 즉 진정한 사유의 기재이기 때문이다. 이미 널리 인정되고 있는 과학철학 사상과 나란한 위치에 이제는 그 문체로 진실의 효과를 창출하고 있는 문학철학 사상을 가져다 놓아야 할 때이다.

피에르 마슈레는 팡테옹-소르본 파리 1대학의 부교수이다. 주요 저서로는 《문학 생산 이론을 위하여》(마스페로, 1966), 《헤겔 또는 스피노자》(마스페로, 1979), 《오귀스트 콩트. 철학과 제 과학들》(PUF, 1989) 등이 있다.

東文選 文藝新書 239

미학이란 무엇인가

마르크 지므네즈

김웅권 옮김

미학이 다시 한 번 시사성 있는 철학적 주제가 되고 있다. 예술의 선언된 종말과 싸우도록 압박을 받고 있는 우리 시대는 이 학문의 대상이 분명하다고 간주한다. 그런데 미학은 상대적으로 최근에 태어난 것이다. 왜냐하면 예술에 대한 성찰이 합리성의 역사와 나란히 한 역사이기 때문이다. 마르크 지므네즈는 여기서 이 역사의 전개 과정을 재추적하고 있다.

미학이 자율화되고 학문으로서 자격을 획득하는 때는 의미와 진리에의 접근으로서 미의 문제가 초미의 관심사가 되는 계몽주의의 세기이다. 그리하여 다양한 길들이 열린다. 미의 과학은 칸트의 판단력도 아니고, 헤겔이 전통과 근대성 사이에서 상상한 예술철학도 아닌 것이다. 이로부터 20세기에 이루어진 대(大)변화들이 비롯된다. 니체가 시작한 철학의 미학적 전환, 미학의 정치적 전환(특히 루카치·하이데거·벤야민·아도르노), 미학의 문화적 전환(굿맨·당토 등)이 그런 변화들이다.

예술이 철학에 여전히 본질적 문제인 상황에서 과거로부터 오늘날까지 미학에 대해 이 저서만큼 정확하고 유용한 파노라마를 제시한 경우는 드물다.

마르크 지므네즈는 파리I대학 교수로서 조형 예술 및 예술학부에서 미학을 강의하고 있다. 박사과정 책임교수이자 미학연구센터 소장이다.

東文選 文藝新書 243

행복해지기 위해 무엇을 배워야 하는가

알랭 우지오 [외]
김교신 옮김

　아니, 행복해지는 법을 배울 수 있기라도 한 것일까? 행복하지 않다면 그 인생은 실패한 인생이란 말인가? 그리고 실패한 인생은 불행한 인생이고, 이는 아니 삶만 못한 것일까? ……현대인들은 과거의 그 어떤 조상들이 누렸던 것보다도 더한 풍족함 속에서도 끊임없이 '행복에 대한 강박증'에 시달린다. 행복은 이제 의무이자 종교이다. "행복하라, 그렇지 않으면……"

　프랑스 개혁교회 목사인 알랭 우지오의 기획아래 오늘날 프랑스에서 가장 영향력 있는 22명의 각계의 유명인사들이 모여 "행복해지는 법"에 대한 지혜를 짜 모았다.

- ■ 실패로부터 이익을 끌어낼 수 있을까?
- ■ 고통은 의미가 있을까?
- ■ 행복해지는 법을 배울 수 있을까?
- ■ 신앙은 삶에 도움을 줄 수 있을까?
- ■ 자신의 감정을 두려워해야 할까?
- ■ 더 이상 희망이 없을 땐 어떻게 살아야 할까?
- ■ 타인을 받아들이는 법을 배울 수 있을까?
- ■ 자기 자신을 사랑하는 법을 배울 수 있을까?

　마지막으로 알랭 우지오는 행복해지기 위한 세 가지 기술을 제시한다. 먼저 신뢰 속에 살아 있다는 느낌, 그 다음엔 태평함과 거침없음, 그리고 마지막으로 삶에 대한 단순한 사랑으로 '거저' 사는 기쁨. 하지만 이 세가지 중에서 가장 중요한 것은 변명도 이유도 없는 것에 대한 사랑, 삶에 대한 사랑이다.